ДОРОГА в РОССИЮ

러시아로 가는길

1단계

러시아어 단계별 종합 교재

элементарный уровень ТРКИ

В.Е. Антонова,
М.М. Нахабина,
М.В. Сафронова,
А.А. Толстых

뿌쉬낀하우스

러시아로 가는길

초판 1쇄 발행 2006년 01월 09일
개정 16쇄 발행 2025년 03월 27일

지은이 В. Антонова, М. Нахабина, М. Сафронова, А. Толстых
옮긴이 뿌쉬낀하우스 출판부
펴낸이 김선명

펴낸곳 뿌쉬낀하우스
주소 서울시 중구 퇴계로20나길 10, 신화빌딩 202호
전화 02)2237-9387
팩스 02)2238-9388
이메일 book@pushkinhouse.co.kr
홈페이지 www.pushkinhouse.co.kr
출판등록 2004년 3월 1일 제2004-0004호

ISBN 978-89-956903-4-5 18790

© ЗАО «Златоуст», 2001, 2003
Настоящее издание осуществлено по лицензии, полученной от ЗАО «Златоуст».

© Pushkin House, 2005
이 책의 국내 저작권은 «Златоуст»(즐라또우스뜨) 출판사와 독점 계약한 도서출판 뿌쉬낀하우스에 있습니다.
국내에서 저작권 보호를 받는 저작물이므로 무단 전재나 무단 복제를 금합니다.

*잘못된 책은 바꿔 드립니다.

러시아어 단계별 종합교재

러시아로 가는 길

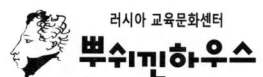

러시아 교육문화센터
뿌쉬낀하우스

축하의 말

친애하는 한국의 독자 여러분!

여러분은 현재 4억 5천만 명 이상이 사용하고 있는 러시아어를 배우고자 합니다. 러시아어 사용자는 러시아뿐만 아니라 세계 각국의 많은 나라들에 살고 있습니다. 러시아어는 풍부한 문화의 언어이자 발전된 학문, 높은 교육, 국제적 교역의 언어입니다. 이 언어를 배운 후 여러분은 러시아의 동료나 파트너를 더 잘 이해함으로써 그들과의 사업이나 개인적인 관계를 더욱 성공적으로 발전시킬 수 있게 될 것입니다.

이 책은 모스크바 국립 대학의 저명하고 경험 있는 저자들이 저술한 훌륭한 교재입니다. 이 교재로 러시아와 외국에서 이미 많은 학생들과 선생님들이 다년간 효과적으로 공부하고 있습니다. 또한 이 교재는 외국인에 대한 러시아어 국립 인증 시험에 전적으로 부합하고 있어서 이 책의 도움으로 여러분은 러시아어의 기본을 습득하고, 현대 러시아의 삶과 역사를 더 많이 알게 될 것이며, 말할 나위 없이 러시아어 인증 시험을 더 잘 준비할 수 있을 것입니다.

고대의 현자들이 말하길, 모든 사람에게는 그가 알고 있는 언어만큼의 삶이 있다고 하였습니다. 여러분들에게 새로운 언어의 학습이라는 쉽지 않은 도전에 커다란 성과가 있기를 바랍니다. 그리고 이 교재의 한국 출판을 다시 한번 축하드립니다.

2005년 12월 27일
〈즐라또우스뜨〉 출판사의 편집장
안나 골루베바

Анна Голубева

머리말

본 교재는 모스크바 국립대학교 국제교육센터(ЦМО)의 나하비나(М. Нахабина), 안또노바(В. Антонова), 사프로노바(М. Сафронова), 똘스띄흐(А. Толстых) 교수가 저술한 〈Дорога в Россию〉(2003년, ЗАО «Златоуст» 출판사)의 한국판으로 "러시아어능력인증시험"인 토르플(TORFL, ТРКИ)의 각 단계에 맞추어 체계적으로 러시아어를 공부할 수 있도록 시리즈 형태로 구성되어 있다. 이 〈러시아로 가는 길〉 시리즈의 각 권은 토르플(TORFL, ТРКИ)의 시험 단계인 '기초 단계'(Элементарный уровень), '기본 단계'(Базовый уровень), '1 단계'(Первый уровень), '2 단계'(Второй уровень), '3 단계'(Третий уровень)에 부합하도록 구성되어 있어, 단계별 교재 학습 후 시험에 응시할 수 있는 장점이 있으며 문법, 회화, 청취, 작문 등을 종합적으로 학습할 수 있는 "러시아어 종합교재"이다.

본 교재는 〈러시아로 가는 길〉 시리즈의 첫 번째 책으로 러시아어를 처음 배우고자 하는 학생들을 위한 기초 교재이다. 토르플의 '기초 단계'에 부합하는 다양한 영역으로 구성되어 있으며, 체계적이고 과학적인 방식을 통해 러시아어를 종합적으로 학습할 수 있게 한다.

 각 과에서 배울 내용의 개요를 소개함으로써 학습목표를 세우게 하고 각 과의 내용을 정리할 수 있게 돕는다.

발음 〉〉 **Фонетика**

알파벳부터 시작하여 무성자음, 유성자음, 모음, 단어, 구문의 발음 등 러시아어를 처음 배우게 되는 학생들이 유의해야 할 발음들이 정리되어 있어 기초학습자들에게 매우 유용한 부분이다. CD를 활용하여 반복적으로 연습하면 정확한 발음 습득에 도움이 될 것이다.

문법 〉〉 **Грамматика**

각 과에서 필수적으로 익혀야 할 구문을 통해 구조적으로 문법을 이해할 수 있도록 되어 있다. 기초학습자들이 쉽게 이해하고 암기할 수 있도록 표로 정리된 부분이 많고 반복적으로 연습할 수 있어 문법을 익히기에 효과적이다.

본 교재의 구체적인 특징은 다음과 같다.

첫째, 본 교재의 각 과는 '이 과의 길잡이', '발음', '문법', '텍스트', '대화', '총정리 문제' 의 여섯 부분으로 구성되어 있다. 각 단계는 서로 긴밀하게 연결되어 있으며, 연습 문제 위주로 반복 학습이 가능해 문법을 쉽고 자연스럽게 습득할 수 있도록 되어 있다.

둘째, 회화는 반복을 통해 학습하도록 되어 있어 단순히 암기를 하지 않고도 연습문제를 따라가면서 자연스럽게 말을 할 수 있도록 구성되어 있다. 딱딱한 문법보다 실제 상황에서 쓰이는 문형에 집중하여 실질적으로 러시아어를 활용할 수 있고, 다양한 유형의 연습 문제, 대화, 텍스트를 통해 회화에 보다 쉽게 접근할 수 있다.

셋째, 본 교재는 참신한 내용으로 러시아 문화에 대해 전반적인 이해가 가능하도록 구성되어 있다. 러시아에 대한 생생한 정보와 흥미로운 이야기들이 많아 간접적인 러시아 문화체험을 할 수 있다.

넷째, 본 교재는 독학이 가능하도록 청취용 CD가 함께 제작되었다. 이 CD에는 교재 내용이 거의 모두 수록되어 있어 혼자서 학습하기에 적합하며 발음과 청취력을 동시에 향상시킬 수 있다.

본 교재는 120시간의 학습 시간을 기본 학습량으로 하고 있으며, 월 30시간을 기준으로 할 때 4개월 완성이 가능하다. 이 교재는 한국인/원어민 강사의 지도를 받으면서 학습하는 것이 가장 효과적이나 청취용 CD를 활용한 독학도 가능하다.

러시아 유수의 저명한 학자들이 저술한 훌륭한 교재가 한국에서 번역 출판될 수 있게 된 것에 기쁜 마음을 표한다. 이 교재를 통해 러시아어에 관심을 가지고 있는 많은 학습자 여러분이 쉽고 재미있게 러시아어를 접할 수 있기를 바란다.

뿌쉬낀하우스 출판부

텍스트 >> Текст

쉽고 다양한 내용의 텍스트를 읽어 나가면서 위에서 배운 문법을 복습하고 러시아에 관한 흥미로운 정보들을 접할 수 있다.

대화 >> Диалог

일상 생활에서 이루어지는 실질적인 대화 내용이 수록되어 있어 학습 후 직접적인 활용이 가능하게 구성되어 있다. 함께 제작된 CD를 반복적으로 학습하면 효과를 증대시킬 수 있다.

총정리 문제 >> Обобщение

앞에서 배운 내용을 스스로 확인해 볼 수 있는 부분이다.

차 례

01 Урок первый   13

모음 (а, о, у, э, и, ы)
자음 (л, м, н, л, б, ф, в, т, д)
유성음과 무성음의 개념
음절, 강세, 모음약화의 개념
억양의 개념, ИК-1(억양-1), ИК-3(억양-3)
지시대명사 ЭТО를 이용한 구문
3인칭 단수 인칭대명사 ОН, ОНА

02 Урок второй   29

자음 (к, г, х, с, з, р)
자음의 무성음화
강세에 따른 [o]와 [a]의 발음 규칙
억양 : ИК-2(억양-2)
      ИК-1(억양-1), ИК-2(억양-2), ИК-3(억양-3)의 비교
품사의 개념
명사의 성
활동체 – 비활동체의 개념
활동체 명사에 대한 의문문 : Кто это?

03 Урок третий   48

자음 (ш, щ, й)의 발음
이중 모음 (я, е, ю, ё)의 발음
다음절 단어의 발음
인칭대명사
소유대명사 (мой, твой, наш, ваш, его, её, их)
복문의 개념 (…,а…복문)

04 Урок четвёртый   68

경자음과 연자음의 개념
강세없는 [э], [е]의 발음
자음(ч, щ)의 발음
발음 규칙 : чт, чн의 발음
다음절 단어의 발음
부정문 (Нет, это не…)
명사의 성 (총정리)

Содержание

명령형의 사용 (부탁, 호칭)
비활동체 명사에 대한 의문문 (Что это?)
의문사 Где?를 이용한 구문

05 Урок пятый 97

경자음과 연자음의 발음
억양 ИК-4(억양-4)
자음 ц의 발음
다음절 단어의 발음
명사와 소유대명사의 복수형
의문사 Чей? Чья? Чьё? Чьи?
Кто он? 구문
«знать» 동사의 인칭 변화 (1식 변화)

06 Урок шестой (повторение) 126

1-5과의 내용 복습

07 Урок седьмой 149

강세 없는 [я]의 발음
수사 발음 연습 1-20, 30, 40, 50.
Какой? 구문의 억양 연습 (억양-2)
형용사
지시 대명사 (этот, эта, это, эти)
«Мне?(тебе, Вам) нравится...» «Сколько стоит?» 구문
ЧТО 접속사를 이용한 복문
ПОТОМУ ЧТО 접속사를 이용한 복문

08 Урок восьмой 181

수사 발음 연습 1- 100
ИК-5(억양-5) (Какое синее небо!)
В와 НА 전치사를 이용한 표현 읽기
동사 시제의 개념
동사의 1식 인칭 변화
목적어에 대한 질문의 특징
부사의 사용법
명사의 격 체계

차 례

주격 명사로 표현한 목적어의 개면
명사 전치격의 의미 : B와 HA 전치사의 의미

09 Урок девятый · 221

억양 유형의 구별
강세에 따른 단어의 발음
전치사를 포함한 표현의 발음
동사의 2식 인칭 변화
«-СЯ?»동사 (재귀동사)의 인칭 변화
목적어를 의미하는 명사와 인칭대명사의 대격
НИКОГО, НИЧЕГО 부정대명사
ЛЮБИТЬ 동사의 사용법
УЧИТЬ, УЧИТЬСЯ동사의 비교
ПОЭТОМУ 접속사를 이용한 복문
ГДЕ МОЖНО+동사의 원형 구문

10 Урок десятый · 263

전치사를 포함한 표현의 발음(주일 발음). 억양 연습
동사의 과거 시제, БЫТЬ 동사의 과거 시제
시간 부사 (сегодня, завтра,...)
СМОТРЕТЬ과 ВИДЕТЬ 동사의 의미
운동동사 ИДТИ - ЕХАТЬ의 현재 시제
운동동사 ХОДИТЬ - ЕЗДИТЬ의 과거 시제
대격의 의미 – 운동의 방향
전치격의 의미 – 교통 수단

11 Урок одиннадцатый · 307

다은절 단어 및 구문의 발음, 억양 연습
동사의 개념 (사실, 반복, 과정 등의 표현)
불완료상과 완료상의 용법 (과거 시제)
ХОТЕТЬ + 동사의 원형
운동동사 ПОЙТИ - ПОЕХАТЬ의용법
(ХОЧУ ПОЙТИ - ХОЧУ ПОЕХАТЬ)
여격의 의미– 운동의 방향 (К КОМУ?)
МОЧЬ + 동사의 원형
시간 표현 (КОГДА? СКОЛЬКО ВРЕМЕНИ?)

Содержание

12 Урок двенадцатый   **351**

다음절 어구의 발음 (월 이름). 억양 연습.
명사와 인칭 대명사의 생격
생격의 의미 :
1. 소유자 (у меня)
2. 존재 부정 (нет сестры)
3. 출발점(откуда? - из Кореи)
수사(2, 3, 4)+생격
운동동사 ПОЙТИ - ПОЕХАТЬ
ПРИЙТИ - ПРИЕХАТЬ의 과거 시제
ГДЕ? - КУДА? - ОТКУДА?의 비교
월, 계절 표현 (в январе, зимой)

13 Урок тринадцатый   **395**

다음절 어구 발음, 억양 연습
단순 미래 시제, 복합 미래 시제
완료상과 불완료상의 미래 시제
명사와 인칭 대명사의 여격 – 나이 표현, 행위의 대상
Кому нравится что / что делать 구문
Надо, нужно의 용법 (여격 사용)

14 Урок четырнадцатый   **439**

다음절 어구 발음, 억양 연습
불완료상의 용법 – 행위의 동시성
완료상의 용법 – 행위의 연속성
когда 접속사를 이용한 종속문
명사와 인칭 대명사의 조격의 의미 :
    1. 공동 행위 (с другом)
    2. 대상의 한정
    3. 직업
명사와 인칭 대명사의 전치격의 의미 : 주제, 생각 또는 이야기의 대상, 대상에 대한 설명

15 Урок пятнадцатый (повторение)   **472**

7-14과의 내용 복습

Урок первый

이과의 길잡이

※핵심 포인트 Это Иван. Он тут.
Это Анна? Анна дома?

- **발음 포인트** 모음(а, о, у, э, и, ы)
  자음(л, м, н, п, б, ф, в, т, д)
  유성음과 무성음의 개념
  음절, 강세, 모음약화의 개념
  억양의 개념, ИК-1(억양-1), ИК-3(억양-3)

- **문법 포인트** 지시대명사 ЭТО를 이용한 문형
  3인칭 단수 인칭 대명사 ОН, ОНА

러시아 알파벳 >> Русский алфавит

Аа	Бб	Вв	Гг	Дд	Ее	Ёё	Жж	Зз	Ии	Йй
а	бэ	вэ	гэ	дэ	е	ё	жэ	зэ	и	и краткое

Кк	Лл	Мм	Нн	Оо	Пп	Рр	Сс	Тт	Уу	Фф
ка	эль	эм	эн	о	пэ	эр	эс	тэ	у	эф

Хх	Цц	Чч	Шш	Щщ	ъ		ы		ь	
ха	цэ	че	ша	ща	твёрдый знак		ы		мягкий знак	

Ээ	Юю	Яя
э	ю	я

발음 〉〉 Фонетика

❶ 듣고 따라하기

모음 발음을 연습하세요.

Аа [а]	а - а - а	а - о - у	ао - оа
Оо [о]	о - о - о	о - у - а	уо - оу
Уу [у]	у - у - у	у - о - а	оа - оу
Ээ [э]	э - э - э	а - э	а - ы	аэ - эа - эо - эу
Ии [и]	и - и - и	и - э	у - ы	иэ - эи - ио - иа
ы [ы]	ы - ы - ы		о - ы	
			и - ы	и - ы - а
			э - ы	у - ы - и

❷ 듣고 따라하기

모음 발음을 연습하세요.

а - о - у	о - а - у	у - о - а	и - ы - о - у
а - ы - и	и - ы - а	у - э - и	у - а - ы - и
а - э - и	э - и - а	и - а - ы	
о - и - у	и - э - а		

쓰기 〉〉 Пишите

А а _____ *О о* _____

У у _____ *Э э* _____

И и _____ *ы* _____

урок 1

❸ 듣고 따라하기

콧소리(비음)를 연습하세요.

Мм [м]			
ма	а - ма	ма - ам	мáма
мо	о - мо	мо - ом	мы
му	у - му	му - ум	
мэ	э - мэ	мэ - эм	
мы	ы - мы	мы	

Нн [н]			
на	а - на	на - ан	он
но	о - но	но - он	но
ну	у - ну	ну - ун	Áнна
нэ	э - нэ	нэ - эн	
ны	и - ны	ы - ны	

❹ 듣고 따라하기

입술소리(양순음)를 연습하세요.

Пп [п]			
па	а - па	па - ап	пáпа
по	о - по	по - оп	
пу	у - пу	пу - уп	
пы	и - пы	ы - пы	
пэ			

Бб [б]				
ба	а - ба	у - ба	ы - ба	бам
бо	о - бо	у - бо	ы - бо	бом
бу	у - бу	у - бы	ы - бы	бум
бы	ы - бы	у - бу	ы - бу	бон
бэ	э - бэ			

урок первый | 15

무성음과 유성음 비교 연습

무성음 [п] – [б] 유성음

па - ба па - по - ба - бо па - по - пу - пэ - пы
по - бо пу - пэ - бу - бэ ба - бо - бу - бэ - бы
пу - бу пам - бам
пэ - бэ пом - бом
пы - бы пум - бум

쓰기 >> Пишите

М м   П п
ма   ма   па   по
му   мы   пу   пы
мама   папа

Н н   Б б
на   но   ба   бо
ну   ны   бу   бы
Анна

⑤ 듣고 따라하기

입술소리(순치음)를 연습하세요.

Фф [ф]

фа	а - фа	фа - аф
фо	о - фо	фо - оф
фу	у - фу	фу - уф
фы	ы - фы	
фэ	и - фы	иф - ыф

Вв [в]

ва	а - ва	у - ва	и - ва
во	о - во	у - во	и - во
ву	у - ву	у - вы	и - вы
вы	ы - вы	у - ву	и - ву
вэ	э - вэ		

                Вы   вам   вон

무성음과 유성음 비교 연습

무성음 [ф] – [в]유성음

фа - ва	фу - ву	фпа - фпо - фпы - фпу
фо - во	фэ - вэ	вба - вбо - вбы - вбу
		фы - вы

쓰기 >> Пишите

𝓕 ф   𝓑 в

фа   фо   ва   во

фу   фы   ву   вы

урок первый

⑥ 듣고 따라하기

무성음과 유성음을 연습하세요.

무성음 [ф] – [п] 무성음	유성음 [в] – [б] 유성음
фа - па - фпа	ва - ба - вба
фо - по - фпо	во - бо - вбо
фу - пу - фпу	ву - бу - вбу
фы - пы - фпы	вы - бы - вбы

⑦ 듣고 따라하기

입천장소리를 연습하세요.

та	а - та	та - ат	ты
то	о - то	то - от	там
ту	у - ту	ту - ут	тут
ты	ы - ты		том
тэ	и - ты		тон
			вот

да	а - да	и - да	вда	да
до	о - до	и - до	вдо	дом
ду	у - ду	и - ду	вду	Дон
ды	ы - ды	и - ды	вды	дым
дэ	и - ды			

дом, дым, дон

쓰기 >> Пишите

T t
та
ту
то
ты

там
ты
вот
D d
да

❽ 듣고 따라하기

음절 발음을 연습하세요.

| ма - да | на - да | му - ду | ну - ду |
| мо - до | но - до | мы - ды | ны - ды |

무성음과 유성음 비교 연습

무성음 [т] – [д] 유성음   **무성음 [ф] – [в] 유성음**

та - да	та - то - да - до	та - то - ту - тэ - ты
то - до	ту - ду - тэ - дэ	да - до - ду - дэ -ды
ту - ду	та - да - да - дам	том - дом
тэ - дэ	то - до - до - дом	там - дам
ты - ды	ту - ду - ду - иду	тон - дон
	ты - ды - ды - дым	тва - два
		тут - дут
фа - та - фта	ва - да - вда
фо - то - фто	во - до - вдо
фу - ту - фту	ву - ду - вду
фы - ты - фты	вы - ды - вды

⑨ 듣고 따라하기

잇소리를 연습하세요.

ла	а - ла	ла - ал	лам	мал
ло	о - ло	ло - ол	лом	мол
лу	у - лу	лу - ул	лум	мул
лэ	э - лэ	лэ - эл	лым	мыл
лы	ы - лы	лы	выл	был

쓰기 >> Пишите

Л л   *ло*

ла   *лампа*

лу   *алло*

лы

⑩ 듣고 따라하기

음절 발음을 연습하세요.

на - ла - нла	ма - ла - мла
но - ло - нло	мо - ло - мло
ну - лу - нлу	му - лу - млу

ма - на - ла	алло́
мо - но - ло	ла́мпа
му - ну - лу	

발음규칙 >> **Правило** | 강세에 따른 모음 발음

а	[а] там [там]
	[а] Úра [úра]

о	[ó] дом [дом]
	[а] онá [анá]

мáма [мамa] фóто [фóтa]
пáпа [пáпa] водá [вадá]
аллó [алó]

он - онá
[он] - [анá]

вот - водá
[вот] - [вадá]

Вот водá.

① 강세 유형별로 읽기

강세 유형별로 단어를 읽으세요.

╱	╱ ─	─ ╱
он	э́то [э́та]	лунá [луна]
там	фóто [фóта]	Ивáн [ивáн]
дом	мáма [мáма]	Антóн [антóн]
тут	пáпа [пáпа]	онá [анá]
ты	лáмпа [лáмпа]	водá [вадá]
мы	Áнна [áн:а]	
вы	Áлла [áл:а]	

урок первый | 21

문법 >> **Грамматика** | 'это' 구문

Э́то Ива́н.

Э́то ма́ма и па́па.

Э́то
- Ива́н.
- он.
- ма́ма.
- она́.
- ма́ма и па́па.
- дом.
- ла́мпа.

억양-1(평서문)

ИК-1

Э́то Ива́н.
Э́то ма́ма.
Э́то А́нна и А́лла.

⑫ 듣고 따라하기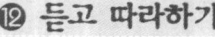

Э́то 구문을 익히세요.

Э́то дом. Э́то ла́мпа.
Э́то И́ра и Ива́н.
Э́то ма́ма и па́па.
Э́то Ива́н, Анто́н и А́нна.

⑬ 그림보며 대화 연습하기

그림을 보고 다음 질문에 대답하세요 : *Кто это? Что это?*

문법 >> Граммати́ка | 장소 표현

И́ра	та́м.
Ива́н	ту́т.
Анто́н	до́ма.

⑭ 듣고 따라하기

장소의 표현을 익히세요.

Э́то А́нна. Она́ тут.
Э́то Ива́н. Он до́ма.
А́нна и Ива́н до́ма. Мы тут.

⑮ 그림보며 대화 연습하기

그림을 보고 다음 질문에 대답하세요 :
Где дом? Где Антон и Иван?
Где Ира?

문법 >> Грамматика   의문사 없는 의문문

— Э́то Анто́н?
— Да, э́то Анто́н. / Да, э́то о́н.

억양-3 (의문사 없는 의문문)

ИК-3

Э́то Анто́н?
Э́то А́нна?
Ла́мпа та́м?

⑯ 듣고 따라하기

의문사 없는 의문문의 억양을 익히세요

Э́то А́нна?
Да, э́то А́нна. / Да, э́то она́.
Она́ до́ма?
Да, до́ма. / Да, она́ до́ма.

발음 Tip

억양-1(평서문)

ИК-1

Э́то А́нна.
А́нна до́ма.
Там дом.

억양-3(의문사 없는 의문문)

ИК-3

Э́то Ива́н?
Ива́н до́ма?
Там вода́?

Анто́н до́ма?³   Анто́н до́ма?³   Дом та́м?³   Там до́м?³
Да, он до́ма.¹   Да, Анто́н.¹   Да, та́м.¹   Да, до́м.¹

⑰ 읽기

의문사 없는 의문문을 올바른 억양으로 읽으세요.

Э́то Ива́н.   – Э́то Ива́н?   А́нна до́ма.   – А́нна до́ма?
              – Да, он.   – Да, до́ма.

Ма́ма там.   – Ма́ма там?   Ла́мпа тут.   – Ла́мпа тут?
              – Да, там.   – Да, тут.

⑱ 그림보며 대화 연습하기

그림을 보고 보기와 같이 서로 대화하세요.

보기

– Э́то дом?   – Дом там?
– Да, э́то дом.   – Да, там.

ⓘ 빈 칸 채우기

질문에 대해 대답하세요.

— А́нна до́ма?
— ….

— Там И́нна?
— ….

— А́нна до́ма?
— ….

— Тут ла́мпа?
— ….

— И́нна там?
— ….

— Там вода́?
— ….

— Ла́мпа тут?
— ….

— Вода́ там?
— ….

ⓘ 듣기

문장을 읽으세요.

Э́то ма́ма и па́па? Да, э́то ма́ма и па́па.
А́нна там? Да, А́нна там. Она́ до́ма.
Ла́мпа тут? Да, тут.

대화 >> **Диалог** 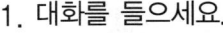 전화통화

1. 대화를 들으세요.
   — Алло́, алло́!
   — Да-да!
   — Э́то Ива́н. Анто́н до́ма?
   — Да, он до́ма.

   — Алло́, алло́!
   — Э́то Хана. И́нна до́ма?
   — Да, да. Она́ до́ма.

2. Антон, Иван, Анна, Ира, Инна가 집에 있는지 묻고 답하는 전화 상황을 만드세요.

26 | урок 1

총정리 문제 >> Обобщение

1. 다음 대답에 알맞은 질문을 만드세요.

   – …? – …? – …?
   – Да, он до́ма. – Да, э́то дом. – Да, там.

   – …? – …? – …?
   – Да, ла́мпа тут. – Да, э́то фо́то. – Да, тут вода́.

2. 다음 질문에 대해 대답하세요.

   – Э́то Анто́н? – А́нна до́ма? – Вода́ там?
   – …. – Да, …. – Да, ….

   – Э́то И́ра? – Ла́мпа тут? – Э́то вода́?
   – …. – …. – Да, ….

3. 강세 표시를 하면서 노트에 적어 보세요.

   мы, он, она, вы, мама, папа, Анна, Антон, Иван, дом, там, тут, лампа, дома, фото, вода.

   Это дом. Там лампа. Мама и папа дома.

4. 알맞는 질문과 대답을 연결하세요. 질문과 대답을 노트에 적어 보세요.

   Э́то Ива́н?   •   •   Да, она́ до́ма.
   Ма́ма до́ма?   •   •   Да, ла́мпа.
   Там вода́?   •   •   Да, он.
   Фо́то тут?   •   •   Да, вода́.
   Тут ла́мпа?   •   •   Да, тут.

단어사전 >> Словарь

- алло́ 여보세요
- вода́ 물
- вы 당신, 당신들, 여러분, 너희들
- да 네
- два 2
- дом 집
- до́ма 집에
- и [접속] 그리고
- ла́мпа 램프, 전등
- луна́ 달
- ма́ма 엄마
- мы 우리
- но [접속] 그러나
- он 그
- она́ 그녀
- па́па [남] 아빠
- там 저기에
- тут 여기에
- ты 너
- фо́то 사진
- э́то 이것은 …이다

- Дон 돈 강(러시아의 강 이름)
- А́лла 알라(여자 이름)
- А́нна 안나(여자 이름)
- Анто́н 안똔(남자 이름)
- Ива́н 이반(남자 이름)
- И́ра 이라(여자 이름)
- Ха́на 하나(한국인 여자 이름)

Урок второй 02

이과의 길잡이

※ **핵심 포인트** Кто это?
– Когда урок? – Как вас зовут?
– Урок утром. – Антон.

- 회화 포인트 Минуту. Спасибо.
- 발음 포인트 자음(к, г, х, с, з, р)
  자음의 무성음화, 강세에 따른 [o]와 [a]의 발음 규칙
  ИК-2(억양-2)
  ИК-1(억양-1), ИК-2(억양-2), ИК-3(억양-3)의 비교
- 문법 포인트 품사의 개념, 명사의 성
  활동체-비활동체의 개념
  활동체 명사에 대한 의문문 : Кто это?

러시아 알파벳 >> **Русский алфавит**

Аа	Бб	Вв	**Гг**	Дд	Ее	Ёё	Жж	**Зз**	Ии	Йй
а	бэ	вэ	гэ	дэ	е	ё	жэ	зэ	и	и краткое

Кк	Лл	Мм	Нн	Оо	Пп	**Рр**	**Сс**	Тт	Уу	Фф
ка	эль	эм	эн	о	пэ	эр	эс	тэ	у	эф

Хх	Цц	Чч	Шш	Щщ	ъ		ы		ь	
ха	цэ	че	ша	ща	твёрдый знак		ы		мягкий знак	

Ээ	Юю	Яя
э	ю	я

발음 〉〉 **Фонетика**

❶ 듣고 따라하기

음절 발음을 연습하세요.

а - о - у - э - ы - и

ва - фа - ба - па - да - та - ла - на   и - ты

вба - вбо - вбу - вбы   и - вы

вва - вда - вла - вна - вма   и - фы

вда - вдо - вду - вды - вмы   и - ды

два - дву - дво   и - мы

фта - фто - фту - фты

фпа - ффа - фта - фла - фна

вы - бы - пы - фы - мы - ды - ты - лы - ны

❷ 강세 유형별로 읽기

강세 유형별로 단어를 읽으세요.

´ _	´ _	_ ´
да	ма́ма	Ива́н
два	па́па	Анто́н
ты	до́ма	она́
вы	ла́мпа	алло́
мы	А́нна	вода́
тут	И́ра	луна́
там		
он		

❸ 듣고 따라하기

목청소리를 연습하세요.

ка	ка - ак	как
ко	ко - ок	кок
ку	ку - ук	лук

[ко́мната]
Вот ко́мната. Э́то окно́.

[малако́]
Э́то кот. Там молоко́.

쓰기 >> Пишите

К к   ко

ка   ку

как   лук

❹ 강세 유형별로 읽기

강세 유형별로 단어를 읽으세요.

／	／ ー	ー ／	／ ー ー	ー ー ／
как	бу́ква	окно́	ко́мната	молоко́
кот				
кто				
банк				

❺ 듣고 따라하기

목청소리를 연습하세요.

Гг
[г]

га	вга	а - га	и - га
го	вго	а - го	и - го
гу	вгу	а - гу	и - гу

гда - гдо - гду - гды

Хх
[х]

ха	ха - ах	и - ху
хо	хо - ох	и - ха
ху	ху - ух	и - хо

ха -ха - ха   ах - ох - ух
хо - хо - хо   ох - хо - хо

무성음과 유성음 비교 연습

무성음 [к] – [г] 유성음

ка - га	гда - кта	мно́го [мно́га]
ко - го	гдо - кто	ма́ло [мала]
ку - гу	гду - кту	когда́ [кагда́]
		Во́лга [во́лга]

목청소리 [к] - [г] - [х]

ка - ха	ак - ах	ка - га - ха
ко - хо	ок - ох	ко - го - хо
ку - ху	ук - ух	ку - гу - ху

쓰기 >> Пишите

Г г   X x
га   го   ха   хо
гу   ху
много   плохо
Волга   холодно

Хо́лодно! [хо́ладна]
Пло́хо! [пло́ха]

Когда́ хо́лодно, пло́хо.

❻ 강세 유형별로 읽기

강세 유형별로 단어를 읽으세요.

╱	╱ _	_ ╱	╱ _ _	_ ╱ _	_ _ ╱
кот	пло́хо	окно́	ко́мната	пого́да	молоко́
как	мно́го	вода́	хо́лодно		
кто	ма́ло	когда́			
дом	до́ма				
тут	бу́ква				
там	ла́мпа				
банк					

❼ 듣고 따라하기

경구개 떨림 소리를 연습하세요.

 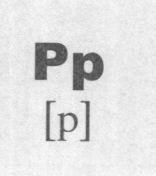

ра	ра - ар	вра	бар
ро	ро - ор	вро	пар
ру	ру - ур	вру	дар
ры	ры - ыр	вры	тар

тра - ра	дра	рва	ра - ла - на
тро - ро	дро	рву	ро - ло - но
тру - ру	дру	рво	ру - лу - ну
	дры	рвы	ры - лы - ны

вра - вла - вна
вро - вло - вно
вру - влу - вну
вры - влы - вны

쓰기 〉〉 Пишите

Р р　　　　　　　　　　*парк*
ра　　　　　　　　　　*рыба*
ро　　　　　　　　　　*урок*
ру　　　　　　　　　　*брат*
ры

❽ 강세 유형별로 읽기

강세 유형별로 단어를 읽으세요.

´ _	´ _	_ ´
парк	ры́ба	уро́к
брат	ка́рта	
торт	гру́ппа	
	у́тром	

урок второй | 35

⑨ 읽기

올바른 억양으로 문장을 읽으세요.

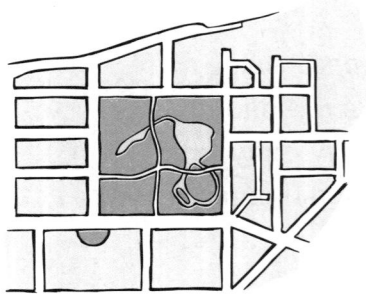

Э́то ка́рта.
Там парк.

Вот молоко́ и вода́.
Там ры́ба и торт.

У́тром хо́лодно!

⑩ 그림보며 대화 연습하기

❾의 그림을 이용하여 보기와 같이 서로 대화하세요.

> 보기
>
> Э́то ка́рта? — Да, э́то ка́рта.

발음규칙 >> Правило 자음의 무성음화

	유성음		무성음
клуб [клуп]	б	▶	[п]
Ивано́в [ивано́ф]	в	▶	[ф]
друг [друк]	г	▶	[к]
го́род [го́рат]	д	▶	[т]

⓫ 읽기

문장을 읽고 해석하세요.

1. Вот ка́рта. Э́то го́род.
2. Э́то дом. Вот ко́мната.
3. Э́то уро́к. Вот гру́ппа.
4. Э́то Анто́н, А́нна и Хана.
5. Э́то банк и клуб.
6. Вот парк. Там дом.
7. Тут окно́. Там кот.

⓬ 대화 연습하기

❶❶의 문장을 이용하여 보기와 같이 대화 연습하세요.

> 보 기
>
> Э́то ка́рта? — Да, ка́рта.
> Э́то го́род? — Да, го́род.

⓭ 듣고 따라하기

잇소리를 연습하세요.

Сс [с]

са	са - ас	а - са
со	со - ос	о - со
су	су - ус	у - су
сы	сы	ы - сы

сма - ста - сна - спа - сва - ска

Зз [з]

за	а - за
зо	о - зо
зу	у - зу
зы	ы - зы

з-з-з

Э́то му́ха.

зма - зна - зва - зда - зла - зра

урок второй | 37

무성음과 유성음 비교 연습

무성음 [с] – [з] 유성음

за - аз [ас]	са - за	сма - зма	ста - зда
зо - оз [ос]	со - зо	сна - зна	сла - зла
зу - уз [ус]	су - зу	сва - зва	сра - зра
	смо - змо	сму - зму	
	сно - зно	сну - зну	
	сво - зво	сву - зву	
	сто - здо	сту - зду	
	сло - зло	слу - злу	
	сро - зро	сру - зру	

쓰기 >> Пишите

C c   З з

са   за

су   зу

со   зо

сы   зы

Москва   звук

страна   завтра

⓮ 강세 유형별로 읽기

강세 유형별로 단어를 읽으세요.

ˈ _	ˈ _ _	_ ˈ _	_ ˈ _ _
сын	сло́во	Москва́	[фт] авто́бус
сок	су́мка	страна́	
суп		заво́д [т]	
сыр	[фт] за́втра	расска́з [с]	
стол			
стул			
звук			

⓯ 유사한 문장 만들기

문장을 읽으세요. 다른 그림을 이용하여 유사한 문장을 만드세요.

Вот ка́рта.
Э́то го́род Москва́.
Э́то го́род Во́логда.
Э́то го́род Омск.

Э́то ко́мната.
Там стол и стул.
Вот стул. Тут су́мка.
Э́то стол. Тут суп, сок и сыр.

문법 >> Грамматика | 명사의 성

⓰ 읽기

문장을 읽고 명사의 성과 대명사를 익히세요.

Это Иван. Он дома. Это мама. Она дома. Это лампа. Вот она.
Вот молоко. Оно тут. Фото там? Да, оно там.

⓱ 유형별로 나누기

아래의 단어들을 명사의 성 별로 나누어 바구니에 담으세요..

брат, подру́га, стол, фо́то, стул, друг, дом, заво́д, парк, гру́ппа, окно́, ры́ба, суп, ко́мната, ла́мпа, молоко́, бу́ква, па́па, страна́, го́род, сло́во, сын, соба́ка, кот, банк, авто́бус, расска́з, су́мка, сыр, торт, вода́

⓳ 대화 연습하기

❼의 단어를 이용하여 보기와 같이 대화 연습하세요.

보기

брат ▶ он
вода́ ▶ она́

문법 〉〉 Грамма́тика 의문사 있는 의문문

— Кто э́то?
— Э́то Ива́н.
— Как вас зову́т?
— Ива́н.

억양-2 (의문사 있는 의문문)

ИК-2 ╲ ─ ─

А́нна, кто э́то?
Как вас зову́т?

⑲ 맞는 그림 찾기

문장을 읽으세요. 각 문장에 맞는 그림을 지적하세요.

— И́ра, кто э́то? — Ива́н, кто э́то? — Анто́н, кто э́то?
— Э́то Ива́н.   — Э́то А́нна.   — Э́то ма́ма и па́па.

— Кто э́то?   — Кто э́то?
— Э́то кот.   — Э́то соба́ка.
  Он тут.   Она́ тут.

발음 Tip

억양을 비교하세요.

억양-2 (의문사 있는 의문문)

ИК-2

— А́нна, кто э́то?
— Э́то Ива́н.

억양-3 (의문사 없는 의문문)

ИК-3

— Э́то Ива́н?
— Да, э́то он.

⑳ 읽기

올바른 억양으로 대화를 읽으세요.

— А́нна, кто э́то?   — Анто́н, кто э́то?   — И́ра, кто э́то?
— Э́то Анто́н.   — Э́то И́ра.   — Э́то брат, Ива́н.
— Э́то Анто́н?   — Э́то И́ра?   — Э́то Ива́н?
— Да, э́то он.   — Да, э́то она́.   — Да, э́то он.

㉑ 대화 연습하기

친구나 가족의 사진을 준비하여 ⑳과 같이 대화 연습하세요.

㉒ 빈 칸 채우기

대답에 알맞은 질문을 만드세요.

- – ….?
- – Э́то А́нна.

- – ….?
- – Э́то Ива́н и А́нна.

- – ….?
- – Да, э́то кот.

- – ….?
- – Да, э́то соба́ка.

- – ….?
- – Э́то кот.

- – ….?
- – Э́то мама.

- – ….?
- – Да, э́то Ива́н.

- – ….?
- – Да, э́то И́ра.

발음 Tip

- – Когда́ уро́к?
- – За́втра.

ИК-2

Когда́ уро́к?

억양을 비교하세요.

의문사 있는 의문문 | 의문사 없는 의문문

ИК-2
— Когда́ уро́к?

ИК-1
— У́тром.

ИК-3
— Уро́к у́тром?

ИК-1
— Да, уро́к за́втра у́тром.

ИК-2
— Когда́ за́втрак?

ИК-1
— У́тром.

ИК-3
— За́втрак у́тром?

ИК-1
— Да, за́втрак у́тром.

대화 >> Диалог 전화통화

1. 대화를 잘 들으세요.

— Мину́ту!
— Спаси́бо

Ива́н : — Алло́! Алло́!
Йра : — Да, да! Кто́ э́то? Э́то Ива́н?
Ива́н : — Да, Ива́н. Анто́н до́ма?
Йра : — Да, он до́ма. Мину́ту!
Ива́н : — Спаси́бо!

Йра : — Алло́!
Ива́н : — Да! Кто́ э́то? Э́то Йра?
Йра : — Да, Йра. А́нна до́ма?
Ива́н : — Да, она́ до́ма. Мину́ту!
Йра : — Спаси́бо!

2. 친구에게 전화해서 집에 있는지 알아 보세요.

총정리 문제 >> Обобщение

1. 단어를 쓰고 강세를 표시하세요. 단어를 강세 유형별로 나누세요.

   лампа, автобус, молоко, группа, завтра, карта, сумка, страна, рассказ, Москва, урок, буква, город, папа, мама, собака, рыба, подруга, окно, завтрак, завод, комната, погода, слово, там

   1) ´   2) ´ _   3) _ ´
   4) ´ _ _   5) _ ´ _   6) _ _ ´

2. 단어와 문장을 쓰고 강세를 표시하세요.

   завтра, когда, мало, много, плохо, холодно, спасибо, утром.
   Завтра утром холодно. Это плохо. Когда холодно, плохо.

3. 굵은 글씨체의 단어에 대한 질문을 만드세요.

   Э́то **Ива́н и Анто́н**. **Ива́н** там, **Анто́н** тут.
   Уро́к **у́тром**. За́втрак **у́тром**.
   Э́то **кот и соба́ка**. Там **соба́ка**.

단어사전 >> Словарь

- автóбус 버스
- банк 은행
- брат 형제
- бýква 글자, 문자
- вот 여기
- гóрод 도시
- грýппа 그룹, 반
- друг 친구
- завóд 공장
- зáвтра 내일
- зáвтрак 아침식사
- звук 소리
- как [의문] 어떻게
- кáрта 지도
- клуб 클럽
- когдá [의문] 언제
- кóмната 방
- кот 고양이
- кто [의문] 누구
- мáло 적다
- минýта 분(시간의 단위)
- мнóго 많이
- молокó 우유
- окнó 창문
- онó [중] 그것
- парк 공원
- плóхо 나쁘게, 나쁘다
- погóда 날씨
- расскáз 이야기
- рыба 생선, 물고기
- слóво 단어
- собáка 개
- сок 쥬스
- спасúбо 감사합니다
- стол 책상
- странá 나라
- стул 의자
- сýмка 가방
- суп 수프
- сын 아들
- сыр 치즈
- торт 케익

단어사전 >> Словарь

- уро́к 수업, 과
- у́тром 아침에
- хо́лодно 춥게, 춥다
- Ивано́в 이바노프(러시아인의 성)
- Москва́ 모스끄바
- Во́лга 볼가(러시아의 강 이름)

- Во́логда 볼로그다(러시아의 도시 이름)
- Омск 옴스크(러시아의 도시 이름)
- Как вас зову́т?
  당신의 이름은 무엇입니까?
- Мину́ту! 잠깐만요!

Урок третий **03**

※ 핵심 포인트
- Это я.
- Это мой друг.
- Это журнал. Это тоже журнал.
- Это моя сумка, а это твоя сумка.

• 회화 포인트
- Здравствуйте! До свидания!
- -Можно?   -Как дела?
- -Пожалуйста.   -Спасибо, хорошо.

• 발음 포인트
자음(ш, щ, й)의 발음, 이중 모음(я, е, ю, ё)의 발음
다음절 단어의 발음

• 문법 포인트
인칭대명사
소유대명사(мой, твой, наш, ваш, его, её, их)
복문의 개념(..., а...)

러시아 알파벳 >> Русский алфавит

Аа	Бб	Вв	Гг	Дд	Ее	Ёё	Жж	Зз	Ии	Йй
а	бэ	вэ	гэ	дэ	е	ё	жэ	зэ	и	и краткое

Кк	Лл	Мм	Нн	Оо	Пп	Рр	Сс	Тт	Уу	Фф
ка	эль	эм	эн	о	пэ	эр	эс	тэ	у	эф

Хх	Цц	Чч	Шш	Щщ	ъ	ы	ь
ха	цэ	че	ша	ща	твёрдый знак	ы	мягкий знак

Ээ	Юю	Яя
э	ю	я

발음 〉〉 Фонетика

❶ 듣고 따라하기

음절 발음 연습하세요.

а - ла	ла - ра - на	вра - вро - вру - вры	
о - ло	ло - ро - но	вла - вло - влу - влы	
у - лу	лу - ру - ну	вна - вно - вну - вны	
ы - лы	лы - ры - ны	мна - мно - мну - мны	
		лом - лам - лум - лым	

па - ба	пом - бом	плу - блу	
фа - ва	фом - вом	флу - влу	
са - за	сом - зом	слу - злу	
ка - га	ком - гом	клу - глу	

стра - здра	кра - гра	фра - вра	пра - бра
стро - здро	кро - гро	фро - вро	про - бро
стру - здру	кру - гру	фру - вру	пру - бру
			пры - бры

❷ 강세 유형별로 읽기

강세 유형별로 단어를 읽으세요.

´	´ _	_ ´	´ _ _	_ ´ _	_ _ ´
клуб	ла́мпа	алло́	хо́лодно	пого́да	молоко́
стол	А́лла	страна́	ко́мната	авто́бус	
стул	сло́во	Москва́		подру́га	
друг	го́род	расска́з		спаси́бо	
брат	ка́рта				
парк	пло́хо				
	ма́ло				
	мно́го				

урок третий | 49

❸ 듣고 따라하기

다음 문장을 읽고 해석하세요. 들으면서 평서문과 의문문의 억양을 연습하세요.

Вот ко́мната. Тут стол. Там стул.

Э́то ка́рта. Вот Москва́.

Э́то ма́ма. Она́ до́ма.

Кто э́то? Когда́ уро́к?

А́нна до́ма? Ива́н там?

Э́то банк? Там дом?

대화 >> **Диалог**　전화통화

— Алло́! И́ра до́ма?
— Да, она́ до́ма. Мину́ту.
— Спаси́бо.

— Алло́! Кто э́то?
— Анто́н. И́ра, когда́ уро́к?
— Уро́к за́втра.
— Спаси́бо.

발음 >> Фонетика

❹ 듣고 따라하기

윗턱소리(상악음)를 연습하세요..

Шш [ш]

ша	а - ша	аш
шо	о - шо	ош
шу	у - шу	уш
ше [шэ]	э - ше	еш
ши [шы]	ы - ши	иш

што - шта - шту - шка - шко

Жж [ж]

жа	а - жа - жба
жо	о - жо - жбо
жу	у - жу - жбу
же [жэ]	э - же
жи [жы]	ы - жи

жда - жду - ждо - жды

무성음과 유성음 비교 연습

무성음 [ш] – [ж] 유성음

ша - жа	шна - жна	шар - жар
шо - жо	шно - жно	шор - жор
шу - жу	шну - жну	шур - жур
ше - же	кша - гжа	шер - жер
ши - жи	кшу - гжу	шир - жир
	кши - гжи	

урок третий | 51

무성음 [с] – [ш] 무성음

нас - наш	ска - шка
вас - ваш	ско - шко
рас - раш	ску - шку
рос - рош	сто - што
рус - руш	ста - шта

유성음 [з] – [ж] 유성음

за - жа	зра - жра
зо - жо	зро - жро
зу - жу́	зру - жру
зы - жи	зры - жры
зда - жда	зна - жна
здо - ждо	зно - жно
зду - жду	зну - жну

무성음 [с] - [з] 유성음 / 무성음 [ш] - [ж] 유성음

са - за - ша - жа	ас - аш
со - зо - шо - жо	ос - ош
су - зу - шу - жу	ус - уш
сы - зы - ши - жи	ыс - ыш
ше - же	

шарф	шко́ла	маши́на	хорошо́
шкаф	ша́пка	каранда́ш	

쓰기 >> Пишите

Ш ш	Ж ж
ша	жа
шо	жо
шу	жу
ши	жи
хорошо	журнал

발음규칙 >> Правило — 자음의 무성음화

유성음 ▶ 무성음

нож [нош]   ж ▶ [ш]
ло́жка [ло́шка]   жк ▶ [шк]

❺ 강세 유형별로 읽기

강세 유형별로 단어를 읽으세요

´_	_´_	__´	´__	_´_	__´
нож	то́же	журна́л	ко́мната	маши́на	хорошо́
шкаф	мо́жно	расска́з	хо́лодно	пого́да	каранда́ш
шарф	шко́ла	заво́д		подру́га	молоко́
стол	ша́пка	страна́			
сын	за́втра				
звук	за́втрак				

урок третий | 53

 회화 Tip

Жа́рко! Хорошо́!
Когда́ жа́рко, хорошо́.

Хо́лодно! Пло́хо!
Когда́ хо́лодно, пло́хо.

❻ 그림보며 문장 만들기

그림에 대한 설명을 읽으세요. 유사한 그림이나 사진을 준비하여 아래와 같이 설명해 보세요.

Вот ко́мната. Там стол и стул.
Э́то шкаф. Тут ша́пка и шарф.

Э́то го́род. Тут шко́ла. Там заво́д.
Вот дом и сад. Тут маши́на.

문법 >> **Грамма́тика** | 역시 '**тоже**' 구문

ИК-1
Э́то ка́рта.

ИК-1
Э́то то́же ка́рта.

А́нна до́ма.
Анто́н то́же до́ма.

Э́то журна́л.

Э́то то́же журна́л.

Э́то ко́мната.
Стол там. Шкаф то́же там.

урок тре́тий | 55

❼ 그림보며 문장 만들기

그림을 이용하여 보기와 같이 문장을 만드세요.

> **보 기**
>
> Э́то маши́на. Э́то то́же маши́на.

❽ 그림보며 문장 만들기

그림을 이용하여 보기와 같이 문장을 만드세요.

> **보 기**
>
> Дом там. Маши́на то́же там.

❾ 듣고 따라하기

й와 이중모음 발음을 연습하세요.

ай	а - и - ай	мой
ой	о - и - ой	май
уй	у - и - уй	дай
эй	э - и - эй	стой
ый	и - ий	

а - **я** [йа]	а - я	я - е
о - **ё** [йо]	о - ё	е - ё
у - **ю** [йу]	у - ю	ё - ю
э - **е** [йэ]	э - е	ю - я

мо́й - мой	[ма́й - мой]		
тво́й - твой	[тва́й - твой]	Юра	[йу́ра]
моя́ - моё	[майа́ - майо́]	ёж	[йош]
твоя́ - твоё	[твайа́ - твайо́]	я́блоко	[йа́блака]

쓰기 〉〉 Пишите

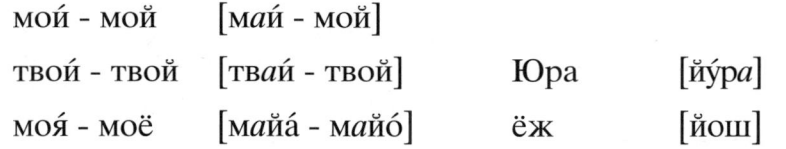

урок третий | 57

문법 >> Грамматика — 인칭 대명사

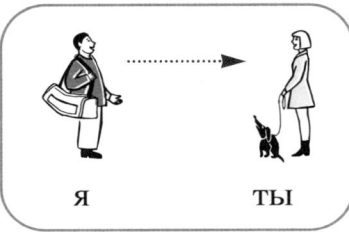

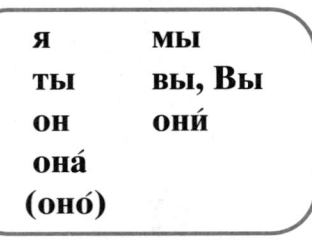

я	мы
ты	вы, Вы
он	они́
она́	
(оно́)	

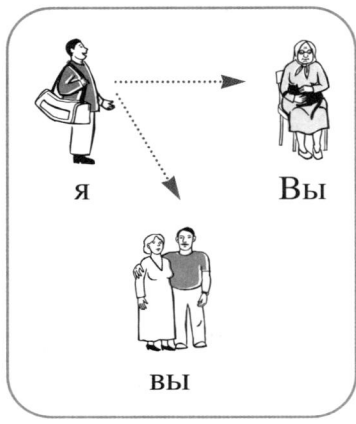

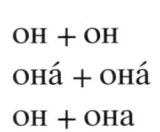

он + он
она́ + она́
он + она

= они́

я + ты
я + он
я + она́
я + вы (Вы)
я + они́
я + ты + они́

= мы

읽기

대화를 읽고 인칭 대명사를 익히세요.

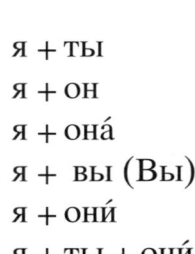

– Мо́жно?
– Пожа́луйста.
– Вы А́нна Ива́новна?
– Да, э́то я.

– Э́то ты, ба́бушка?
– Да, я.
– Пра́вда?!

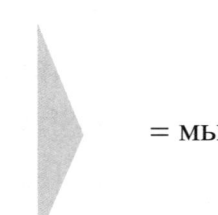

Пожа́луйста[пажа́луста]?

– Кто э́то?
– Э́то я.

– Кто э́то?
– Э́то мы.

– Кто там?
– Э́то я. Мо́жно?
– Пожа́луйста.

– Кто э́то?
– Э́то Анто́н?
– Да, э́то он.

문법 〉〉 **Грамматика** | 소유 대명사 (1인칭)

он		она		оно	
	па́п **а**		ма́м **а**		фо́т **о**
мой	брат	моя	подру́г **а**	моё	окн **о́**
[мой]	дом	[ма́йа]	ко́мнат **а**	[ма́йо]	я́блок **о**
	го́род		стран **а́**		

① 읽기

1. 텍스트를 읽고 소유 대명사를 익히세요.

Э́то я. Вот мой дом.
Тут моё окно́.
Там моя́ ко́мната.

урок третий | 59

Это я. Это мой па́па и моя́ ма́ма.
Это мой брат. Это моя́ ба́бушка.
Мы до́ма.

Это мой брат.
Это моя́ подру́га.
Это мой друг. Они́ до́ма.

2. 자신의 사진을 준비하여 위와 같이 작문해 보세요.

⑫ 그림보며 문장 만들기

1. 아래의 단어를 소유 대명사와 결합시켜 그림의 바구니에 담으세요.

я́блоко, журна́л, нож, ка́рта, брат, шко́ла, го́род, каранда́ш, суп, страна́, сок, кот, гру́ппа, соба́ка, стол, стул, су́мка, ша́пка, подру́га, окно́, ла́мпа, па́па, ма́ма, ба́бушка, сын, авто́бус, зонт, друг, за́втрак, игра́, молоко́

2. 위의 단어를 이용하여 보기와 같이 연습하세요.

보 기

Вот журна́л. Это мой журна́л.

3. 위의 단어를 이용하여 보기와 같이 서로 주고 받으세요.

보 기

ша́пка ▶ моя́ ша́пка

문법 >> Грамматика   소유 대명사 (1, 2, 3 인칭)

	он		она		оно	
я	мой		моя́		моё	
ты	твой		твоя́		твоё	
мы	наш	го́род	на́ша	маши́на	на́ше	окно́
вы	ваш		ва́ша		ва́ше	
он	его́ [йиво́]		его́		его́	
она́	её [йийо́]	го́род	её	маши́на	её	окно́
они́	их		их		их	

⓯ 유사한 문장 만들기

아래를 읽고 유사한 문장을 만드세요.

Э́то я. Э́то мой шарф. Там моя́ ша́пка.

Э́то ты. Э́то твой стол. Тут твоя́ су́мка. Там твоё фо́то.

Э́то Анто́н. Вот его́ ко́мната. Тут его́ стол. Там его́ фо́то.

Э́то А́нна. Вот её ко́мната. Тут её стол. Там её фо́то.

Э́то мы. Вот наш дом. Тут на́ша ко́мната. Там на́ше окно́.

Э́то вы. Вот ваш го́род. Тут ва́ша шко́ла.

Э́то Ива́н и Анто́н. Э́то их дом. Там их маши́на. Э́то их фо́то.

문법 >> Грамматика | 접속사 'A' 구문

ИК-3, а ИК-1

Э́то моя́³ ша́пка, а э́то твоя́¹ ша́пка.

Э́то моё³ я́блоко, а э́то твоё¹ я́блоко.

Э́то А́нна³, а э́то И́ра¹.

Вот мой со́к³, а вот твоё молоко́¹.

Тут наш ба́нк³, а там наш клу́б¹.

Э́то на́ша³ гру́ппа, а это ва́ша¹ гру́ппа.

14 그림보며 문장 만들기

그림을 활용하여 보기와 같이 문장을 만드세요.

> **보 기**
>
> Это мой шарф, а это твой шарф.

발음규칙 >> **Правило**   자음의 유성음화

наш клуб	▶	— ш к —	[шк]
наш журна́л	▶	— ш ж —	[ж:]
наш го́род	▶	— ш г —	[жг]

[ж]

наш журна́л
наш го́род
наш банк
ваш дом
ваш друг
ваш брат

[ш]

наш парк
ваш клуб
наш класс
ваш шкаф
наш сад

⓯ 그림보며 대화 연습하기

⓮에 있는 그림을 보며 누구의 물건인지 서로 질문하고 대답해 보세요.

보기

Э́то твоя́ су́мка?   Э́то ваш каранда́ш?

⓰ 대화 연습하기

[억양-3]을 활용하여 보기와 같이 대화 연습하세요.

보기

Э́то ваш брат?   ▶   – Да, мой.
Э́то ваш брат?   ▶   – Да, брат.

– Э́то твоя́ ма́ма?
– Да, … .

– Э́то ва́ша ма́ма?
– Да, … .

– Э́то твой друг?
– Да, … .

– Э́то ваш друг?
– Да, … .

– Э́то наш стол?
– Да, … .

– Э́то твоя́ подру́га?
– Да, … .

– Э́то его́ дом?
– Да, … .

– Э́то её ма́ма?
– Да, … .

⑰ 유사한 문장 만들기

1. 다음 텍스트를 읽고 자신의 나라와 도시를 지도에서 보여주세요.

   Э́то ка́рта. Вот моя́ страна́. Э́то мой го́род Москва́. Там мой дом.

2. 지도를 이용하여 보기와 같이 질문하고 대답하세요.

   보 기

   Э́то ва́ша страна́?   Э́то твой го́род?

⑱ 빈 칸 채우기

1. 질문에 맞는 대답을 쓰세요.

   – Э́то шко́ла?
   – Да, … .

   – Кто э́то? Ваш друг?
   – … .

   – Ваш брат до́ма?
   – Да, … .

   – У́тром хо́лодно?
   – Да, … .

   – Когда́ за́втрак?
   – … .

2. 대답에 맞는 질문을 쓰세요.

   – … .
   – Да, э́то наш банк.

   – … ?
   – Да, э́то мой брат.

   – … ?
   – Да, моя́ подру́га тут.

   – … ?
   – Да, за́втра хо́лодно.

   – … ?
   – Наш уро́к у́тром.

대화 >> **Диалог** | 전화통화

1. 다음 대화를 듣고 새로운 정보를 러시아어로 말해 보세요.

   Антóн: – Аллó! Аллó!
   Ирина: – Да, да! Э́то Антóн?
   Антóн: – Да, э́то я. А кто э́то?
   Ирина: – Э́то Ири́на. Здрáвствуй, Антóн!
   Антóн: – Здрáвствуй, Ири́на! Как делá?
   Ирина: – Спаси́бо, хорошó. Когдá наш урóк?
   Антóн: – Зáвтра. Наш урóк зáвтра у́тром.
   Ирина: – Спаси́бо, до свидáния.

   발음 **Tip**
   Здрáвствуй! [здрáствуй]
   До свидáния! [дасв'идáн'ийa]
   Как делá? [кагд'илá]

2. 친구에게 전화해서 잘 지내는지 알아보는 대화를 만드세요.

총정리 문제 >> **Обобщение**

1. 다음 단어를 이용하여 보기와 같이 문장을 만드세요.

   보기

   Э́то наш гóрод, а э́то ваш гóрод.

   стол, кот, окнó, шкóла, гóрод, странá.

2. 친구에게 전화해서 집에 있는지, 잘 지내는지 알아보세요.

단어사전 >> Словарь

- а [접속] 그런데
- ба́бушка 할머니
- ваш(ва́ша, ва́ше) 당신의
- его́ 그의
- её 그녀의
- ёж 고슴도치
- жа́рко 덥게, 덥다
- журна́л 잡지
- зонт 우산
- их 그들의
- каранда́ш 연필
- класс 클래스, 반
- ло́жка 숟가락
- май 5월
- маши́на 자동차
- мо́жно 할 수 있다, 해도 된다
- мой(моя́, моё) 나의
- наш(на́ша, на́ше) 우리의
- нож 칼
- они́ 그들
- подру́га 여자친구

- пожа́луйста 1. 제발(부탁의 의미) 2. 해도 된다(허락의 의미) 3. 천만에요.
- пра́вда 정말, 진실
- сад 정원
- твой(твоя́, твоё) 너의
- то́же …도 역시
- хорошо́ 좋다, 잘
- ша́пка 모자
- шарф 목도리
- шкаф 장롱, 책장
- шко́ла 학교
- я 나
- я́блоко 사과

- А́нна Ива́новна 안나 이바노브나(여자 이름과 부칭)
- Ю́ра Ю́рий의 애칭, 남자 이름
- До свида́ния! 안녕히 계세요! 안녕히 가세요!(헤어질 때 인사)
- Здра́вствуй! 안녕!
- Здра́вствуйте! 안녕하세요!
- Как дела́? 어떻게 지내십니까?

Урок четвёртый 04

이과의 길잡이

※ **핵심 포인트**
- Это аптека?
- Нет, это не аптека. Это почта.
- Что это?
- Это банк.
- Когда жарко?
- Летом.
- Скажите, пожалуйста, где метро?
- Метро там.

- **회화 포인트**
  - Можно?
  - Нельзя.
  - Ничего! Правда?   Скажи! Скажите!
  - Позвони! Позвоните!   Извини! Извините!

- **발음 포인트** 경자음과 연자음의 개념, 강세없는 [э], [е]의 발음
  자음(ч, щ)의 발음, 발음 규칙 : чт, чн의 발음
  다음절 단어의 발음

- **문법 포인트** 부정문(Нет,это не)   명사의 성(총정리)
  명령형의 사용(부탁, 호칭)
  비활동체 명사에 대한 의문문(Что это?)
  의문사 Где?를 이용한 구문

러시아 알파벳 >> Русский алфавит

Аа	Бб	Вв	Гг	Дд	Ее	Ёё	Жж	Зз	Ии	Йй
а	бэ	вэ	гэ	дэ	е	ё	жэ	зэ	и	и краткое
Кк	Лл	Мм	Нн	Оо	Пп	Рр	Сс	Тт	Уу	Фф
ка	эль	эм	эн	о	пэ	эр	эс	тэ	у	эф
Хх	Цц	**Чч**	Шш	**Щщ**	ъ		ы		ь	
ха	цэ	че	ша	ща	твёрдый знак		ы		мягкий знак	
Ээ	Юю	Яя								
э	ю	я								

발음 〉〉 **Фонетика**

❶ 듣고 따라하기

발음을 연습하면서 지난 과에서 배운 내용을 복습하세요.

1. ба - ва - вба - вва - вво - вбо за - жа зба - жба
  га - да - вга - вда - вдо - вго зо - жо зва - жва
  за - жа - вза - вжа - вжо - взо зу - жу зда - жда
  ла - ма - вла - вма - вмо - вло
  ра - ла - вра - вла - вло - вро   нас - наш
  са - ша - вса [фса] - вша [фша]   нос - нош
  ха - ша - вха [фха] - вша [фша]   нус - нуш

2. наш‿кот наш‿журна́л наш‿шкаф
  ваш‿кот ваш‿журна́л ваш‿шкаф
  на́ша‿шко́ла на́ша‿страна́ на́ша‿маши́на
  ва́ша‿шко́ла ва́ша‿страна́ ва́ша‿маши́на

3. мой - моя́ - моё
  мой - мой моя́ - мой моё - мой
  мой‿друг моя́‿подру́га моё‿я́блоко
  мой‿стол моя́‿страна́ моё‿фо́то
  мой‿расска́з моя́‿гру́ппа моё‿окно́
  мой‿го́род моя́‿ко́мната

урок четвёртый

❷ 강세 유형별로 읽기

강세 유형별로 단어를 읽으세요.

´	´ _	_ ´	´ _ _	_ ´ _
наш	ша́пка	журна́л	ко́мната	мину́та
ваш	шко́ла	расска́з	я́блоко	пого́да
нож	пра́вда	страна́	ба́бушка	подру́га
шарф	ва́ша	Москва́	хо́лодно	спаси́бо
шкаф	на́ша			маши́на
	то́же			
	мо́жно			
	жа́рко			
	здра́вствуй			

_ _ ´	_ ´ _ _	_ _ ´ _	_ _ _ ´ _
хорошо́	пожа́луйста	остано́вка	до‿свида́ния
каранда́ш			

❸ 읽기

맞는 억양으로 문장을 읽으세요. 지난 과에서 배운 내용을 복습하세요.

1. Ва̂ш?   Ва̂ш журна́л?   Э́то ва̂ш журна́л?
   На̂ш?   На̂ш авто́бус?   Э́то на̂ш авто́бус?
   На̂ша?   На̂ша остано́вка?   Э́то на̂ша остано́вка?
   Ва̂ша?   Ва̂ша страна́?   Э́то ва̂ша страна́?
   Ва̂ше?   Ва̂ше фо́то?   Э́то ва̂ше фо́то?

2. Э́то мо́й стол, а э́то тво́й стол.
   Э́то моя́ ша́пка, а э́то твоя́ ша́пка.

Э́то моё я́блоко, а э́то твоё я́блоко.
Шкаф тут, а стол там.
Кот там, а соба́ка тут.

3. Ива́н до́ма, Анто́н то́же до́ма.
Журна́л тут, каранда́ш то́же тут.
Э́то мой друг, э́то то́же мой друг.

❹ 유사한 대화 만들기

대화를 읽고 문형을 활용하여 유사한 대화를 만드세요.

– Здра́вствуй! Как дела́?
– Спаси́бо, хорошо́.

– Мо́жно?
– Пожа́луйста.

– Э́то ваш брат?
– Да.
– Пра́вда?

– Вот твой сок.
– Спаси́бо!
– Пожа́луйста.

– Мо́жно?
– Мину́ту.

❺ 빈 칸 채우기

대답에 알맞은 질문을 쓰세요.

– ... ?
– Э́то мой брат.

– ... ?
– За́втрак у́тром.

– ... ?
– Да, э́то моя́ ба́бушка.

– ... ?
– Да, э́то молоко́.

– ... ?
– Э́то А́нна и Анто́н.

– ... ?
– Да, брат до́ма.

발음규칙 >> Правило | 경자음과 연자음

경자음　　　　　　　　　　　항상 경자음

б　в　г　д　з　к　л　м　н　п　р　с　т　ф　х　ж　ш　ц

б'　в'　г'　д'　з'　к'　л'　м'　н'　п'　р'　с'　т'　ф'　х'　　　　й' щ' ч'

　　　　　　연자음　　　　　　　　　　　　　　　　항상 연자음

	после твёрдых согласных	경자음 + 모음
[н]	+ а о у э ы	
[н']	+ я ё ю е и ь	
	после мягких согласных	연자음 + 모음

❻ 듣고 따라하기

발음 규칙을 활용하여 음절을 읽으세요.

보기

⟨경자음 + 모음⟩

н[н]
а ▶ на
о ▶ но
у ▶ ну
ы ▶ ны
э ▶ нэ

⟨연자음 + 모음⟩

н[н']
я ▶ ня
ё ▶ нё
ю ▶ ню
и ▶ ни
е ▶ не
ь ▶ нь

дя - тя
дё - тё
дю - тю
ди - ти
де - те

м[м]
д[д]
т[т]

а
о
у
ы
э

м[м']
д[д']
т[т']

я
ё
ю
и
е
ь

ан - ани́ - ань	он - они́ - онь	ун - уни́ - унь	ин - инь	ен - ень
ам - ами́ - амь	ом - оми́ - омь	ум - уми́ - умь	им - имь	ем - емь
ат - ать	от - оть	ут - уть	ит - ить	ет - еть

❼ 강세 유형별로 읽기

강세 유형별로 단어를 읽으세요.

´	´ _	_ ´	_ ´ _	_ _ ´
мать	тётя	студе́нт	студе́нтка	институ́т
где	дя́дя	игра́	апте́ка	
нет				
днём				

❽ 듣고 따라하기

моя́‿мать   мой‿дя́дя   наш‿институ́т
моя́‿тётя   на́ша‿апте́ка
моя́‿кни́га

❾ 대화 연습하기

대화를 잘 듣고 유사하게 대화 연습하세요.

— Ива́н, кто э́то?
— Э́то моя́ мать. А э́то её брат, мой дя́дя.

— Анто́н, э́то институ́т?
— Да, э́то наш институ́т.

— Ви́ктор, апте́ка там?
— Да, там.
— Спаси́бо.

— Анто́н, э́то твоя́ кни́га?
— Да, моя́.
— Мо́жно?
— Да, пожа́луйста.

урок четвёртый | **73**

— А́нна, когда́ на́ша игра́?
— За́втра днём.
— Спаси́бо.

— Ива́н, ва́ша тётя до́ма?
— Да, она́ до́ма.
— Спаси́бо.

⑩ 읽기

연자음과 경자음의 발음을 연습하세요.

л [л]	а	л [л']	я
р [р]	о	р [р']	ё
с [с]	у	с [с']	ю
з [з]	ы	з [з']	и
	э		е
			ь

ся - зя   ля - ря - зря
сё - зё   лё - рё - трё
сю - зю   лю - рю - дрю
си - зи   ли - ри - зри
се - зе   ле - ре - дре

ал - аль   тя - ся   дя - зя   ся - стя   зя - здя
ар - арь   те - се   де - зе   се - сте   зе - зде
ас - ась   ти - си   ди - зи   си - сти   зи - зди
             тю - сю   дю - зю

⑪ 강세 유형별로 읽기

강세 유형별로 단어를 읽으세요.

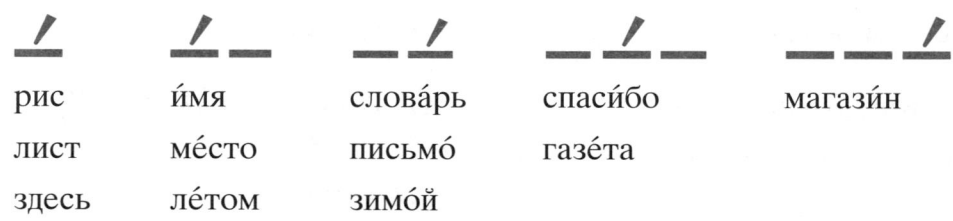

рис   и́мя   слова́рь   спаси́бо   магази́н
лист   ме́сто   письмо́   газе́та
здесь   ле́том   зимо́й

_ _ / _ _   _ _ _ / _ _

экску́рсия   поликли́ника

🎧 듣고 따라하기

1. мой_слова́рь
   моё_письмо́
   моё_и́мя
   моё_ме́сто

   моя́_газе́та
   на́ша_поликли́ника
   ва́ше_письмо́

2. – Когда́ жа́рко?
   – Ле́том.
   – Когда́ хо́лодно?
   – Зимо́й.
   – Ле́том жа́рко,
     а зимо́й хо́лодно.

발음규칙 >> Правило 강세에 따른 모음의 발음

е
- [э]
  - нет [н'эт]
  - ме́сто [м'э́ста]
- [и]
  - сестра́ [с'истра́]
  - метро́ [м'итро́]

жена́ [жына́]
инжене́р [инжын'эр]

э
- [э] э́то [э́та]
- [и] эта́ж [ита́ш]

урок четвёртый | 75

⓫ 강세 유형별로 읽기

강세 유형별로 단어를 읽으세요.

´ _	_ ´	´ _ _	_ ´ _	_ _ ´
áдрес	музéй	óсенью	сегóдня	инженéр
мéсто	метрó	[óс'ин'йу]	[с'ивóдн'а]	
лéтом	теáтр			
	сестрá		_ _ ´ _	
	семья́		извини́те	
	тетрáдь			
	теплó		_ _ ´ _	
	женá		преподавáтель	
	этáж		[пр'ипадавáт'ил']	

⓬ 듣고 따라하기

мой‿áдрес   моя́‿женá   скажи́
наш‿этáж   моя́‿сестрá   скажи́те
наш‿преподавáтель моя́‿тетрáдь   скажи́те, пожáлуйста
наш‿инженéр   вáша‿семья́

대화 >> **Диалог** 실례지만, 말해주세요.

대화를 듣고 보기와 같이 서로 대화하세요.

– Скажи́те, пожáлуйста, когдá нáша экскýрсия?
– Зáвтра, днём.
– Спаси́бо.

– Скажи́!
– Скажи́те!
– Извини́!
– Извини́те!

— Извини́те, скажи́те, пожа́луйста, как вас зову́т?
— А́нна Ива́новна.

— Скажи́, пожа́луйста, э́то твой друг?
— Да, э́то мой друг.

문법 >> Грамматика | 부정문

— Скажи́, э́то твой слова́рь?
— Нет, не мой.

— Скажи́, э́то журна́л?
— Нет, э́то не журна́л. Э́то газе́та.

Нет, это не...

🎧 대화 연습하기

다음 단어를 이용하여 보기와 같이 대화 연습하세요.

1. *магази́н, клуб, банк, заво́д, шко́ла, поликли́ника*

보기

— Анто́н, скажи́, э́то магази́н?
— Да, э́то магази́н.

— А́нна, скажи́, э́то апте́ка?
— Нет, э́то не апте́ка. Э́то поликли́ника. / Нет, э́то поликли́ника.
— Спаси́бо.

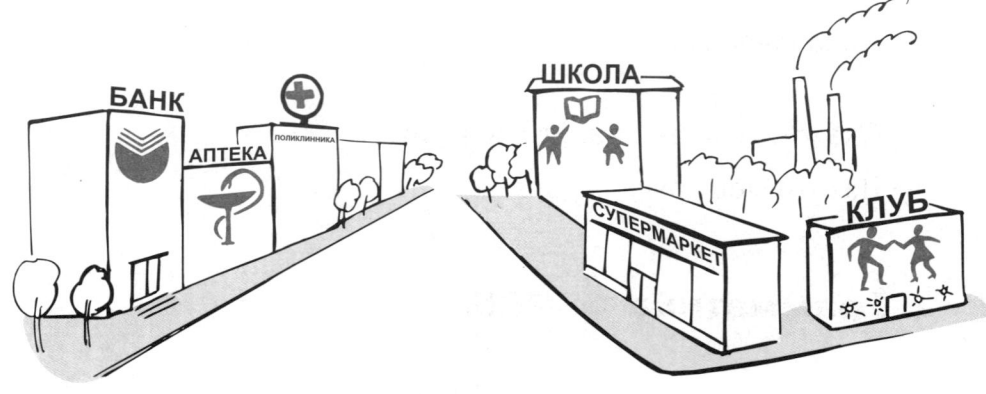

2. книга, словарь, письмо, газета, журнал, карандаш, нож, сумка, стул

보 기

— Антóн, скажи́те, э́то вáша кни́га?
— Да, моя́.

— А́нна, скажи́, э́то твой словáрь?
— Нет, не мой. Э́то твой словáрь.

3. магазин, клуб, банк, поликлиника; стол, стул, шкаф, карта, лампа; друг, брат, подруга, Антон, Ира

보 기

— Ви́ктор, лáмпа там?
— Да, там.

— А́нна, Антóн здесь?
— Нет, он дóма.

16 대화 연습하기

1. 보기와 같이 대화 연습하세요.

보기

- Ви́ктор, скажи́, пожа́луйста, уро́к за́втра у́тром?
- Да, за́втра у́тром.

- И́ра, ле́том хо́лодно?
- Нет, ле́том не хо́лодно. Ле́том жа́рко. / Нет, ле́том жа́рко.

2. 다음 단어를 이용하여 보기와 같이 연습하세요 :

преподаватель, инженер, директор, друг, подруга, брат, сестра, тётя, дядя.

보기

- Анто́н, скажи́, пожа́луйста, кто э́то?
- Э́то наш преподава́тель.

3. 보기와 같이 대화 연습하세요.

보기

- Ви́ктор, скажи́, э́то твоя́ сестра́?
- Нет, э́то не сестра́. Э́то моя́ подру́га. / Нет, э́то моя́ подру́га.

문법 >> Грамматика | 명사의 성 (총정리)

он	она́	оно́
- ☐	**-а**	**-о**
брат☐	сестр|á|	окн|ó|
теáтр☐	аптéк|а|	письм|ó|
-й	**-я**	**-е**
музé|й|	тёт|я|	мóр|е|
	семь|я́|	упражнéни|е|
	пéсн|я|	
	аудитóри|я|	
-ь		
преподавáтел|ь|	мат|ь|	
словáр|ь|	тетрáд|ь|	

Запомните!
мой пáп|а|
мой дя́д|я|
мой дéдушк|а|

⓱ 문장 만들기

아래의 단어를 이용하여 보기와 같이 문장을 만드세요.

> **보기**
>
> Это мой … .
>
> Это наш … .

кни́га, слова́рь, институ́т, аудито́рия, тетра́дь, письмо́, экску́рсия, эта́ж, а́дрес, семья́, сестра́, брат, дя́дя, тётя, ба́бушка, де́душка, преподава́тель, пе́сня, го́род, страна́, ша́пка, шарф, шко́ла, каранда́ш, журна́л, фо́то, газе́та, упражне́ние

⓲ 대화 연습하기

⓱의 단어를 이용하여 보기와 같이 대화 연습하세요.

> **보기**
>
> — Э́то ва́ша сестра́? — Э́то ваш институ́т?
> — Да, моя́. — Да, наш.

문법 》 **Грамма́тика** 명령문

| Анто́н, | здра́вствуй!
скажи́ …
покажи́ …
дай … | А́нна Ива́новна, | здра́вствуй**те**!
скажи́**те** …
покажи́**те** …
да́й**те** … |

⑩ 대화 연습하기

1. 대화를 듣고 서로 맞는 그림과 연결하세요.

— А́нна, э́то твой журна́л?
— Да, мой.
— Дай, пожа́луйста.

— И́ра, скажи́, э́то твоё фо́то?
— Да, моё.
— Покажи́, пожа́луйста.

— Здра́вствуйте! Я ваш преподава́тель А́нна Ива́новна.
— Здра́вствуйте!

— Здра́вствуй, Ви́ктор!
— Здра́вствуй, Анто́н! Как дела́?
— Хорошо́.

2. 대화를 읽고 유사한 대화를 만드세요.

⑳ 대화 연습하기

다음 단어를 이용하여 보기와 같이 대화 연습하세요. : *словарь, книга, тетрадь, карандаш, журнал, газета, фото, сумка, шапка, шарф*

보기

— Антóн, скажи́, э́то твой слова́рь?
— Да, мой.
— Дай, пожа́луйста.
— Пожа́луйста.

— А́нна Ива́новна, скажи́те, пожа́луйста, э́то ва́ша кни́га?
— Да, моя́.
— Покажи́те, пожа́луйста.
— Пожа́луйста.

㉑ 듣고 따라하기

| Чч [ч'] | ча
чо
чу
че
чи
чь | ча - ач
чо - оч
чу - уч
че - еч
чи - ич | Щщ [щ'] | ща
щё
щу
ще
щи
щь | ща - ащ
щё - ощ
щу - ущ
ще - ещ
щи - ищ |

[ч'] - [ш]	[щ'] - [ш]		[с] - [ш] - [щ'] - [ч']	
ча - ша	а - ща	ща - ша	са - ша - ча	са - ша - ща
чо - шо	о - що	щё - шо	со - шо - чо	со - шо - що
чу - шу	у - щу	щу - шу	су - шу - чу	су - шу - щу
че - ше	е - ще	ще - ше		
чи - ши	и - щи	щи - ши		

урок четвёртый | 83

쓰기 >> Пишите

Ч ч

ча

чо

чу

че

что

конечно

Щ щ

ща

що

щу

вещь

22 강세 유형별로 읽기

´_	´_ _	_ ´_	_ ´_ _	_ _ ´_
чай	ча́шка	сейча́с [с'ича́с]	уче́бник коне́чно [кан'эшна]	телефо́н
врач	ру́чка			
дочь	по́чта	часы́ [чисы́]		_ _ ´_ _
вещь	пло́щадь [пло́щит']			общежи́тие [апщижытиjэ]
что [што]				

23 듣고 따라하기

мой‿чай   моя́‿дочь   на́ше‿общежи́тие
мой‿уче́бник   моя́‿вещь
мой‿телефо́н   моя́‿ру́чка
наш‿врач   на́ша‿пло́щадь
                  ва́ша‿семья́

— Мо́жно?

— Нельзя́. Сейча́с уро́к.

문법 >> **Грамма́тика** 이것은 무엇입니까?

— Скажи́те, пожа́луйста, **что э́то?**
— Э́то университе́т (МГУ).

— **Что э́то**, торт?
— Нет, э́то моро́женое.

대화하기

— Ви́ктор, кто э́то?
— Э́то наш дире́ктор Ива́н Ива́нович.

— А́нна, что э́то?
— Э́то наш университе́т.

— Скажи́те, кто э́то? Э́то студе́нт?
— Нет. Э́то преподава́тель.

— Скажи́те, что э́то? Э́то чай?
— Нет. Э́то сок.

уро́к четвёртый | **85**

그림보며 대화 연습하기

1. 그림을 이용하여 보기와 같이 대화 연습하세요.

> **보기**
>
> — Скажи́те, пожа́луйста, кто э́то?
> — Э́то инжене́р.
>
> — Скажи́те, пожа́луйста, что э́то?
> — Э́то банк.

2. 아래의 사진을 이용하여 위와 같이 대화 연습하세요.

1

2

3

4

5

6

7

Э́то Кра́сная пло́щадь. (1)

Э́то Воро́та Дондему́н. (5)

Э́то Большо́й теа́тр. (2)

Э́то Кремль. (3)

Э́то стадио́н Лужники́. (4)

Э́то Се́ульский университе́т. (7)

Э́то Ру́сский музе́й. (6)

문법 >> **Грамматика** | 어디에 있습니까?

— А́нна, скажи́, пожа́луйста, где Анто́н?

— Он до́ма.

там парк

Где?
до́ма
здесь
тут
там
сле́ва
спра́ва

БАНК

до́ма
здесь
тут

АПТЕ́КА

сле́ва — спра́ва

Вот дом. А́нна и Анто́н до́ма.

Здесь дом. Сле́ва банк. Спра́ва апте́ка. Там парк.

Вот стол.

Сле́ва ча́шка и чай.

Спра́ва ва́за и ро́зы.

㉖ 대화 연습하기

대화를 듣고 위치에 대한 표현을 익히세요.

Где брат?

— Ви́ктор, скажи́, где твой брат?
— Он здесь.

Где Анна?

— Анто́н, где А́нна?
— Она́ до́ма.

Где апте́ка?

— Скажи́те, пожа́луйста, где здесь апте́ка?
— Вот она́, сле́ва.

Где столо́вая?

— Покажи́те, пожа́луйста, где здесь столо́вая?
— Там, спра́ва.

Где метро́?

— Скажи́те, пожа́луйста, где метро́?
— Здесь, сле́ва.

㉗ 대화 연습하기

다음 단어를 이용하여 보기와 같이 대화를 만드세요.

1. *друг, брат, преподаватель, сестра, подруга*

> 보기
>
> — А́нна, скажи́, где твоя́ сестра́?
> — Она́ сейча́с до́ма.

2. *аптека, поликлиника, метро, банк, школа, магазин, музей, театр*

> 보기
>
> — Скажи́те, пожа́луйста, где шко́ла?
> — Вот она́, сле́ва.

3. *аптека, поликлиника, музей*

> 보 기
>
> — Скажи́те, пожа́луйста, музе́й здесь, спра́ва?
> — Да, спра́ва.

대화 >> **Диалог**   가족

1. 대화를 들으세요.

— Ви́ктор, что э́то?
— Э́то наш альбо́м.
— Покажи́!
— Пожа́луйста!

— Посмотри́, э́то на́ша семья́. Э́то я.
  Э́то моя́ ма́ма. Э́то мой па́па.
— А кто спра́ва?
— Спра́ва мой брат.
— А э́то ва́ша соба́ка?
— Да, здесь на́ша соба́ка.
— А где твоя́ ба́бушка и твой де́душка?

— Вот моя́ ба́бушка и мой де́душка.
  Э́то наш дом. Э́то наш сад.
— А э́то что?
— А э́то гара́ж. Там на́ша маши́на.

— Ви́ктор, а э́то твоя́ подру́га?
— Нет, э́то не подру́га, э́то моя́ сестра́.
— А где вы?
— Мы до́ма.

2. 앞의 그림을 보면서 다음 질문에 답하세요.

   Кто (что) на фотографии? Где они? Кто слева? Кто справа?

3. 각자 가족 사진을 준비하여 위와 같이 대화 연습하세요.

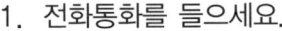

позвони́ [пазван'и́]	о́чень [оч'ин']
ничего́ [н'ич'иво́]	всегда́ [фс'игда́]
то́лько [то́л'ка]	

대화 >> Диалог   전화통화

1. 전화통화를 들으세요.

   Еле́на Ива́новна: – Алло́!

   Ива́н: – Здра́вствуйте, Еле́на Ива́новна! Э́то Ива́н.

   Еле́на Ива́новна: – Здра́вствуй, Ива́н! Как ты? Как дела́?

   Ива́н: – Хорошо́, то́лько о́чень хо́лодно.

   Еле́на Ива́новна: – Коне́чно, о́сенью всегда́ хо́лодно.

   Ива́н: – Еле́на Ива́новна, скажи́те, пожа́луйста, И́ра до́ма?

   Еле́на Ива́новна: – Сейча́с нет. Позвони́ ве́чером.

   Ива́н: – Когда́? Ве́чером?

   Еле́на Ива́новна: – Да, да, ве́чером.

   Ива́н: – Спаси́бо, извини́те. До свида́ния.

   Еле́на Ива́новна: – Ничего́, ничего́. До свида́ния.

2. 위의 대화에 대하여 다음 질문에 대답하세요.

   1) И́ра до́ма?

   2) Как вы ду́маете, когда́ звони́л Ива́н (днём или ве́чером)?

3. Елена Ивановна에게 전화해서 Ира가 집에 있는지 알아보세요.

회화 Tip

– Как дела́?	– Извини́(те)!	Позвони́(те)	у́тром.
– Хорошо́.	– Ничего́!		днём.
			ве́чером.

맞는 문장 연결하기

의미가 맞는 문장을 연결하세요.

1. Ива́н, как дела́?

2. Сейча́с о́чень хо́лодно.

3. Скажи́те, пожа́луйста, И́ра до́ма?

4. Позвони́ ве́чером.

5. Спаси́бо, извини́те.

О́сенью всегда́ хо́лодно.

Сейча́с нет.

Ничего́, пожа́луйста.

Спаси́бо, хорошо́.

Когда́? Ве́чером?

총정리 문제 >> Обобщение

1. 다음 단어를 이용하여 자신의 방에 대해 이야기하세요.
   – слева, справа, здесь, там, тут

2. 단어를 쓰고 강세를 표시하세요..

   студент, студентка, институт, имя, скажи, летом, словарь, место, экскурсия, сегодня, тетрадь, сестра, театр, тепло, упражнение, здравствуйте, покажи, сейчас, площадь, учебник, часы, конечно, здравствуй, пожалуйста, покажите

3. 대답에 맞는 질문을 쓰세요.

   – … ?
   – Это наша школа.

   – … ?
   – Урок завтра, утром.

   – … ?
   – Анна дома.

   – … ?
   – Это театр.

   – … ?
   – Это наш преподаватель.

   – … ?
   – Магазин слева.

   – … ?
   – Почта здесь.

   – … ?
   – Метро там.

   – … ?
   – Это мой брат.

   – … ?
   – Экскурсия днём.

4. 읽고 대답하세요.

   – Здравствуйте!
   – … .
   – Как дела?
   – … .

   – До свидания.
   – … .
   – Можно?
   – … .

   – Извините!
   – … .
   – Спасибо!
   – … .

урок четвёртый

단어사전 >> Словарь

- áдрес 주소
- альбóм 앨범
- аптéка 약국
- аудитóрия 강의실
- вáза 꽃병
- вéчером 저녁에
- вещь [여] 물건
- врач 의사
- всегдá 항상
- газéта 신문
- гарáж 차고
- где [의문] 어디에
- дéдушка [남] 할아버지
- дирéктор 사장
- днём 낮에
- дочь [여] 딸
- дя́дя [남] 아저씨, 삼촌
- женá 아내
- здесь 여기에
- зимóй 겨울에
- А и́ли В… A 혹은 B…
- и́мя [중] 이름
- инженéр 기술자
- институ́т 연구소
- кни́га 책
- конéчно 당연히, 당연하다
- лéтом 여름에
- лист 나뭇잎
- магази́н 상점
- мать [여] 어머니
- мéсто 자리
- метрó 지하철
- мóре 바다
- морóженое 아이스크림
- музéй 박물관
- нельзя́ 안된다
- нет 아니오
- ничегó 괜찮다
- общежи́тие 기숙사
- óсенью 가을에
- останóвка 정류장
- óчень 매우

단어사전 >> Словарь

- пе́сня 노래
- письмо́ 편지
- пло́щадь [여] 광장
- поликли́ника 병원
- по́чта 우체국
- преподава́тель [남] 선생님
- рис 쌀, 밥
- ро́за 장미꽃
- ру́чка 펜
- сего́дня 오늘
- сейча́с 지금
- семья́ 가족
- сестра́ 자매
- сле́ва 왼쪽에
- слова́рь [남] 사전
- стадио́н 체육관
- спра́ва 오른쪽에
- столо́вая 식당
- студе́нт 학생
- студе́нтка 여학생
- теа́тр 극장
- тепло́ 따뜻하게, 따뜻하다
- тетра́дь [여] 공책
- тётя 아줌마, 이모, 고모
- то́лько 다만, 오직
- университе́т 대학교
- упражне́ние 연습문제
- уче́бник 교과서
- чай 차
- часы́ [복] 시간
- ча́шка 찻잔
- что [의문] 무엇
- экску́рсия 관광
- эта́ж 층
- Ви́ктор 빅또르(남자 이름)
- Еле́на Петро́вна 옐레나 뻬뜨로브나(여자 이름과 부칭)
- Ива́н Ива́нович 이반 이바노비치(남자 이름과 부칭)
- Большо́й теа́тр 《볼쇼이》 극장
- Кра́сная пло́щадь 붉은 광장
- Кремль 끄레믈린 궁
- Воро́та Дондему́н 동대문

단어사전 >> Словарь

- **МГУ** 모스크바 국립 대학교
- **Моско́вский Госуда́рственный Университе́т** 모스크바 국립 대학교
- **Стадио́н Лужники́** 루쥐니끄 체육관
- **Ру́сский музе́й** 러시아 박물관(박물관 이름)

- **Да́й(те)!** 줘!(주세요!)
- **Извини́(те)!** 미안해!(죄송합니다!)
- **Ничего́!** 괜찮아요!
- **Позвони́(те)!** 전화해!(전화하세요!)
- **Покажи́(те)!** 보여줘!(보여주세요!)
- **Посмотри́(те)!** 봐!(보세요!)
- **Скажи́(те)!** 말해!(말해주세요!)

Урок пятый

05

이과의 길잡이

※ 핵심 포인트
– Как вас зовут?
– Меня зовут Виктор.

– Вы знаете, кто он?
– Я знаю, кто он. Он инженер.

– Чьи это вещи?
– Мои.

- **회화 포인트**
  Привет! - Пока!
  – Вы не знаете, где метро?
  – Конечно, знаю. Вон там.
  Позовите его, пожалуйста.
  – Давайте познакомимся! Меня зовут Том.
  – Очень приятно.

- **발음 포인트**
  경자음과 연자음의 발음, ИК-4(억양-4)
  자음 ц의 발음, 다음절 단어의 발음

- **문법 포인트**
  명사와 소유대명사의 복수형
  의문사 Чей? Чья? Чьё? Чьи?
  Кто он? 구문, «знать»동사의 인칭 변화(1식 변화)

러시아 알파벳 >> Русский алфавит

Аа	Бб	Вв	Гг	Дд	Ее	Ёё	Жж	Зз	Ии	Йй
а	бэ	вэ	гэ	дэ	е	ё	жэ	зэ	и	и краткое
Кк	Лл	Мм	Нн	Оо	Пп	Рр	Сс	Тт	Уу	Фф
ка	эль	эм	эн	о	пэ	эр	эс	тэ	у	эф
Хх	Цц	Чч	Шш	Щщ	ъ			ы		ь
ха	цэ	че	ша	ща	твёрдый знак			ы		мягкий знак
Ээ	Юю	Яя								
э	ю	я								

발음 >> Фонетика

❶ 듣고 따라하기

на - ня	а́ни - ань	ла - ля	ал - аль	
но - нё	о́ни - онь	ло - лё	ол - оль	
ну - ню	у́ни - унь	лу - лю	ул - уль	
ны - ни	и́ни - инь	лы - ли	ил - иль	
не	е́ни - ень	ле	ел - ель	
ра - ря	а́ри - арь	са - ся	ас - ась	ся - зя
ро - рё	о́ри - орь	со - сё	ос - ось	сё - зё
ру - рю	у́ри - урь	су - сю	ус - усь	сю - зю
ры - ри	и́ри - ирь	сы - си	ис - ись	си - зи
		сэ - се	ес - есь	се - зе

са - ша - ча - ща	и - ща
со - шо - чо - що	и - що
су - шу - чу - щу	и - щу
	и - ще

❷ 유사한 대화 만들기

대화를 읽으세요. 문형을 활용하여 유사한 대화를 만드세요.

– Э́то чай? Да́йте, пожа́луйста.
– Пожа́луйста.

– Когда́ уро́к?
– За́втра.

– Твоя́ ру́чка? Покажи́, пожа́луйста.
– Пожа́луйста.

– Как дела́?
– Спаси́бо, хорошо́.

— Где университе́т?
— Вот здесь. Сле́ва.
— А э́то общежи́тие?
— Да, вот оно́, спра́ва.

— Скажи́те, пожа́луйста, что э́то?
— Э́то Большо́й теа́тр.
— Спаси́бо.

— Сейча́с уро́к?
— Коне́чно.

— Позвони́ ве́чером.
— Хорошо́.

— Скажи́, кто э́то? Э́то твоя́ подру́га?
— Нет, э́то моя́ сестра́.

❸ 빈 칸 채우기

질문에 맞는 대답을 쓰세요.

— Как дела́?
— … .

— Здра́вствуйте!
— … .

— Ваш друг до́ма?
— … .

— Извини́те!
— … .

— Позвони́те ве́чером.
— … .

— До свида́ния!
— … .

❹ 빈 칸 채우기

대답에 맞는 질문을 쓰세요.

– … ?
– Экску́рсия за́втра.

– … ?
– Нельзя́.

– … ?
– Банк там, сле́ва.

– … ?
– Да, И́ра до́ма.

발음 ≫ Фонетика | 경자음과 연자음

	경자음		항상 경자음
б в г	д з к л м н п р с т ф х	ж ш ц
б' в' г'	д' з' к' л' м' н' п' р' с' т' ф' х'	й' щ' ч'
	연자음		항상 연자음

경자음 + 모음

[н] + а о у э ы
[н'] + я ё ю е и ь

연자음 + 모음

❺ 듣고 따라하기

연자음과 경자음을 모음과 결합하여 읽으세요.

б [б]	а	б [б']	я	пя - бя	фя - вя
п [п]	о	п [п']	ё	пё - бё	фё - вё
в [в]	у	в [в']	ю	пе - бе	фе - ве
ф [ф]	ы	ф [ф']	и	пи - би	фи - ви
	э		е		
			ь		

[ла]   [л'а]   [л'йа]

ла — ля — лья — Илья́
ма — мя — мья — семья́
та — тя — тья — статья́
за — зя — зья — друзья́
ра — ря — рья — Да́рья

❻ 강세 유형별로 읽기

강세 유형별로 단어를 읽으세요.

a)　　／＿　　　　＿／　　　　／＿＿　　　　＿＿＿／

ви́за　　　　обе́д　　　　ве́чером　　　переры́в
ко́фе　　　　биле́т
фе́рмер　　　весно́й
　　　　　　конве́рт
　　　　　　проспе́кт

б)　мой обе́д　　ваш ко́фе　　моя́ ви́за
　　мой биле́т　ваш конве́рт

❼ 유사한 대화 만들기

대화를 읽으세요. 문형을 활용하여 유사한 대화를 만드세요.

– За́втрак у́тром?
– Да, у́тром.
– А обе́д ве́чером?
– Нет, обе́д днём.

– Скажи́те, сейча́с переры́в?
– Нет, сейча́с уро́к.

– Извини́те, где ваш биле́т?
– Вот он, пожа́луйста.

– Где ва́ша ви́за?
– Вот моя́ ви́за.

❽ 듣고 따라하기

연자음과 경자음을 모음과 결합하여 읽으세요.

г [г]	а	г [г']	и	ги - ки - хи
к [к]	о	к [к']	е	ге - ке - хе
х [х]	у	х [х']		

❾ 강세 유형별로 읽기

강세 유형별로 단어를 읽으세요.

a)

де́ньги   кино́   био́лог   кинотеа́тр
хи́мик   кио́ск   Коре́я
          Сеу́л

б) наш кинотеа́тр
наш кио́ск
на́ше кино́

в) Э́то моя́ страна́ - Коре́я.
Вот мой го́род Сеу́л.

대화 >> Диало́г Моя́ страна́

1.

— Э́то моя́ страна́ - Росси́я.
А где ва́ша страна́?

— Вот моя́ страна́ - Коре́я.
А здесь Сеу́л. Э́то мой
родно́й го́род. А где ваш
родно́й го́род?

— Вот он. Москва́ - мой
родно́й го́род.

2. 여러분의 고향에 대해 이야기하세요.

듣고 따라하기

Цц [ц]	ца	ца - ац	ца - са
	цо	цо - оц	цо - со
	цу	цу - уц	цу - су
	ци [цы]	це - ец	ци - сы
	це [цэ]	ци - иц	

тса = [ца]   тсо = [цо]   тсу = [цу]   тсы = [цы]

урок пя́тый | 103

쓰기 >> Пишите

Ц ц
ца
цо

цу
отец
цирк

❶ 강세 유형별로 읽기

강세 유형별로 단어를 읽으세요

/_	/_	_/	/__	_/_	_/__
цирк	цифра	отец	улица	столица	гостиница
центр		цена		таблица	

наш цирк
наш центр

1 - это цифра один.　　　　наша улица　　　　мой отец
2 - это цифра два.　　　　 наша гостиница
3 - это цифра три.　　　　 наша столица
　　　　　　　　　　　　　наша таблица

⑫ 읽기

1. 다음 문장을 읽으세요.

    Москва́ — столи́ца.   «Москва́» — гости́ница.

    Пеки́н — то́же столи́ца.   «Пеки́н» — то́же гости́ница.

2. 아래 사진에 대해 설명해 보세요.

Гости́ница «Москва́»

Гости́ница «Пеки́н»

Гости́ница «Росси́я»

Москва́ - столи́ца Росси́и.

Пеки́н - столи́ца Кита́я.

«Росси́я» — э́то гости́ница.

«Росси́я», «Москва́», «Пеки́н» — э́то гости́ницы.

문법 >> Грамматика — 명사의 복수

он	она́	оно́	они́	
стол			столы́	
расска́з			расска́зы	
	ла́мпа		ла́мпы	-Ы
	газе́та		газе́ты	
музе́й			музе́и	
	тётя		тёти	
	пе́сня		пе́сни	
-ь				-И
слова́рь			словари́	
преподава́тель			преподава́тели	
	тетра́дь		тетра́ди	
	ночь		но́чи	
-ж, -ш, -ч, -щ	-жа, -ша, -ча, -ща		-жи, -ши, -чи, -щи	
врач	лу́жа		врачи́	
това́рищ	ча́ща		това́рищи	
каранда́ш	но́ша		карандаши́	
эта́ж	да́ча		этажи́	
-г, -к, -х			-ги, -ки, -хи	
уче́бник			уче́бники	
	-га, -ка, -ха			
	кни́га		кни́ги	
	ру́чка		ру́чки	
		окно́	о́кна	
		письмо́	пи́сьма	-А
		мо́ре	моря́	
		упражне́ние	упражне́ния	-Я

복수 불규칙 명사

брат - бра́тья	сестра́ - сёстры	дом - дома́	челове́к - лю́ди
друг - друзья́		го́род - города́	ребёнок - де́ти
стул - сту́лья		глаз - глаза́	
у́хо - у́ши			

⓮ 문장 만들기

아래의 단어를 복수 형태로 바꾸어 보기와 같은 문장을 만드세요.

보기

– Э́то го́род. Здесь у́лицы, … .

Го́род: проспе́кт, теа́тр, у́лица, магази́н, клуб, маши́на, институ́т, заво́д, банк, фа́брика, апте́ка, парк, авто́бус, вы́ставка, дом, челове́к, пло́щадь, музе́й, кинотеа́тр, трамва́й

Ко́мната: стол, стул, шкаф, окно́, ла́мпа, телеви́зор, дива́н, кре́сло, телефо́н, ва́за, карти́на

Уро́к: студе́нт, студе́нтка, тетра́дь, кни́га, уче́бник, ру́чка, каранда́ш, слова́рь, ка́рта, газе́та, журна́л, табли́ца, упражне́ние

Семья́: ба́бушка, де́душка, тётя, дя́дя, брат, сестра́, ребёнок, ма́ма, па́па

문법 >> Граммaтика | 소유 대명사의 복수

— Виктор, чьи это книги?
— Наши. / Это наши книги.

— Чья это собака?
— Моя.

Чей учебник?	Чья книга?	Чьё письмо?	Чьи	учебники? книги? письма?
мой	моя	моё	мой	
твой	твоя	твоё	твой	
наш	наша	наше	наши	учебники
ваш учебник	ваша книга	ваше письмо	ваши	книги
его [йиво́]	его	его	его	письма
её [йийо́]	её	её	её	
их	их	их	их	

읽기

대화를 읽고 소유대명사와 의문사를 익히세요.

Чей?	– Чей журна́л?	– Чей э́то журна́л?	– Мой.
Чья?	– Чья ру́чка?	– Чья э́то ру́чка?	– Моя́.
Чьё?	– Чьё письмо́?	– Чьё э́то письмо́?	– Моё.
Чьи?	– Чьи ве́щи?	– Чьи э́то ве́щи?	– Мои́.

대화 연습하기

1. 소유를 묻는 대화를 연습하세요.

– Чей э́то слова́рь?
– Мой. / Э́то мой слова́рь.

– Чья э́то ко́мната?
– На́ша. / Э́то на́ша ко́мната.

– Чьё э́то общежи́тие? Ва́ше?
– На́ше. / Э́то на́ше общежи́тие.

– Чьи э́то ру́чки, карандаши́ и тетра́ди? Твои́?
– Мои́. / Э́то мои́ ру́чки, карандаши́ и тетра́ди.

2. 다음 단어를 이용하여 보기와 같이 대화하세요.

1) *журнал, газета, книга, письмо, словарь, фото, книги, карандаши, учебники, тетради.*

보 기
– Анто́н, чей э́то журна́л?
– Мой.

2) *комната, лампа, сумка, телевизор, магнитофон, стол, шкаф, стул, учебники, билеты, книги, открытки, вещи.*

보 기
– Ива́н, чей э́то стол? Ваш?
– Да, мой. (- Нет, не мой.)

⑯ 그림보며 대화 연습하기

텍스트를 읽으세요. 그림의 사물들이 누구의 것인지 묻고 대답하세요.

Это Ива́н.
Это его́ слова́рь, его́ кни́га,
его́ письмо́, его́ тетра́ди.

Это А́нна.
Это её слова́рь, её кни́га,
её письмо́, её тетра́ди.

Это Анто́н и Ви́ктор.
Это их ко́мната.
Вот их стол. Здесь их словари́,
их кни́ги, их пи́сьма, их тетра́ди.

⑰ 빈 칸 채우기

그림을 이용하여 문장을 완성하세요.

Это муж и жена́.
Это их де́ти. Это их … .
Это их сын. Это его́ … .
Это их дочь. Это её … .

| 발음 >> **Фонетика** | 억양-4 |

— Скажи́те, пожа́луйста, что э́то?
— Э́то Москва́.
— А э́то?
— А э́то Санкт-Петербу́рг.
　　　　　　　　[п'ит'ирбу́рк]

ИК-4

— А э́то?
— А Анто́н?
— А теа́тр?

⑱ 읽기

대화를 읽고 억양을 익히세요.

1) — Ви́ктор, кто́ э́то?
   — Э́то Ю́ра.
   — А э́то?
   — Э́то Анто́н.

2) — Анто́н, где́ А́нна?
   — А́нна здесь.
   — А Ви́ктор?
   — Он до́ма.

⑲ 대화 연습하기

다음 단어를 이용하여 보기와 같이 대화 연습하세요.

1. *театр, институт, музей, банк, школа, метро, магазин, поликлиника, аптека, почта*

> 보기
> — Извини́те, это теа́тр?
> — Да, теа́тр.
> — А э́то?
> — Э́то по́чта.
> — Спаси́бо.

2. *журналы, газеты, книги, словари, ручки, карандаши, учебники*

> 보기
> — Скажи́те, что э́то?   — Скажи́те, где кни́ги?
> — Это журна́лы.   — Здесь.
> — А э́то?   — А газе́ты?
> — А э́то газе́ты.   — Газе́ты там.

문법 >> Грамматика   이름이 무엇입니까?

Как	Вас тебя его́ её их	зову́т?	Меня́ Тебя́ Его́ Её Их	зову́т	Ива́н. Анто́н. Ви́ктор Ива́нович. И́ра. Ю́ра и Ви́ктор.

112 | урок 5

— Как Вас зовут?

— Меня зовут Марина.

(я)	Меня [м'ин'а]	
(Мы)	Нас [нас]	
(Вы)	Вас [вас]	
(ты)	Тебя [т'иб'а]	зовут …
(он)	Его [йиво]	
(она)	Её [йийо]	
(они)	Их [их]	

⑳ 유사한 대화 만들기

다음 대화를 듣고 유사한 대화를 만드세요.

— Иван, кто это?
— Это мой друг.
— Как его зовут?
— Его зовут Виктор.

— Иван, это твой друзья?
— Да, это мой друзья.
— Как их зовут?
— Виктор, Антон и Юра.

— Тебя зовут Игорь?
— Нет.
— А как тебя зовут?
— Меня зовут Саша,
  а Игорь - мой друг.

— Анна, кто это?
— Это моя сестра.
— Как её зовут?
— Её зовут Ира.

— Здравствуйте!
— Здравствуйте! Давайте познакомимся!
— Меня зовут Анна Ивановна. А Вас?
— Иван Петрович.
— Очень приятно.

урок пятый | 113

| 대화 >> **Диалог** | 소개하기 |

1. 새 선생님이 학생들에게 인사하는 내용을 듣고 문형을 익히세요.

— **Здра́вствуйте, дава́йте познако́мимся**. Я ваш преподава́тель. **Меня́ зову́т** Анто́н Ива́нович. А сейча́с скажи́те, пожа́луйста, **как вас зову́т**.

2. 보기와 같이 친구를 소개해 보세요.

> 보기
>
> — Дава́йте познако́мимся! Вот мой друг. Его́ зову́т Джон. А э́то моя́ подру́га Кла́ра.
> — О́чень прия́тно. Меня́ зову́т Том.

3. 사진을 준비하여 친구에게 보여 주며 보기와 같이 설명하세요.

> 보기
>
> — Посмотри́те, э́то я. Сле́ва мой друг, его́ зову́т Ю́ра. Спра́ва — моя́ подру́га, её зову́т А́нна.

문법 >> **Грамматика** | 직업

— Извини́те, кто э́то?
— Э́то мой брат.
— **А кто он?**
— Он студе́нт.

— Скажи́те, кто э́то?
— Э́то моя́ сестра́.
— **А кто она́?** Студе́нтка?
— Нет. Она́ не студе́нтка, она́ врач.

я
ты
он

студе́нт
спортсме́н
журнали́ст
шко́льник

я
ты
он

студе́нтка
спортсме́нка
журнали́стка
шко́льница
домохозя́йка

инжене́р
врач
экономи́ст
юри́ст
преподава́тель
бизнесме́н

урок пя́тый | 115

㉑ 대화 연습하기

아래 대화를 듣고 유사한 대화를 연습하세요.

— Кто э́то?
— Э́то мой па́па.
— А кто он?
— Он инжене́р.

— Кто э́то?
— Э́то моя́ ма́ма.
— А кто она́?
— Она́ домохозя́йка.

— Кто э́то?
— Э́то мои́ друзья́.
— А кто они́?
— Они́ студе́нты.

— Э́то твой друг?
— Да.
— А кто он? Журнали́ст?
— Нет. Он ещё студе́нт.

— Э́то твоя́ подру́га?
— Да.
— А кто она́? Студе́нтка?
— Нет. Она́ уже́ преподава́тель.

㉒ 대화 연습하기

다음 단어를 이용하여 보기와 같이 대화를 연습하세요 :

оте́ц, мать, брат, сестра́, друг, подру́га

> 보 기
>
> — Ива́н, скажи́, кто твой оте́ц?
> — Он юри́ст.
> — А ма́ма?
> — Она́ домохозя́йка.

116 | урок 5

그림보며 대화 연습하기

그림을 보며 보기와 같이 직업과 관련한 대화를 연습하세요.

보기

— Скажи́те, И́ра студе́нтка?
— Да.
— А Анто́н?
— Он то́же студе́нт.

텍스트 >> Текст   Моя семья

1. 텍스트를 듣고 등장 인물을 그림에서 찾으세요.

Семья́
муж - жена́
па́па - ма́ма
сын - дочь
брат - сестра́
де́душка - ба́бушка

урок пятый | 117

Это моя семья.

Давайте познакомимся. Меня зовут Антон. Я студент. А это наша семья. Вот мои родители. Это мой папа. Его зовут Игорь Антонович. Он программист. Справа моя мама. Её зовут Ольга Николаевна. Она врач. Наш дедушка тоже врач. Здесь, слева, мой брат. Его зовут Виктор. Он тоже студент. А вот наша бабушка, Мария Викторовна. Наша собака тоже здесь. Её зовут Ника. Ника — наш друг.

2. 텍스트의 내용을 바탕으로 그림을 다시 설명해 보세요.

3. 그림을 보면서 보기와 같이 대화 연습을 하세요.

> **보기**
>
> — Кто это?
> — Это папа.
> — Как его зовут?
> — Его зовут Игорь Антонович.
> — Кто он?
> — Он программист.

4. 자신의 가족사진을 보면서 가족에 대해 이야기하세요.

문법 >> Грамматика | 동사의 I식 변화

— Ивáн, ты знáешь, что э́то?

— Да, я знáю. Э́то Большóй теáтр.

— Извини́те, Вы не знáете, где здесь метрó?

— Метрó там, пря́мо.

знать I			
я	знá**ю**	мы	знá**ем**
ты	знá**ешь**	вы	знá**ете**
он/онá	знá**ет**	они́	знá**ют**

Кто знáет, что э́то?

Я знáю.   Никтó не знáет.
Мы не знáем.

Я (не) знаю,	что э́то.
	кто э́то.
	кто он.
	как его́ зову́т.
	когдá урóк.
	где метрó.
	чьи э́то вéщи.

| Я знаю, | что он студéнт. |
| | что э́то Москвá. |

24 읽기

대화를 읽고 다음 질문에 대답하세요 : *Хана знает, где Кремль?*

– Ха́на, ты зна́ешь, что э́то?
– Да, я зна́ю. Э́то Кремль.
  Ты зна́ешь, где Кремль?
– Коне́чно, я зна́ю, где он.

– Вы зна́ете, кто э́то?
– Нет, я не зна́ю, кто э́то.
– А кто зна́ет?
– Никто́ не зна́ет.

25 그림보며 대화하기

아래 사진을 보면서 다음 질문에 대답하세요.

1. Кто знает, что это?
2. Вы знаете, кто это?
3. Вы знаете, что это?
4. Вы знаете, где это?

Третьяко́вская галере́я

Ру́сский музе́й

Арба́т

㉖ 그림보며 대화하기

다음 질문들을 바탕으로 대화 연습하세요 :
Кто эти люди? Как их зовут? Кто они? Где они сейчас?

Оле́г Ме́ньшиков   Алсу́   А́нна Ку́рникова   Никола́й Ба́сков

대화 〉〉 Диало́г   Ты зна́ешь?

단어 Tip

позови́те [пазав'и́т'и]	пока́! [пака́]
приве́т! [пр'ив'э́т]	норма́льно [нармал'на]

1. 아래의 전화 통화를 듣고 다음 질문에 대답하세요 :
Иван знает, когда урок? Когда экскурсия?

Еле́на Ива́новна:	– Алло́!
Ива́н:	– Здра́вствуйте, Еле́на Ива́новна! Э́то Ива́н. И́ра до́ма?
Еле́на Ива́новна:	– Здра́вствуй, Ива́н! Да, она́ до́ма.
Ива́н:	– Позови́те её, пожа́луйста.
Еле́на Ива́новна:	– Сейча́с, мину́ту.
И́ра:	– Алло́, Ива́н, э́то ты?
Ива́н:	– Да, я, приве́т. Как дела́?

уро́к пя́тый

И́ра:	– Норма́льно. А твой?
Ива́н:	– Да, то́же норма́льно. Ты зна́ешь, когда́ наш уро́к?
И́ра:	– За́втра у́тром.
Ива́н:	– А экску́рсия?
И́ра:	– Экску́рсия то́же за́втра, то́лько ве́чером.
Ива́н:	– Спаси́бо, пока́.
И́ра:	– До свида́ния.

Позови́те его́ (её), пожа́луйста!
Приве́т!
Пока́!

2. 다음 질문에 대답하세요.

И́ра зна́ет, когда́ уро́к? А Ива́н?

И́ра зна́ет, когда́ экску́рсия? А Ива́н?

3. Ира에게 전화해서 관광과 수업이 언제인지 알아 보세요.

맞는 문장 찾기

질문에 맞는 대답을 찾으세요.

1. И́ра до́ма?
2. Позови́те её, пожа́луйста.
3. Ива́н, э́то ты?
4. Как дела́?
5. Когда́ наш уро́к?
6. А экску́рсия?
7. Вы зна́ете, что И́ра до́ма?

Да, я.
Сейча́с, мину́ту.
Да, до́ма.
За́втра у́тром.
То́же за́втра, ве́чером.
Норма́льно. А твой?
Да, зна́ю.

총정리 문제 >> Обобщение

1. 다음 문장에 맞는 의문사를 골라 넣으세요 : *что, когда, где, как, кто.*

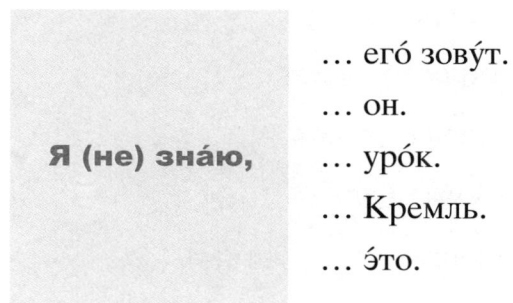

Я (не) знаю,
… его зовут.
… он.
… урок.
… Кремль.
… это.

2. 다음 문장에 맞는 의문사를 골라 넣으세요 : *чей, чья, чьё, чьи.*

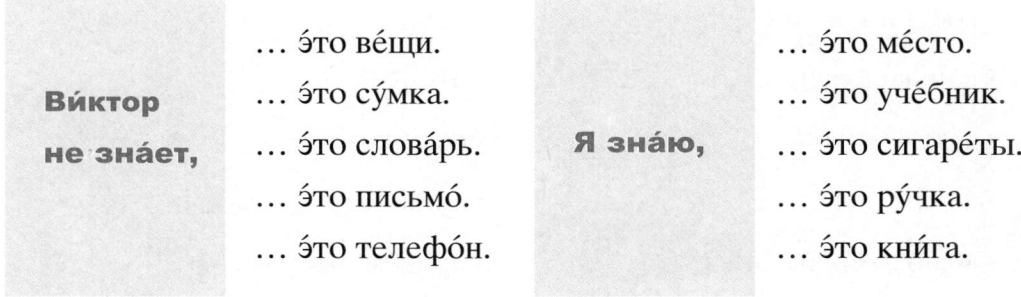

Виктор не знает,
… это вещи.
… это сумка.
… это словарь.
… это письмо.
… это телефон.

Я знаю,
… это место.
… это учебник.
… это сигареты.
… это ручка.
… это книга.

3. 보기와 같이 서로 의미가 맞는 단어를 찾으세요.

보기

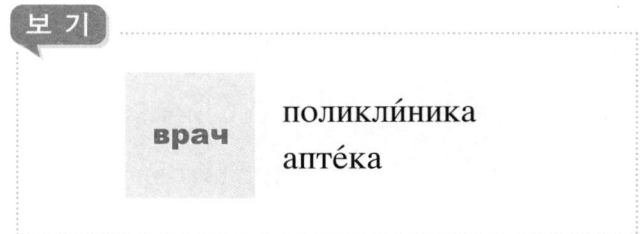

врач — поликлиника, аптека

группа, тетрадь, учебник, дом, фото, журнал, нож, суп, журналист, магазин, газета, домохозяйка, урок, семья, словарь, преподаватель, студент, аудитория

단어사전 >> Словарь

- бизнесме́н 사업가
- биле́т 입장권, 표
- био́лог 생물학자
- весно́й 봄에
- ви́за 비자
- вы́ставка 전시회
- глаз 눈
- глаза́ [복] 눈
- гости́ница 호텔
- де́ньги [복] 돈
- де́ти [복] 아이들
- дива́н 소파
- домохозя́йка 가정주부
- ещё 1. 아직, 2. 더
- журнали́ст 기자(남)
- журнали́стка 기자(여)
- знать I (кого? что?) 알다
- кино́ 영화
- кинотеа́тр 영화관
- кио́ск 매점
- конве́рт 봉투
- ко́фе [남] 커피
- кре́сло 안락의자
- лю́ди [복] 사람들
- муж 남편
- никто́ 아무도 ⋯ 하지 않는다
- норма́льно 괜찮다
- ночь 밤
- обе́д 점심
- оди́н 1 (일)
- оте́ц 아버지
- переры́в 쉬는 시간
- пока́ 헤어질 때 인사(안녕!)
- приве́т 만날 때 인사(안녕!)
- программи́ст 프로그래머
- проспе́кт 대로
- пря́мо 곧장
- ребёнок 아기
- роди́тели [복] 부모님
- родно́й,(-ая, -ое, -ые) 고향의, 고유의
- сигаре́та 담배
- спортсме́н 운동선수(남)

단어사전 >> Словарь

- спортсме́нка 운동선수(여)
- столи́ца 수도
- табли́ца 표
- телеви́зор 텔레비전
- телефо́н 전화기
- това́рищ 동무
- трамва́й 전차
- три 3 (삼)
- уже́ 이미, 벌써
- у́лица 거리
- фа́брика 공장
- фе́рмер 농부
- хи́мик 화학자
- цена́ 가격
- центр 중심, 시내
- цирк 서커스
- ци́фра 숫자
- чей(чья, чьё, чьи) [의문] 누구의
- челове́к 사람
- шко́льник 초, 중, 고등학교 남학생
- шко́льница 초, 중, 고등학교 여학생

- экономи́ст 경제학자
- юри́ст 법률가
- Еле́на Ива́новна
  옐레나 이바노브나(여자 이름과 부칭)
- Росси́я 러시아
- Санкт-Петербу́рг 샹뜨 뻬쩨르부르크
- Кита́й 중국
- Пеки́н 베이징
- Дава́йте познако́мимся!
  서로 인사합시다!
- Как вас зову́т?
  당신의 이름은 무엇입니까?
- Меня́ зову́т… 내 이름은 …
- О́чень прия́тно! 매우 반갑습니다!

Урок шестой повторение

발음 >> Фонетика

❶ 듣고 따라하기

유사한 자음 발음을 복습하세요.

[р] [л]

ра - бра - брат
ра - вра - врач
ра - тра - стра - страна́ - сестра́
ра - дра - здра - здра́вствуй
ра - пра - пра́вда - спра́ва
ру - дру - друг - подру́га

ла - ра - Кла́ра
вла - вра
дла - дра
тла - тра
мла - мра
нла - нра
кла - кра
бла - бра
пла - пра

[ж] [ш] [ч'] [ш']

ча - час - сейча́с
оч - поч - по́чта
оч - ночь - дочь
уч - руч - ру́чка
еч - веч - ве́чером

чей уче́бник
чья ча́шка
чьи часы́
чьи ве́щи

ча - ша - ча́ша	ать - ач	аш - ащ	ша - ща
ча - ща - ча́ща	оть - оч	ош - ощ	шо - щё
чё - щё - ещё	уть - уч	уш - ущ	шу - щу
чу - щу - ищу́	ить - ич	иш - ищ	ши - щи
	еть - еч	еш - ещ	ше - ще

жа - жар - жа́рко
жу - жур - журна́л
па - пожа́ - пожа́луйста
жи - скажи́ - скажи́те

Сейча́с жа́рко. Когда́ жа́рко, хорошо́!
Журна́л, пожа́луйста!
Покажи́те журна́л, пожа́луйста!
Скажи́те, пожа́луйста, где общежи́тие?

[з] [ц]

де - зде - здесь   Вы зна́ете, кто э́то?
за - зда - зда́ние   Познако́мьтесь, э́то Зи́на.
за - зна - зна́ет
зна - позна - познако́мь - познако́мьте

ца - ица - у́лица - гости́ница   Гости́ница здесь.
ци - цирк - ци́фра   Э́то ци́фры «2» и «5».

❷ 발음 복습하기

유성음화와 무성음화 발음 규칙을 복습하세요

[б]

```
    д
  ↙   ↘
[т]   [д]
```

го́род - города́
заво́д - заво́ды
обе́д - обе́ды
сад - сады́

[в]

```
    г
  ↙   ↘
[к]   [г]
```

друг - подру́га

[к] - [г]

ка́сса - газе́та
кто - где
как
когда́

[с] - [з]

расска́з - расска́зы
глаз - глаза́
вас - зову́т
вас‿зову́т [зз]
Как вас‿зову́т?

[п]

[ф]

[г]

```
      б
   ↙   ↘
[п]   [б]
```

клуб - клу́бы
зуб - зу́бы

[к]

[д]

в - [ф]

авто́бус
вы́ставка
за́втра
за́втрак

```
    ж
  ↙   ↘
[ш]   [ж]
```

нож - ножи́
эта́ж - этажи́
гара́ж - гаражи́

[т'] - [д']

пло́щадь - пло́щади
тетра́дь - тетра́ди

[т]

[ш]

[ж]

[т] - [д]

том - дом
там - дам

[з]

[с]

❸ 읽기

발음 규칙 대로 읽으세요.

[ж]	[ш]
наш‿журна́л	ваш‿шарф
наш‿го́род	наш‿клуб
ваш‿биле́т	наш‿преподава́тель
ваш‿друг	наш‿трамва́й
наш‿заво́д	наш‿стол

❹ 발음 복습하기

연자음과 경자음 발음을 복습하세요.

1. я, ё, ю, е, и 앞 연자음 발음

		[г, к, х]	[г', к', х']
был - бил	мол - мёл		
пыл - пил	ныл - Нил	кни́га	гита́ра
вол - вёл	сок - сёк	су́мка	кино́
рад - ряд	сыр - сир	пло́хо	хи́мия
зал - взял	ток - тёк		
лук - люк	тот - тётя		
	да - дядя		

2. ь 앞 연자음 발음

брат - знать - пло́щадь - тетра́дь   письмо́

инжене́р - слова́рь   нельзя́

журна́л - преподава́тель

❺ 읽기

유사한 발음을 복습하세요.

[ла]	[л'а]	[л'йа]	
ла	- ля	- лья	- сту́лья
та	- тя	- тья	- бра́тья
за	- зя	- зья	- друзья́
ва	- вя	- вья	- сыновья́
ма	- мя	- мья	- семья́

❻ 발음 복습하기

강세에 따른 [а, о, е, э] 모음의 발음을 복습하세요. 오른쪽의 단어들을 정확한 발음으로 읽으세요.

а   [á] пожа́луйста   здра́вствуйте, каранда́ш, аудито́рия, магази́н
    [а] страна́

о   [ó] о́кна   откры́тка, оте́ц, окно́, вода́, библиоте́ка, проспе́кт, хорошо́,
    [а] столи́ца   гости́ница, общежи́тие

е   [э́] уче́бник   теа́тр, ребёнок, де́ньги, метро́, сего́дня, сейча́с,
    [и] сестра́   преподава́тель, телеви́зор

жена́ [жына́]
инжене́р [инжыне́р]

[э́] э́то   экску́рсия
э   экономи́ст
[и] эта́ж

❼ 강세 유형별로 읽기

단어를 읽고 강세 표시를 하세요.

1. ╱__   __╱__   ╱__ __   __ __╱__   __ __ ╱
   3 слова   8 слов   2 слова   6 слов   5 слов

   хорошо, этаж, это, сестра, учебник, столица, завтрак, карандаш, отец, магазин, бабушка, театр, открытка, деньги, метро, ребёнок, проспект, сейчас, жена, инженер, сегодня, здравствуйте, телефон, компьютер

2. __╱__ __   __ __╱__ __   __ __ __╱
   3 слова   1 слово   2 слова

   пожалуйста, гостиница, экскурсия, экономист, кинотеатр, телевизор

3. __ __╱__ __   __ __ __╱__ __   __ __ __ __╱__
   4 слова   2 слова   1 слово

   преподаватель, аудитория, поликлиника, общежитие, библиотека, до‿свидания, упражнение

❽ 읽기

문장을 읽으세요.

твой‿брат ➡   на́ша‿гости́ница
твой‿брат до́ма ➡   на́ша‿гости́ница там ➡
Твой‿брат сейча́с до́ма.   На́ша‿гости́ница там, сле́ва.

мой‿го́род ➡   ва́ше‿общежи́тие ➡
э́то‿мой‿го́род ➡   ва́ше‿общежи́тие здесь ➡
э́то‿мой‿родно́й‿го́род ➡   Ва́ше‿общежи́тие здесь, спра́ва.
Э́то мой родно́й го́род Сеу́л.

❾ 발음 복습하기

ИК-1	Э́то мой друг.
ИК-2	Кто это?
ИК-3	Э́то Ви́ктор?
ИК-4	А Анто́н?

1. 표시된 억양으로 문장을 읽으세요.

– Ви́ктор², кто² э́то?
– Э́то мой дру́г¹.
– Ка́к² его́ зову́т?
– Ива́н¹.
– А⁴ э́то? Э́то твоя́ сестра́?
– Да¹, сестра́.

– Скажи́те², пожа́луйста,
   где² здесь банк?
– Во́т¹ он.
– Спра́ва³?
– Да, банк спра́ва¹.
– Спаси́бо.

2. 맞는 억양으로 문장을 읽으세요.

— И́ра, кто э́то?
— Э́то моя́ подру́га.
— Как её зову́т?
— Её зову́т А́нна.
— А э́то? Э́то твой оте́ц?
— Нет, э́то мой де́душка.

друг
брат
сестра́

— Скажи́те, пожа́луйста, где аудито́рия?
— Аудито́рия? Здесь.
— А библиоте́ка?
— Библиоте́ка там, сле́ва.
— Спаси́бо.

гости́ница
банк

— А́нна Ива́новна, что э́то?
— Э́то Кра́сная пло́щадь.
— А там? Что там?
— Там Кремль.

Большо́й теа́тр
цирк

— Скажи́, пожа́луйста, когда́ экску́рсия?
— За́втра у́тром.
— Когда́? У́тром?
— Да, да, у́тром.
— Спаси́бо.

уро́к
ле́кция
конце́рт

3. 오른 쪽에 있는 단어를 이용하여 유사한 대화를 만드세요.

⑩ 빈 칸 채우기

맞는 글자를 빈 칸에 넣으세요.

1. **а** или **о**: г…стиница, пр…спект, …ткрытка, …бщежитие, п…жалуйста, х…рошо, можн…, справ…, м…г…зин, стр…на

   е или **и**: м…тро, т…атр, т…традь, инж…нер, пр…подаватель, с…стра, с…йчас, с…мья, п…сьмо, пол…клиника

   д или **т**: горо…, заво…, са…, обе…, площа…ь, тетра…ь, бра…, конве́р…

   ж или **ш**: эта…, но…, каранда…

   в или **ф**: за…тра, выста…ка, а…тобус

2. Познаком…тесь. Это мой б…ат. Его зов…т Антон. Он студе…т. А это его дру… Иван. Он жу…налист. Я, Иван и Антон - друз…я.

⑪ 맞는 단어 찾기

주제어에 맞는 단어를 쓰세요.

семья : отец, мать, …	*(12 слов)*
университет : студент, …	*(6 слов)*
урок : учебник, …	*(11 слов)*
профессия : преподаватель, …	*(9 слов)*
город : улица, …	*(23 слова)*

⑫ 그림보며 대화 연습하기

⓫의 단어를 이용하여 그림에 맞는 이야기를 만드세요.

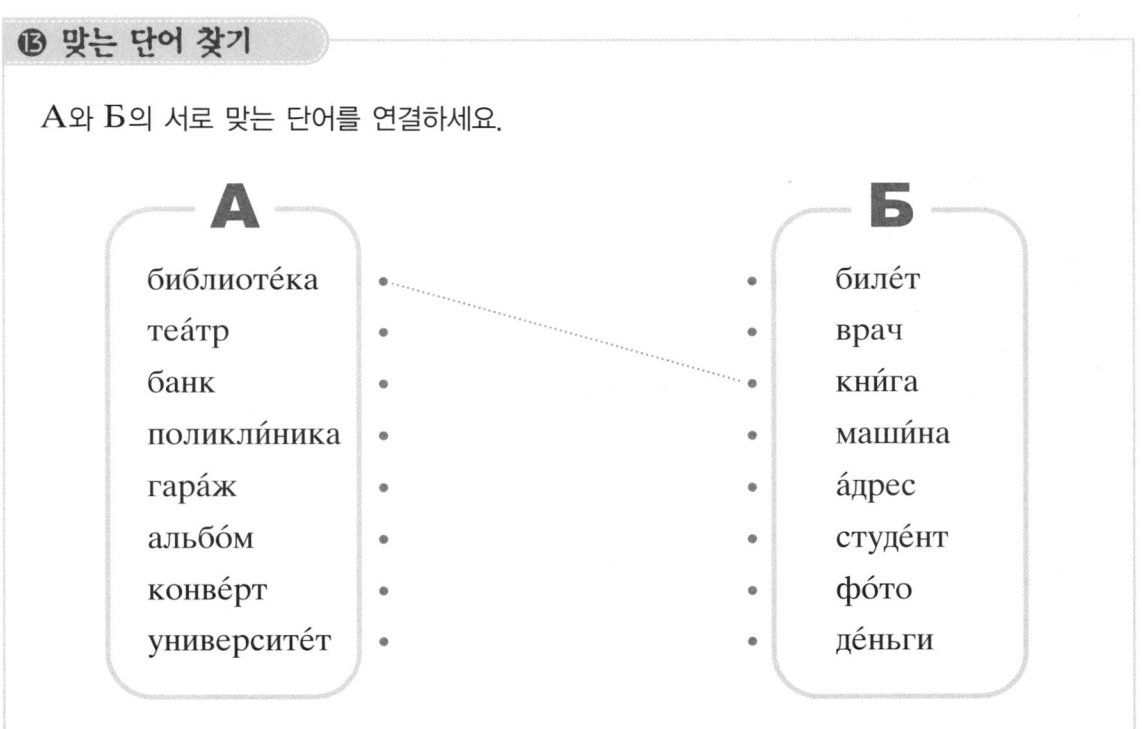

⑬ 맞는 단어 찾기

А와 Б의 서로 맞는 단어를 연결하세요.

А	Б
библиоте́ка	биле́т
теа́тр	врач
банк	кни́га
поликли́ника	маши́на
гара́ж	а́дрес
альбо́м	студе́нт
конве́рт	фо́то
университе́т	де́ньги

⓴ 문장 만들기

❸의 단어를 이용하여 보기와 같이 문장을 만드세요.

> 보 기
>
> – Я знаю, что это библиотека. Там книги.

⓯ 맞는 단어 찾기

아래의 단어를 읽고 같은 어근을 가진 단어를 찾으세요.

> 보 기
>
> **спорт - спорт**смен

шко́ла, сло́во, роди́тели, шко́льник, журнали́ст, слова́рь, журна́л, стол, дом, спорт, ро́дина, спортсме́н, домохозя́йка, столо́вая

⓰ 문장 만들기

⓯의 단어에 대해 보기와 같이 'кто?' 또는 'что?'로 질문하세요.

> 보 기
>
> – Что э́то?   – Э́то шко́ла.

퀴즈 풀기

1. 빈 칸에 맞는 글자를 쓰고 세로 단어를 읽으세요.

клу☐
кн☐га
уче☐ник
с☐оварь
п☐сьмо
гор☐д
ме☐ро
т☐атр
о☐но
м☐шина

2. 그림을 이용하여 퀴즈를 푸세요. 세로 단어를 읽으세요.

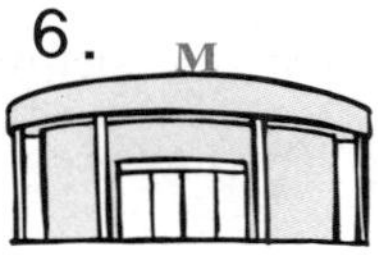

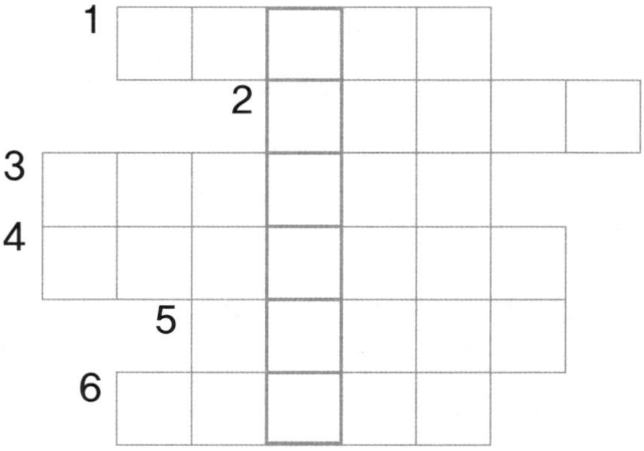

3. 빈 칸을 채우고 단어를 읽으세요.

сы☐ыб☐дре☐тран☐втобу☐емь☐блоко

урок шестой

⑱ 같은 단어 찾기

아래의 단어를 명사의 성 별로 3개의 분류로 나누세요.

он	она	оно
…	…	…
14 слов	13 слов	8 слов

банк, по́чта, слова́рь, ча́шка, общежи́тие, тётя, музе́й, дочь, дом, маши́на, пло́щадь, гара́ж, аудито́рия, мо́ре, магази́н, чай, метро́, уче́бник, семья́, трамва́й, челове́к, биле́т, кино́, врач, пе́сня, де́вушка, не́бо, фильм, карти́на, матрёшка, пальто́, сала́т, столо́вая, ме́сто, упражне́ние

⑲ 빈 칸 채우기

1. 빈 칸에 맞는 단어를 넣으세요.

— Анто́н, э́то … слова́рь?
— Да, мой.

— Ива́н, э́то … ру́чки?
— Нет, не мои́.

— А́нна Ива́новна, э́то … кни́га?
— Нет, не моя́.

— Ви́ктор Ива́нович, э́то … часы́?
— Коне́чно, мои́.

— И́ра, э́то … аудито́рия?
— Да, на́ша.

2. 의문사를 빈 칸에 넣으세요.

— Ви́ктор, … э́то биле́т?
— Мой.

— Еле́на Ива́новна, … э́то письмо́?
— Я не зна́ю, … .

— А́нна, … э́то тетра́ди? Твои́?
— Нет, э́то твои́ тетра́ди.

— И́ра, ты зна́ешь, … э́то су́мка?
— Моя́.

그림보며 대화 연습하기

1. 의문사 *чей, чья, чьё, чьи*를 이용하여 그림에 대한 질문을 하세요. 질문에 대답하세요.

2. 위의 그림을 활용하여 다양한 대화를 만드세요.

3. 아래 사진을 보면서 질문에 대답하세요.

Вы зна́ете, кто э́то?

Как его́ зову́т?

Кто он?

Ники́та Михалко́в

Вы зна́ете, кто э́то?

Как её зову́т?

Кто она́?

А́лла Пугачёва

㉑ 대화 연습하기

다음 질문에 다양하게 대답하세요.

Где метро́ (парк, банк, гости́ница, рестора́н...)?

Когда́ экску́рсия (уро́к, ле́кция, конце́рт, дискоте́ка...)?

㉒ 빈 칸 채우기

대답에 맞는 질문을 쓰세요.

– ... ?
– Да, Анто́н зна́ет, где теа́тр.

– ... ?
– Нет, А́нна не зна́ет, кто он.

– ... ?
– Нет, я не зна́ю, когда́ уро́к.

– ... ?
– Да, они́ зна́ют, чья э́то маши́на.

– ... ?
– Да, мы зна́ем, как её зову́т.

📝 빈 칸 채우기

이 사람을 안다면 어떤 말을 할 수 있을까요?　　이 사람을 모른다면 어떤 말을 할 수 있을까요?

Я знаю, кто...　　　　　　　　　　Я не знаю, кто...

как...　　　　　　　　　　　　　　　как...

чей...　　　　　　　　　　　　　　　чей...

чья...　　　　　　　　　　　　　　　чья...

чьё...　　　　　　　　　　　　　　　чьё...

чьи...　　　　　　　　　　　　　　　чьи...

где...　　　　　　　　　　　　　　　где...

📝 같은 단어 찾기

아래의 단어를 읽고 복수 형태를 만드세요. 복수 형태 어미별로 단어를 분리하세요.

-ы	-и	-а	-я
...	...	...	...
9 слов	11 слов	5 слов	6 слов

дом, ла́мпа, авто́бус, банк, бу́ква, страна́, окно́, стол, стул, расска́з, заво́д, гру́ппа, я́блоко, ша́пка, ме́сто, ру́чка, слова́рь, кни́га, музе́й, мо́ре, институ́т, пло́щадь, упражне́ние, экску́рсия, общежи́тие, вещь, аудито́рия, челове́к, друг, сло́во, брат, глаз

урок шесто́й | 141

25 그림보며 대화 연습하기

사진을 보고 내용에 대해 이야기하세요.

㉖ 읽기

1. 아래의 문장을 읽으세요. 마지막 문장을 여러 번 반복하고 노트에 적으세요.

   мой оте́ц ➡

   Э́то мой оте́ц. ➡

   Э́то мой оте́ц Ива́н Петро́вич. ➡

   Э́то мой оте́ц Ива́н Петро́вич, он программи́ст.

   на́ши друзья́ ➡

   Вот на́ши друзья́. ➡

   Вот на́ши друзья́ Ви́ктор и Анто́н. ➡

   Вот на́ши друзья Ви́ктор и Анто́н, они́ студе́нты.

2. 위와 같이 문장을 연장하세요.

   мой дру́г ➡   моя́ подру́га ➡   мои́ роди́тели ➡

㉗ 문장 만들기

보기와 같이 텍스트를 만드세요.

> 보 기
>
> – … + **Он врач**. + … .
> – Это мой брат. Его зовут Андрей. **Он врач**. Сейчас он дома.

　　　　… + Она́ домохозя́йка. + …

　　　　… + Они́ студе́нты. + …

　　　　… + Он журнали́ст. + …

урок шестой | 143

그림보며 대화 연습하기

1. 텍스트를 읽으세요. 그림에 맞게 텍스트 내용을 수정하세요.

Вот ко́мната. Стол здесь, сле́ва. Шкаф и дива́н там, то́же сле́ва. Спра́ва окно́. Вот здесь телеви́зор. Он то́же спра́ва.

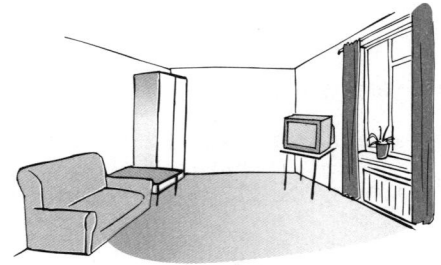

2. 위와 같이 자신의 방에 대해 이야기하세요.

빈 칸 채우기

의미에 맞는 단어로 빈 칸을 채우세요.

– Скажи́те, … ?
– Это моя́ подру́га.
– … ? Студе́нтка?
– Нет, она́ не … .
  Она́ уже́ врач.

– … , пожа́луйста, где магази́н «Кни́ги»?
– Вот … , спра́ва.
– … .
– Пожа́луйста.

– Экску́рсия сего́дня?
– Нет, за́втра.
– … ?
– У́тром.

– Э́то твой оте́ц?
– Да.
– … ?
– Он инжене́р.
– Мой брат … инжене́р.

– А́нна, … э́то ру́чка?
– Моя́.
– … , пожа́луйста.
– Пожа́луйста.

– Ви́ктор, это твоё фо́то?
– Да, моё.
– … , пожа́луйста.

㉚ 빈 칸 채우기

대화를 완성하세요.

— Здра́вствуйте!
— … .

— Спаси́бо.
— … .

— До свида́ния!
— … .

— Извини́те.
— … .

— Мо́жно?
— … .

— … ?
— Спаси́бо, хорошо́.

— … ?
— Да, до́ма.

— … !
— Пока́!

— … .
— Сейча́с, мину́ту.

㉛ 유사한 대화 만들기

보기와 같이 서로 대화 연습하세요.

보 기

— Скажи́те, пожа́луйста, что э́то?
— Э́то ша́пка.
— Покажи́те (да́йте), пожа́луйста!
— Пожа́луйста.
— Спаси́бо.

텍스트 >> Текст | Карта

1. 텍스트를 읽으세요.

Вот ка́рта. Посмотри́те! Э́то наш го́род. Вот центр. Здесь музе́и, теа́тры, гости́ницы, магази́ны, рестора́ны.
А вот моя́ у́лица! Посмотри́те! Сле́ва парк, стадио́н, поликли́ника, спра́ва университе́т, библиоте́ка, цирк. А вот там мой дом, а тут моя́ шко́ла.

2. 아래의 단어를 이용하여 **텍스트**와 같이 이야기하세요.

대화 연습하기

다음 주제로 대화 연습하세요:

1. 새로온 학생과 인사 나누세요.
2. 친구의 가족사진을 보여 달라고 하고 사진에 대해 질문하세요.
3. 자신의 가족사진을 보여 주고 이야기해 주세요.
4. 친구에게 전화해서 집에 있는지, 잘 지내는지 알아보세요.

듣기

1. 대화를 듣고 다음 질문에 대답하세요.

   диалог 1.
   Скажите, где сейчас Анна?

   диалог 2.
   Анна знает, когда лекция? Кто знает, когда лекция?

   диалог 3.
   Скажите, когда лекция?

2. 텍스트를 듣고 다음 질문에 대답하세요: *Где сейчас семья?*

3. 텍스트를 다시 듣고 맞는 대답을 고르세요.

Áнна	студéнтка спортсмéнка журналúстка	Её мáма	домохозя́йка врач экономúст
Её роднóй гóрод	Петербýрг Москвá Вóлогда	Её пáпа	юрúст преподавáтель врач

확인하기

❸의 청취 자료를 잘 들었는지 확인하세요.

1. – Здрáвствуйте, это Антóн. Скажúте, Áнна дóма?
   – Да, дóма.
   – Позовúте её, пожáлуйста.
   – Минýту.

   – Áнна, ты знáешь, когдá лéкция?
   – Нет, я не знáю. Вúктор знáет.
   – Спасúбо.

   – Вúктор, привéт. Это Ивáн. Скажú, пожáлуйста, когдá лéкция?
   – Лéкция зáвтра ýтром.
   – Спасúбо.

2. Давáйте познакóмимся. Меня́ зовýт Áнна. Я студéнтка. Мой роднóй гóрод Москвá.

   А это моя́ семья́. Вот моú родúтели. Это моя́ мáма. Её зовýт Áлла Ивáновна. Онá экономúст. А вот мой пáпа. Егó зовýт Николáй Петрóвич. Мой пáпа – преподавáтель. Сейчáс моя́ семья́ дóма.

단어사전 >> Словарь

- арти́ст 배우(남)
- арти́стка 배우(여)
- библиоте́ка 도서관
- велосипе́д 자전거
- дискоте́ка 디스코텍
- ка́сса 매표소, 계산대
- ле́кция 강의
- матрёшка
  마뜨료쉬까(러시아 전통 목각 인형)
- мяч 공
- не́бо 하늘

- рестора́н 레스토랑
- сала́т 샐러드
- спорт 스포츠
- стадио́н 운동장
- сувени́р 기념품

- А́лла Пугачёва
  알라 뿌가쵸바(러시아의 여가수)
- Ники́та Михалко́в
  니끼따 미할꼬프(영화 감독)

касса

Урок седьмой 07

이과의 길잡이

※ **핵심 포인트**
- Сколько стоит этот зонт?
- 55 рублей.

- Какой это журнал?
- Это интересный журнал.

Мне нравятся эти цветы.

Я думаю, что сегодня хорошая погода.

- Какая это улица?
- Это улица Чехова.

- **회화 포인트**
Повтори(те)!
Давай пойдём!
До завтра.
Как ты думаешь, сегодня холодно?
Вам нравится...?
Москва как на ладони.

- **발음 포인트**
강세 없는 [я]의 발음
수사 발음 연습 1-20, 30, 40, 50.
Какой? 구문의 억양 연습(억양-2)

- **문법 포인트**
형용사
지시 대명사(этот, эта, это, эти)
«Мне(тебе, Вам) нравится...»,
«Сколько стоит?»
ЧТО 접속사를 이용한 복문
ПОТОМУ ЧТО 접속사를 이용한 복문

발음 〉〉 Фонетика

❶ 듣고 따라하기

'ц' 자음의 발음을 연습하세요.

а - ца	у - ца	и - ца	нра́вится [ца]
а - цо	у - цо	и - цо	
а - цу	у - цу	и - цу	Вам нра́вится?
а - це	у - це	и - це	Мне нра́вится.
а - ци	у - ци	и - ци	

❷ 듣고 따라하기

유사한 발음을 연습하세요.

[ц] - [с]				[ц] - [ш]	
ца - са	са - ца	ац - ас	ас - ац	ца - ша	ша - ца
цо - со	со - цо	оц - ос	ос - оц	цу - шу	шу - цу
цу - су	су - цу	уц - ус	ус - уц	це - ше	ше - це
це - сэ	сэ - це	ец - ес	ес - ец	ци - ши	ши - ци
ци - сы	сы - ци	иц - ис	ис - иц	ец - еш	еш - ец

발음규칙 〉〉 Правило 강세에 따른 모음 [я] 의 발음

я [а] пять [п'ат'] - 5
   [и] пятна́дцать [п'итна́ц:ат'] - 15

❸ 듣고 따라하기

수사의 발음을 연습하세요.

1	оди́н	16	шестна́дцать [шысна́ц:ат']
2	два	17	семна́дцать [с'имна́ц:ат']
3	три	18	восемна́дцать [вас'имна́ц:ат']
4	четы́ре [ч'и⁽ᵉ⁾ты́р'и]	19	девятна́дцать [д'ив'итна́ц:ат']
5	пять	20	два́дцать [два́ц:ат']
6	шесть [шэс'т']	30	три́дцать [тр'иц:ат']
7	семь	40	со́рок [со́рак]
8	во́семь [во́с'им']	50	пятьдеся́т [п'ид':ис'а́т]
9	де́вять [д'э́в'ит]	60	шестьдеся́т [шыз'д'ис'а́т]
10	де́сять [д'э́с'ит]	70	се́мьдесят [с'э́м'дис'ат]
11	оди́ннадцать [ад'и́нац:ат']	80	во́семьдесят [во́с'им'д'ис'ат]
12	двена́дцать [дв'ина́ц:ат']	90	девяно́сто [д'ив'ино́ста]
13	трина́дцать [тр'ина́ц:ат']	100	сто [сто́]
14	четы́рнадцать [ч'иты́рнац:ат']	200	две́сти [дв'е́с'т'и]
15	пятна́дцать [п'итна́ц:ат']	300	три́ста [тр'и́ста]

❹ 읽기

보기와 같이 수사를 읽으세요.

보 기

2 — 12 — 22
  два - двена́дцать - два́дцать два
— два́дцать два - двена́дцать - два

3 — 13 — 23
4 — 14 — 24
5 — 15 — 25
6 — 16 — 26
7 — 17 — 27
8 — 18 — 28
9 — 19 — 29

❺ 듣고 따라하기

문장 발음 연습하세요. 마지막 문장을 외우고 노트에 적으세요.

пожа́луйста ➡
скажи́те, пожа́луйста ➡
Скажи́те, пожа́луйста, где ва́ша у́лица?

покажи́те ➡
покажи́те, пожа́луйста ➡
Покажи́те, пожа́луйста, где здесь цирк?

столи́ца ➡
на́ша‿столи́ца ➡
вот‿на́ша‿столи́ца ➡
Вот‿на́ша‿столи́ца‿Москва́.

мой го́род ➡
мой родно́й го́род ➡
Э́то мой родно́й го́род ➡
Э́то мой родно́й го́род Петербу́рг.

фо́то ➡
ва́ше фо́то ➡
Да́йте ва́ше фо́то. ➡
Да́йте, пожа́луйста, ва́ше фо́то.

❻ 대화 연습하기

대화를 읽고 익힌 후 유사한 대화를 만드세요.

— Ви́ктор, ты зна́ешь, кто э́то?
— Зна́ю. Э́то наш дире́ктор.
— Как его́ зову́т?
— Ива́н Ива́нович.

— Ива́н, ты не зна́ешь, где по́чта?
— По́чта? Нет, не зна́ю.

— Анто́н, приве́т! Как дела́?
— Спаси́бо. О́чень хорошо́.
(Спаси́бо. Пло́хо.)

— Скажи́те, э́то журна́л «Москва́»?
— Да.
— Да́йте, пожа́луйста.

— Анто́н, э́то твой друг?
— Да.
— А кто он?
— Он журнали́ст.
— Как его́ зову́т?
— Ива́н.

❼ 빈 칸 채우기

다음 대화를 완성하세요.

— Здра́вствуйте!
— … .

— Как вас зову́т?
— … .

— Мо́жно?
— … .

— Как дела́?
— … .

— Вы зна́ете, где метро́?
— … .

— Извини́те!
— … .

— Спаси́бо!
— … .

— Вы зна́ете, кто э́то?
— … .
— А кто он?
— … .

— Вы не зна́ете, когда́ экску́рсия?
— … .

문법 >> Грамма́тика 형용사

— Ты зна́ешь, како́й э́то го́род?
— Э́то ста́рый ру́сский го́род Смоле́нск.

— Э́то Москва́? Како́й э́то проспе́кт?
— Не зна́ю. Э́то но́вый проспе́кт.

— Что э́то?
— Э́то большо́й коре́йский го́род Буса́н.

какой?	какая?	какое?	какие?
-ый -ой	-ая	-ое	-ые
-ий	-яя	-ее	-ие
но́вый (журна́л) ста́рый	но́вая (кни́га) ста́рая	но́вое (зда́ние) ста́рое	но́вые (журналы, кни́ги, зда́ния) ста́рые
родно́й (язык)	родна́я (страна́)	родно́е (сло́во)	родны́е (пе́сни)
-ый / о́й	-ая	-ое	-ые
си́ний (ша́рф)	си́няя (ша́пка)	си́нее (пальто́)	си́ние (ша́рфы, ша́пки, пальто́)
-ий	-яя	-ее	-ие
ма́ленький (го́род)	ма́ленькая (ко́мната)	ма́ленькое (письмо́)	ма́ленькие (города́, ко́мнаты, пи́сьма)
-г- -к- -х- ▶ -ий	-г- -к- -х- ▶ -ая	-г- -к- -х- ▶ -ое	-г- -к- -х- ▶ -ие
хоро́ший (фильм) большо́й (дом)	хоро́шая (кни́га) больша́я (ко́мната)	хоро́шее (письмо́) большо́е (окно́)	хоро́шие (фи́льмы, кни́ги) больши́е (дома́, ко́мнаты, о́кна, пи́сьма)
-ж- -ш- -ч- -щ- ▶ -ий/-о́й	-ж- -ш- -ч- -щ- ▶ -ая/-а́я	-ж- -ш- -ч- -щ- ▶ -ее/-о́е	-ж- -ш- -ч- -щ- ▶ -ие

그림보며 대화 연습하기

그림을 이용하여 보기와 같이 질문에 대답하세요.

> **보 기**
>
> — Э́то большо́й го́род?
> — Да, э́то большо́й го́род.

 Э́то но́вый дом?　　 Э́то но́вая маши́на?

 Э́то ста́рый зонт?　　 Э́то ста́рая пло́щадь?

 Э́то ма́ленький телеви́зор?　　 Э́то ма́ленькая су́мка?

 Э́то хоро́ший журна́л?　　 Э́то хоро́шая кни́га?

 Э́то большо́й слова́рь?　　 Э́то больша́я гости́ница?

 Э́то но́вое пальто́?　　 Э́то но́вые друзья́?

 Э́то ста́рое кре́сло?　　 Э́то ста́рые кни́ги?

 Э́то ма́ленькое я́блоко?　　 Э́то ма́ленькие де́ти?

 Э́то хоро́шее общежи́тие?　　 Э́то хоро́шие часы́?

 Э́то большо́е письмо́?　　 Э́то больши́е дома́?

❾ 문장 만들기

오른쪽에 있는 단어를 이용하여 보기와 같이 질문에 대답하세요.

> **보 기**
>
> — Какóй э́то дом?
> — Э́то большóй нóвый дом.

Какóй э́то	парк?	краси́вый
	музéй?	нóвый
	гóрод?	рýсский
	магази́н?	большóй
	ромáн?	интерéсный
Какáя э́то	дéвушка?	краси́вая
	библиотéка?	стáрая
	маши́на?	рýсская
	статья́?	интерéсная
	странá?	си́няя
Какóе э́то	метрó?	хорóшее
	общежи́тие?	мáленькое
	пальтó?	си́нее
	письмó?	рýсское
	я́блоко?	плохóе
Каки́е э́то	кни́ги?	интерéсные
	друзья́?	стáрые
	журнáлы?	краси́вые
	откры́тки?	нóвые
	лю́ди?	молоды́е

⑩ 문장 만들기

다음 단어를 이용하여 보기와 같이 질문하세요.

> 보 기
>
> — Вот я́блоко ▶ Како́е э́то я́блоко?

слова́рь, письмо́, у́лицы, гара́ж, библиоте́ка, де́ти, трамва́й, цирк, вы́ставка, часы́, ве́щи, тетра́дь, институ́т, мо́ре, врач, аудито́рия, я́блоко, журна́л, экску́рсия, кни́ги, семья́, гру́ппа, сигаре́ты, пло́щадь

⑪ 그림보며 대화 연습하기

그림을 이용하여 보기와 같이 대화하세요.

> 보 기
>
> — Како́й э́то стол?
> — Э́то ма́ленький (большо́й, но́вый, краси́вый) стол.

⑫ 맞는 단어 찾기

아래의 명사와 형용사를 이용하여 보기와 같이 다양한 표현을 만드세요.

보기1

- ста́рый ▶ го́род, врач, …
- ста́рая ▶ у́лица, кни́га, …
- ста́рое ▶ метро́, письмо́, …
- ста́рые ▶ часы́, расска́зы, …

보기2

- пальто́ ▶ но́вое, ста́рое, краси́вое, дорого́е, си́нее

ста́рый	де́вушка	ша́пка
но́вый	студе́нт	шарф
большо́й	слова́	часы́
ру́сский	метро́	университе́т
родно́й	врач	пло́щадь
ма́ленький	инжене́р	магази́ны
интере́сный	го́род	каранда́ш
краси́вый	мо́ре	расска́зы
хоро́ший	у́лица	
плохо́й	общежи́тие	
дорого́й	кни́га	
дешёвый	фильм	
молодо́й	письмо́	
си́ний		

⑬ 대화 연습하기

다음 질문을 이용하여 대화하세요.

1. Ва́ша страна́ больша́я?
2. Ваш го́род ста́рый? Он большо́й? Это интере́сный го́род?
3. Ва́ша у́лица краси́вая? Э́то ста́рая у́лица?
4. Ваш дом ма́ленький? Он краси́вый?
5. Ва́ша ко́мната больша́я? Э́то хоро́шая ко́мната?
6. А ва́ша семья́ больша́я?

문법 >> Грамматика   형용사(계속)

Како́й э́то го́род?

Э́то Москва́.
Э́то краси́вый ста́рый го́род.
Москва́ - столи́ца Росси́и.

- Кака́я э́то у́лица?
- Че́хова.
  Э́то у́лица Че́хова.

Кака́я э́то пло́щадь?

Э́то Кра́сная пло́щадь.
Э́то ста́рая больша́я краси́вая пло́щадь.
Э́то центр Москвы́.

Како́е э́то зда́ние?

Э́то Моско́вский университе́т.
Э́то ста́рое небольшо́е краси́вое зда́ние.

Каки́е э́то зда́ния?

Э́то то́же Моско́вский университе́т. Э́то но́вые больши́е краси́вые зда́ния.

⑭ 그림보며 대화 연습하기

사진을 보고 다음 단어를 이용하여 보기와 같이 대화하세요 :
гостиница, вокзал, станция метро, театр, улица, площадь

> 보 기
>
> — Како́й э́то магази́н?
> — Э́то магази́н «Оде́жда». Э́то большо́й, но́вый магази́н. (Я не зна́ю, како́й э́то магази́н.)

Ки́евский вокза́л

Дом кни́ги

Тверска́я у́лица

Истори́ческий музе́й

гости́ница

ста́нция метро́

урок седьмой | 161

| 문법 >> **Грамматика** | 지시대명사 **э́тот, э́та, э́то, э́ти** |

— Ско́лько сто́ит э́тот зонт?

— Э́тот зонт сто́ит 255 рубле́й

비교하세요 :

| **Что э́то?** | **Како́й? Кака́я? Како́е? Каки́е?** |

Э́то журна́л «**спорт**».

— **Како́й** журна́л са́мый интере́сный?
— **Э́тот** журна́л са́мый интере́сный.

Э́то карти́на.

— **Кака́я** карти́на са́мая краси́вая?
— **Э́та** карти́на са́мая краси́вая.

Э́то пальто́.

— **Како́е** пальто́ са́мое тёплое?
— **Э́то** пальто́ са́мое тёплое.

Э́то часы́.

— **Каки́е** часы́ са́мые хоро́шие?
— **Э́ти** часы́ са́мые хоро́шие.

Кто / Что э́то? ➡ Э́то кто / что.

Како́й ...? ➡ Э́тот ...
Кака́я ...? ➡ Э́та ...
Како́е ...? ➡ Э́то ...
Каки́е ...? ➡ Э́ти ...

15 듣기

대화를 듣고 표시된 표현을 익히세요.

– Скажи́те, что э́то?
– Э́то журна́лы «Спорт», «Москва́» и «Коре́я».
– **Како́й** журна́л **са́мый** интере́сный?
– Вот **э́тот** журна́л. Журна́л «Спорт».

– Скажи́те, пожа́луйста, что э́то?
– Э́то ру́сские сувени́ры - матрёшки.
– **Кака́я** матрёшка **са́мая** дешёвая?
– Вот **э́та** ма́ленькая матрёшка са́мая дешёвая.

– Скажи́те, пожа́луйста, что э́то? Э́то пальто́?
– Да, э́то пальто́.
– **Како́е** пальто́ **са́мое** тёплое?
– Вот **э́то** си́нее пальто́ о́чень тёплое.

– Э́то часы́? Покажи́те, пожа́луйста!
– Пожа́луйста!
– **Каки́е** часы́ **са́мые** хоро́шие?
– Вот **э́ти** часы́, сле́ва.

⑯ 그림보며 대화 연습하기

앞의 그림을 이용하여 다음 질문에 대답하세요.

Како́й журна́л са́мый интере́сный (краси́вый, дорого́й, популя́рный, дешёвый, изве́стный)?

Кака́я матрёшка са́мая краси́вая (дорога́я, дешёвая, больша́я, ма́ленькая)?

Како́е пальто́ са́мое краси́вое (хоро́шее, тёплое, дорого́е, дешёвое)?

Каки́е часы́ са́мые краси́вые (хоро́шие, ма́ленькие, больши́е, дешёвые, дороги́е)?

문법 >> Грамма́тика | 'нра́вится' 구문

— Како́й зонт вам нра́вится?

— Мне нра́вится э́тот си́ний зонт.

— Тебе́ нра́вится э́та маши́на?

— Нет, не нра́вится. Э́та маши́на о́чень больша́я.

⑰ 읽기

다음 문장을 읽고 'Мне нравится' 표현을 익히세요.

— Какой телевизор вам нравится? [нрав'иц:а]
— Мне нравится этот большой телевизор.

    — Какая сумка вам нравится?
    — Мне нравится эта маленькая сумка.

— Какое мороженое вам нравится?
— Мне нравится это шоколадное мороженое.

    — Какие сувениры вам нравятся?
    — Мне нравятся эти русские сувениры.

⑱ 문장 만들기

그림을 이용하여 보기와 같이 문장을 만드세요.

보 기

Мне (не) нравится этот старый телевизор.

урок седьмой | 165

⓲ 문장 만들기

⓳의 그림을 이용하여 보기와 같이 대화하세요.

> **보기**
>
> – Тебе́ нра́вятся э́ти больши́е часы́?
> – Да, мне нра́вятся э́ти часы́. (Нет, мне не нра́вятся э́ти часы́. Они́ о́чень больши́е.)

⓴ 대화 연습하기

아래의 질문을 이용하여 보기와 같이 대화하세요.

> **보기**
>
> – Вам нра́вится ру́сский рома́н «Война́ и мир»?
> – Да, мне нра́вится э́тот рома́н.

Вам нра́вится журна́л «Мо́да»(Большо́й теа́тр, моско́вский цирк)?

Вам нра́вится гости́ница «Росси́я»(Кра́сная пло́щадь, у́лица Арба́т)?

Вам нра́вится зда́ние МГУ (общежи́тие МГУ, и́мя Ива́н)?

Вам нра́вятся ру́сские пе́сни (коре́йские стихи́, моско́вские у́лицы, моско́вское метро́)?

㉑ 그림보며 대화 연습하기

그림을 이용하여 보기와 같이 대화하세요.

보기

— Какóй шарф вам нрáвится?
— Мне нрáвится э́тот нóвый шарф.

шáпка
шарф
кýртка
джи́нсы

перчáтки
брю́ки
боти́нки

문법 >> **Граммати́ка**　'Скóлько стóит' 구문

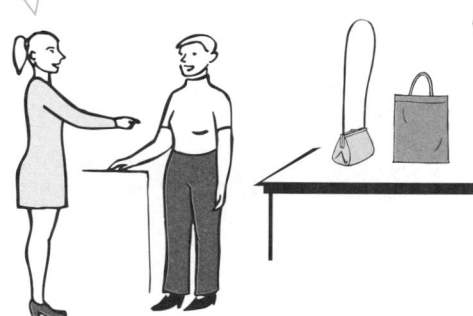

— Скóлько стóит э́та сýмка?
— Сýмка стóит 254 рубля́.

— Скóлько стóят э́ти карандаши́?
— Карандаши́ стóят 12 рубле́й.

1 (оди́н), 21, 31	▶	рубль
2 (два), 3, 4, 22, 24	▶	рубля́
5, 6, 7 ... 11, 12 ... 20	▶	рубле́й

22 읽기

대화를 읽고 "Ско́лько сто́ит?" 구문을 익히세요.

— Ско́лько сто́ит хлеб?
— Како́й? Бе́лый?
— Бе́лый.
— 7 рубле́й. / Бе́лый хлеб сто́ит 7 рубле́й

— Ско́лько сто́ит ры́ба?
— Кака́я? Кра́сная?
— Да, э́та кра́сная ры́ба.
— 45 рубле́й. / Ры́ба сто́ит 45 рубле́й.

23 대화 연습하기

다음 단어와 가격을 이용하여 보기와 같이 대화 연습하세요.

газе́та (3 р.), журна́л (27 р.), откры́тки (10 р.), конве́рты (12 р.), кни́га (33 р.), слова́рь (51 р.), ру́чка (45 р.), каранда́ш (28 р.), сигаре́ты (24 р.).

보기

— Скажи́те, пожа́луйста, э́то ру́сско-коре́йские словари́?
— Да.
— Ско́лько сто́ит э́тот большо́й слова́рь?
— 150 рубле́й.
— Покажи́те, пожа́луйста.

㉔ 유사한 대화 만들기

대화를 읽으세요. 굵은 글씨체의 단어를 오른쪽에 있는 단어와 교체하여 유사한 대화를 만드세요.

1. *Вот магазин. Здесь книги, учебники, словари, тетради. Там открытки и сувениры.*

– Скажите, пожалуйста, это **учебник**?	журнал
– Нет, это книга «**Москва и москвичи**»	«Спорт»
– Интересная?	«Столица»
– Да, очень интересная.	
– Сколько стоит эта книга?	газета
– 140 рублей.	«Сегодня»
– О, дорогая. Спасибо.	«Известия»

– Покажите, пожалуйста, **открытки**.	
– Вот, пожалуйста.	
– Это **Москва**?	сувениры
– Да, конечно.	
– Мне нравятся эти открытки.	матрёшки
Сколько они стоят?	
– 50 рублей.	
– Дайте, пожалуйста.	

– Вот **ручки** и **карандаши.**	конверты
– Мне нравится эта **ручка** и этот	и марки
карандаш. Покажите, пожалуйста.	
– Пожалуйста.	учебники
– Сколько они стоят?	и словари
– Ручка стоит 34 рубля,	
а карандаш стоит 11 рублей.	
– А, 45 рублей. Хорошо.	тетради
Дайте, пожалуйста.	и календари

урок седьмой | **169**

2. *Вот нáша библиотéка. Утром и днём тут студéнты. Вот кнúги. Спрáва учéбники и словарú. А слéва газéты и журнáлы.*

– Здрáвствуйте!	рýсско-корéйский
– Здрáвствуйте!	корéйско-рýсский
– Это «**Учéбник рýсского языкá**»?	словáрь
– Да.	
– Дáйте, пожáлуйста.	нóвый журнáл
– Скажúте, как вас зовýт?	«Рýсский язык»
– Меня зовýт Хáна.	
– Вáша грýппа?	
– Грýппа № 18.	учéбник
– Вот ваш учéбник.	«Пúшем прáвильно»
– Спасúбо.	

3. *Вот наша столóвая. Сейчас перерýв. Здесь студéнты и преподавáтели. Вот меню. Что вам нрáвится?*

– Скажúте, пожáлуйста, это **рыба** или **мясо**?
– Это рыба.
– Мне нрáвится эта **рыба**, этот **салáт**, этот **сок**. Дáйте, пожáлуйста.
– Вот вáша рыба, ваш салáт, ваш сок.
– Скóлько стóит мой обéд?
– 30 рублéй.
– Хорошó, спасúбо.

Меню

салáт	картóшка
сыр	суп
мясо	хлеб
птúца	чай
рыба	кóфе
рис	сок, водá

문법 >> Грамматика | 'Я думаю' 구문

Я знаю, Я думаю,	что	его зовут Иван. Иван журналист. Иван хороший журналист. это Москва. это красивый город. вам нравится этот город. сегодня холодно. билет стоит 10 рублей.

думать I

я	думаю
ты	думаешь
он/она	думает
мы	думаем
вы	думаете
они	думают

Думай!
Думайте!

문법 >> Грамматика | 'потому что' 구문

— Виктор, почему вам нравится Петербург?
— Мне нравится Петербург, потому что это мой родной город.

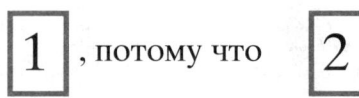

1 , потому что 2

— Я думаю, что сегодня хорошая погода.
— Почему?
— Потому что сегодня солнце.

— Как вы думаете, Иван - хороший журналист?
— Да, я думаю, что Иван хороший журналист.
— Почему вы так думаете?
— Потому что его статьи очень интересные.

урок седьмой | **171**

25 문장 만들기

21의 그림을 이용하여 보기와 같이 문장을 만드세요.

보기

Мне нра́вится э́та ку́ртка, **потому́ что** э́то тёплая ку́ртка.

Мне не нра́вятся э́ти перча́тки, **потому́ что** э́то о́чень дороги́е перча́тки.

대화 >> Диало́г Ско́лько э́то сто́ит?

1. 대화를 듣고 내용에 맞는 그림을 고르세요.

①  ②  ③  ④

Вот Изма́йловский парк. Э́то ста́рый моско́вский парк.
Вот вы́ставка (верниса́ж). Здесь сувени́ры, кни́ги, карти́ны, матрёшки.

1) – Ты зна́ешь, что э́то?
   – Зна́ю. Э́то матрёшки.
   – О́чень краси́вые. Мне нра́вятся э́ти матрёшки.
   – Мне то́же нра́вятся.

2) – Скажи́те, пожа́луйста, ско́лько сто́ят э́ти матрёшки?
   – Каки́е матрёшки?
   – Вот э́ти.
   – Сто (100) рубле́й.
   – Покажи́те, пожа́луйста.

172 | уро́к 7

3) — Мне очень нравится эта матрёшка. Очень красивая. Дайте, пожалуйста. Вот 100 рублей.
 — Пожалуйста.

4) — Ты знаешь, какая это песня?
 — Знаю. Это старая песня «Вернисаж».
 — Красивая песня. Мне нравится.
 — Мне тоже нравится эта песня. Там хорошие красивые слова: «Ах, вернисаж, ах, вернисаж! Какой портрет, какой пейзаж! Вот зимний вечер, летний зной, А вот Венеция весной…»

2. 마음에 드는 그림(картина), 책(книга), 기념품(сувенир) 사고 싶을 때 어떤 대화를 할 수 있을까요?

텍스트 >> **Текст** | **Москва**

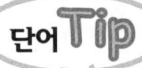

1. широкий проспект
   широкая улица
   широкое окно
   широкие улицы и проспекты

2. первый учитель
   первая любовь
   первое слово
   первые уроки

3. старое здание ≠ современное здание

урок седьмой | 173

1. 텍스트를 읽으세요.

Меня́ зову́т Ива́н. Я москви́ч. Мне о́чень нра́вится Москва́. Э́то большо́й и краси́вый го́род. Здесь Кремль и Кра́сная пло́щадь. Здесь Алекса́ндровский сад и Большо́й теа́тр. Я ду́маю, что все зна́ют э́тот изве́стный теа́тр.

Москва́ - э́то мой го́род. Здесь мой дом и моя́ семья́. Моя́ у́лица - Ста́рый Арба́т. Здесь моя́ шко́ла, мой пе́рвый учи́тель и моя́ пе́рвая любо́вь. Здесь моя́ ро́дина.

Москва́ - э́то столи́ца. Здесь широ́кие у́лицы и проспе́кты, краси́вые ста́рые и но́вые зда́ния, совреме́нные гости́ницы и ба́нки, магази́ны и рестора́ны.

Сейча́с я студе́нт. Моско́вский университе́т - э́то мой университе́т. Здесь мои́ друзья́. Мне нра́вится зда́ние МГУ и большо́й ста́рый парк. И у́тром, и ве́чером здесь студе́нты, тури́сты, москвичи́, потому́ что э́то о́чень краси́вое ме́сто. Москва́ как на ладо́ни.

Москва́ как на ладо́ни.

2. 사진들을 이용하여 보기와 같이 묻고 대답하세요 :

> 보 기
>
> 1) – Скажи́те, пожа́луйста, что э́то?
>   – Э́то Кра́сная пло́щадь.
>
> 2) – Скажи́те, кака́я э́то пло́щадь?
>   – Э́то Кра́сная пло́щадь.
>
> 3) – Э́то Кра́сная пло́щадь?
>   – Да, э́то Кра́сная пло́щадь.

3. Москва와 Иван에 대해 무엇을 알게 되었는지 이야기하세요.
   이렇게 시작하세요 : *Я знаю, что Москва…*

4. 다음 질문에 대답하세요 :
   Кто вы? Где ваша родина? Где ваш дом? Какой ваш город? Какая ваша улица?

5. 자신의 나라와 도시에 대해 이야기하세요.

대화 >> Диалог   Экску́рсия

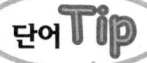

дава́й пойдём	[дава́й пайд'о́м]
повтори́(те)	[пафтар'и́(т'и)]
до за́втра	[даза́фтра]

урок седьмой | **175**

1. 대화를 듣고 다음 질문에 대답하세요 : *Какая это экскурсия?*

> Нури : – Алло́, А́нна, приве́т! Э́то Нури́.
>
> А́нна : – Приве́т, Нури́.
>
> Нури́ : – Как дела́?
>
> А́нна : – Спаси́бо, хорошо́.
>
> Нури́ : – Ты зна́ешь, что за́втра экску́рсия?
>
> А́нна : – Кака́я?
>
> Нури́ : – «Моско́вский Кремль и Кра́сная Пло́щадь».
>
> А́нна : – Да, зна́ю, зна́ю, ве́чером.
>
> Нури́ : – А ты не зна́ешь, ско́лько сто́ит э́та экску́рсия?
>
> А́нна : – 15 рубле́й.
>
> Нури́ : – Ско́лько? Повтори́, пожа́луйста!
>
> А́нна : – 15 рубле́й.
>
> Нури́ : – Как ты ду́маешь, э́то дорога́я экску́рсия?
>
> А́нна : – Я ду́маю, что недорога́я, потому́ что э́то больша́я и интере́сная экску́рсия. Моско́вский Кремль - о́чень большо́й. Там краси́вые ста́рые зда́ния.
>
> Нури́ : – Так, недорога́я, больша́я, интере́сная экску́рсия. Хорошо́, дава́й пойдём!
>
> А́нна : – Коне́чно, пойдём! До за́втра!
>
> Нури́ : – До за́втра!

Повтори́(те)!
Дава́й пойдём!
До за́втра!

2. 다음 질문에 대답하세요.

   1) Когда́ экску́рсия?
   2) Ско́лько сто́ит экску́рсия?
   3) Как вы ду́маете, э́то дорога́я экску́рсия?

3. 대화 내용에 대해 이야기하세요. 다음 표현으로 시작하세요.

　　Я зна́ю, что за́втра ве́чером экску́рсия «Моско́вский Кремль и Кра́сная пло́щадь». Это больша́я…

4. 친구에게 전화해서 내일 보기로 한 영화에 대해 다음 내용을 알아보세요 :

- Како́й э́то фильм?
- Ско́лько сто́ит биле́т?

총정리 문제 〉〉 Обобще́ние

1. 대화를 완성하세요.

— … ?
— Мне нра́вятся э́ти стихи́, потому́ что э́то краси́вые стихи́.

— Ты зна́ешь, что за́втра уро́к?
— Да, … .

— … ?
— Э́та кни́га сто́ит 20 рубле́й.

— Как вы ду́маете, сего́дня хо́лодно?
— … .

— … ?
— Я не зна́ю, ско́лько сто́ят э́ти очки́.

— Как вы ду́маете, Москва́ — краси́вый го́род?
— … .

— … ?
— Да, мне нра́вится ру́сский язы́к.

— … ?
— Нет, мне не нра́вится э́тот фильм.

2. 문장을 보완하세요.

　　Мне нра́вится э́то…, потому́ что… . Мне не нра́вится э́то…, потому́ что… . Как вы ду́маете, … ? Вы зна́ете, что …?

단어사전 >> Словарь

- бе́лый(-ая, ое, -ые) 흰색의
- большо́й(-ая, -ое, -ие) 큰
- боти́нки 부츠
- брю́ки 바지
- вернисáж 미술 전람회
- де́вушка 아가씨
- дешёвый(-ая, -ое, -ые) 싼
- джи́нсы 청바지
- дорого́й(-ая, -ое, -ие)
  1. 비싼, 2. 소중한
- ду́мать(I, НСВ)(о чём?) 생각하다
- зда́ние 건물
- изве́стный(-ая, -ое, -ые) 유명한
- интере́сный(-ая, -ое, -ые) 재미있는
- истори́ческий(-ая, -ое, -ие) 역사의
- како́й(-ая, -ое, -ие) [의문] 어떠한
- календа́рь 달력
- карто́шка 감자
- коре́йский(-ая, -ое, -ие) 한국의
- коре́йско-ру́сский(-ая, -ое, -ие) 한러의

- копе́йка 꼬뻬이까(러시아 화폐의 단위, 루블의 1/100)
- костю́м 양복
- краси́вый(-ая, -ое, -ые) 아름다운
- кра́сный(-ая, -ое, -ые) 붉은
- ку́ртка 자켓, 잠바
- лицо́ 얼굴
- любо́вь [여] 사랑
- ма́ленький(-ая, -ое, -ие) 작은
- ма́рка 우표
- меню́ [중] 메뉴
- мо́да 유행, 패션
- молодо́й(-ая, -ое, -ые) 젊은
- москви́ч 모스크바 남자 시민
- москви́чка 모스크바 여자 시민
- моско́вский(-ая, -ое, -ие) 모스크바의
- мя́со 고기
- небольшо́й(-ая, -ое, -ие) 크지않은
- но́вый(-ая, -ое, -ые) 새로운

단어사전 >> Словарь

- нра́виться(II, НСВ)(кому́?)
  마음에 들다
- оде́жда 옷
- откры́тка 엽서
- пальто́ 외투
- пе́рвый(-ая, -ое, -ые) 첫번째의
- перча́тки [복] 장갑
- плохо́й(-ая, -ое, -ие) 나쁜
- популя́рный(-ая, -ое, -ые)
  인기 있는
- потому́ что 왜냐하면
- почему́ [의문] 왜
- пти́ца 새
- ро́дина 고향
- рома́н 장편소설
- росси́йский(-ая, -ое, -ие)
  러시아(국가)의
- рубль [남] 루블
- ру́сский(-ая, -ое, -ие) 러시아(민족)의
- ру́сско-коре́йский(-ая, -ое, -ие)
  러한의
- са́мый(-ая, -ое, -ые) 가장, 제일

- си́ний(-яя, -ее, ие) 파란색의
- ско́лько [의문] 얼마
- совреме́нный(-ая, -ое, -ые) 현대의
- со́лнце 해, 태양
- ста́рый(-ая, -ое, -ые)
  1. 오래된, 2. 늙은, 3. 낡은
- статья́ 기사
- сто́ить(II, НСВ)(сколько?)
  … 값이 나가다, 가치가 있다
- стихи́ 시
- тёплый(-ая, -ое, -ые) 따뜻한
- тури́ст 여행객(남)
- тури́стка 여행객(여)
- фильм 영화
- хлеб 빵
- хоро́ший(-ая, -ее, -ие) 좋은
- широ́кий(-ая, -ое, -ие) 넓은
- шокола́дный(-ая, -ое, -ые)
  초콜릿으로 만든
- э́тот(эта, это, эти) 이
- язы́к 1. 언어, 2. 혀
- у́лица Че́хова 체홉 거리

단어사전 >> Словарь

- Изма́йловский парк
  이즈마일로프 공원
- Алекса́ндровский сад
  알렉산드르 공원
- рома́н «Война́ и мир»
  소설 《전쟁과 평화》

- Дава́й(те) пойдём! 어서 가자(갑시다)!
- До за́втра! 내일 봐요!
- Ско́лько сто́ит? 얼마예요?
- Москва́ как на ладо́ни.
  손바닥에 있는 것처럼 훤하게 잘 보인다.
  모스크바가 한눈에 보인다.

1 – оди́н, одна́, одно́, одни́
2 – два, две
3 – три
4 – четы́ре
5 – пять
6 – шесть
7 – семь
8 – во́семь
9 – де́вять
10 – де́сять

11 – оди́ннадцать
12 – двена́дцать
13 – трина́дцать
14 – четы́рнадцать
15 – пятна́дцать
16 – шестна́дцать
17 – семна́дцать
18 – восемна́дцать
19 – девятна́дцать
20 – два́дцать

30 – три́дцать   40 – со́рок   50 – пятьдеся́т

Урок восьмой

※ **핵심 포인트**
- Что вы делаете?
- Работаю.
(- Ничего не делаю.)

- Кто работает?
- Мои друзья.
(- Никто не работает.)

- Вы читаете по-русски?
- Да, читаю.
Я неплохо читаю по-русски.

- Где вы живёте?
- В Москве, на Арбате.

• **회화 포인트**
Ну и как?
Как обычно.
До встречи.

• **발음 포인트**
수사 발음 연습 1 - 100
ИК-5(억양-5) (Какое синее небо!)
В와 НА 전치사를 이용한 표현 읽기

• **문법 포인트**
동사 시제의 개념
동사의 1식 인칭 변화
목적어에 대한 질문의 특징
부사의 사용법
명사의 격 체계
주격 명사로 표현한 목적어의 개념
명사 전치격의 의미 : В와 НА 전치사의 의미

발음 〉〉 **Фонетика**

❶ 듣고 따라하기

경자음과 연자음 발음을 연습하세요.

[н'] - [н]	[л'] - [л]	[р'] - [р]
ань - ан	аль - ал	арь - ар
онь - он	оль - ол	орь - ор
унь - ун	уль - ул	урь - ур
инь - ин	иль - ил	ирь - ир
ень - ен	ель - ел	ерь - ер

❷ 듣고 따라하기

нравится 구문의 발음을 연습하세요.

Мне нра́вится
э́тот ста́рый парк.
э́тот интере́сный расска́з.
э́тот си́ний каранда́ш.
э́то дешёвое пальто́.
э́то ма́ленькое окно́.
э́то хоро́шее письмо́.

Вам нра́вится
э́та краси́вая де́вушка?
э́та больша́я ко́мната?
э́та хоро́шая кни́га?

Вам нра́вятся
э́ти но́вые дома́?
э́ти дороги́е часы́?
э́ти интере́сные лю́ди?

❸ 발음 연습하기

숫자의 발음을 연습하세요.

1 — 11 — 21	оди́н - оди́ннадцать - два́дцать оди́н
	два́дцать оди́н - оди́ннадцать - оди́н
2 — 12 — 22	два - двена́дцать - два́дцать два
	два́дцать два - двена́дцать - два
3 — 13 — 23	три - трина́дцать - два́дцать три
	два́дцать три - трина́дцать - три
4 — 14 — 24	четы́ре - четы́рнадцать - два́дцать четы́ре
	два́дцать четы́ре - четы́рнадцать - четы́ре
5 — 15 — 25	пять - пятна́дцать - два́дцать пять
	два́дцать пять - пятна́дцать - пять

6 — 16 — 26	60 — шестьдеся́т
7 — 17 — 27	70 — се́мьдесят
8 — 18 — 28	80 — во́семьдесят
9 — 19 — 29	90 — девяно́сто
	100 — сто

❹ 듣고 따라하기

문장의 발음을 연습하세요. 마지막 문장을 외우고 노트에 적으세요.

краси́вая де́вушка ➡

э́та краси́вая де́вушка ➡

Мне нра́вится э́та краси́вая де́вушка.

нра́вится? →
Вам нра́вится? →
Вам нра́вится парк? →
Вам нра́вится э́тот парк? →
Вам нра́вится э́тот ста́рый парк? →
Вам нра́вится э́тот ста́рый моско́вский парк?

родно́й го́род →
мой родно́й го́род →
э́то мой родно́й го́род →
потому́ что э́то мой родно́й го́род →
Мне нра́вится Москва́, потому́ что э́то мой родно́й го́род.

❺ 대화 연습하기

대화를 듣고 익힌 후 유사한 대화를 만드세요.

— Мне нра́вятся э́ти краси́вые часы́! Да́йте, пожа́луйста.
— Пожа́луйста.

— Как ты ду́маешь, ско́лько сто́ит э́та ста́рая кни́га?
— Я не зна́ю.

— Как ты ду́маешь, э́то интере́сный фильм?
— Како́й?
— "Америка́нская дочь".
— Ду́маю, что интере́сный.
— Дава́й пойдём!
— Коне́чно, пойдём.

— Мне нра́вится э́тот журна́л.
— Како́й?
— "Но́вый мир".

— Э́то твоя́ кни́га?
— Кака́я?
— "Ста́рая Москва́".

— Мне нра́вится э́тот большо́й телеви́зор.
— Да, краси́вый.

⑥ 빈 칸 채우기

대답에 맞는 질문을 쓰세요.

— … ?
— Э́та ру́чка сто́ит 10 рубле́й.

— … ?
— Э́то дешёвые биле́ты.

— … ?
— Мне нра́вится э́тот го́род, потому́ что он большо́й и краси́вый.

— … ?
— Мне нра́вится э́тот фотоаппара́т. Э́тот фотоаппара́т ма́ленький.

— … ?
— Я ду́маю, что э́то интере́сный фильм.

— … ?
— Мне нра́вится э́тот слова́рь. Он о́чень большо́й.

— … ?
— Э́то гости́ница «Москва́».

— … ?
— Мне нра́вится журна́л «Спорт».

문법 >> Грамматика | 동사의 시제

Времена глагола (동사의 시제)

			читáть	
🍎	미래시제	бýдущее врéмя	бýду читать	прочитáю
🌸	현재시제	настоя́щее врéмя	читáю	–
🌱	과거시제	прошéдшее врéмя	читáл	прочитáл

Настоящее время глагола (현재 시제)

— Что вы дéлаете?
— Ничегó не дéлаю. Отдыхáю.

— Что ты дéлаешь?
— Читáю.

— Что вы дéлаете?
— Рабóтаем.

— Кто гуля́ет вéчером?
— Антóн и Áнна.

		де́ла|ть I		рабо́та|ть I	отдыха́|ть I	I

Что я де́ла ю ?	я	рабо́та ю	отдыха́ ю	- ю
Что ты де́ла ешь ?	ты	рабо́та ешь	отдыха́ ешь	- ешь
Что он де́ла ет ?	он	рабо́та ет	отдыха́ ет	- ет
Что она́ де́ла ет ?	она́	рабо́та ет	отдыха́ ет	
Что мы де́ла ем ?	мы	рабо́та ем	отдыха́ ем	- ем
Что вы де́ла ете ?	вы	рабо́та ете	отдыха́ ете	- ете
Что они́ де́ла ют ?	они́	рабо́та ют	отдыха́ ют	- ют

| Де́лай! | | Рабо́тай! | Отдыха́й! | |
| Де́лайте! | | Рабо́тайте! | Отдыха́йте! | |

❼ 문법 연습하기

знать, ду́мать 동사를 인칭 변화 시키세요.

❽ 읽기

문장을 읽고 동사 어미를 익히세요.

Я здесь рабо́таю. Мы здесь рабо́таем.
Ты здесь рабо́таешь. Вы здесь рабо́таете.
Он здесь рабо́тает. Они́ здесь рабо́тают.
Она́ здесь рабо́тает.

❾ 문법 연습하기

동사를 맞는 인칭으로 사용하여 문장을 보완하세요.

Я здесь отдыха́ю. Ты … . Он … .

⑩ 빈 칸 채우기

표를 보완하세요.

чита|ть I	гуля|ть I	игра|ть I	обéда|ть I
...	...	...	...
Читáй!	Гуляй!	Играй!	Обéдай!
Читáйте!	Гуляйте!	Играйте!	Обéдайте!

⑪ 문장 만들기

동사를 맞는 인칭으로 사용하여 문장을 완성하세요.

Вéчером я читáю. Вéчером ты … . Вéчером он … .

Я не гуля́ю у́тром. Ты … .

Я отдыхáю дóма. Ты … .

Я не знáю, где Антóн. Ты … .

Сейчáс я ничегó не дéлаю. Сейчáс ты … .

Днём я обéдаю. Днём ты … .

문법 >> Грамматика 'Кто?' 구문

— Кто гуля́ет?
— Антóн и А́нна гуля́ют.

— Кто гуля́ет?
— Никтó не гуля́ет.

> **Кто** гуля́ет?
> **Кто** ...-ет?
>
> **я** гуля́ю
> **ты** гуля́ешь
> **они́** гуля́ют

⑫ 그림보며 대화 연습하기

그림 내용에 대해 다음과 같이 질문하세요 :
Кто гуля́ет? Кто игра́ет в футбо́л?

⑬ 읽기

1. 다음 텍스트를 읽고 동사 인칭 변화를 익히세요.

Э́то мой родно́й го́род. Вот наш заво́д. Я и мой оте́ц здесь рабо́таем. Мой оте́ц-инжене́р. Он уже́ давно́ рабо́тает здесь. А э́то наш ста́рый парк. У́тром и днём там гуля́ют де́ти и их ба́бушки. Ба́бушки отдыха́ют, чита́ют, а де́ти игра́ют. Ве́чером там отдыха́ют молоды́е лю́ди. Мой друг Анто́н и его́ подру́га А́нна то́же ча́сто гуля́ют там.

2. 텍스트를 다시 읽고 질문에 대답하세요.

Это завод. Скажите, кто здесь работает?
Это парк. Скажите, кто гуляет, отдыхает, играет, читает здесь?

3. 다음 동사를 이용하여 친구들이 언제 무엇을 하는지 묻고 답하세요 :

работать, отдыхать, гулять

⑭ 듣기

1. 대화를 듣고 다음 질문에 대답하세요 : *Что делают Антон, Иван, Ира и Наташа, их друзья, Виктор, Юра?*

— Антóн, что ты дéлаешь?
— Я читáю.
— А что дéлает Ивáн?
— Он тóже читáет.

— Юра, что ты сейчáс дéлаешь?
— Что я дéлаю? Ничегó.
/Я ничегó не дéлаю, отдыхáю./

— Скажи́те, Ви́ктор дóма?
— Нет. Он гуля́ет.

— Что вы дéлаете?
— Сейчáс мы отдыхáем.
— А Ира и Натáша?
— Они́ рабóтают.

2. 위의 대화를 다시 읽고, 다음 질문에 대답하세요 : *Кто читает? Кто гуляет? Кто работает? Кто отдыхает? Кто ничего не делает?*

⑮ 그림보며 대화하기

다음 인칭 대명사를 사용하여 그림 내용에 대해 묻고 답하세요 : *он, она, они*

⑯ 문장 만들기

다음 동사를 이용하여 문장을 만드세요.

читать, знать, работать, отдыхать, думать, делать, играть

⑰ 대화 연습하기

다양한 동사를 이용하여 보기와 같이 대화 연습하세요.

보 기

— Скажи́те, что де́лает Ха́на? Рабо́тает?
— Да, сейча́с она́ рабо́тает.
— Что де́лают Ива́н и Са́ша? Чита́ют?
— Нет, они́ не чита́ют. Сейча́с они́ отдыха́ют.

⓲ 맞는 단어 찾기

A와 Б를 맞게 연결하세요.

А (кто?)	Б (что делает?)
Я	гуля́ют ве́чером.
Мы	рабо́таешь сейча́с?
Вы	чита́ю.
Анто́н	отдыха́ем до́ма.
Друзья́	зна́ете, где метро́?
Ты	сейча́с ничего́ не де́лает.

⓳ 빈 칸 채우기

맞는 인칭의 동사를 이용하여 대화를 완성하세요.

— Что де́лает Ви́ктор?
— ... .

— ... ?
— Мои́ бра́тья рабо́тают здесь.

— Друзья́ сейча́с рабо́тают?
— Нет, ...

— Анто́н чита́ет?
— Да.

— ... ?
— Да, Ви́ктор сейча́с рабо́тает.

— А Ви́ктор?
— ... .

— ... ?
— А Анто́н отдыха́ет.

— ... ?
— Никто́ сейча́с не гуля́ет.

— Кто сейча́с рабо́тает?
— ... .

— ... ?
— А́нна сейча́с чита́ет.

— ... ?
— Нет, у́тром я не отдыха́ю.

— ... ?
— Я? Ничего́ не де́лаю.

— ... ?
— Ве́чером я гуля́ю.

20 읽기

1. 다음 세 텍스트를 읽고 표현을 익히세요.

   1) Э́то наш большо́й банк. Мне нра́вится наш банк. А э́то наш ста́рый дире́ктор. Его́ зову́т Ива́н Петро́вич. Ива́н Петро́вич давно́ рабо́тает здесь.

   2) Э́то мой родно́й го́род. Вот на́ша больша́я гости́ница. Здесь мои́ хоро́шие друзья́. Их зову́т Ви́ктор и Анто́н. Они́ студе́нты, но ве́чером они́ не отдыха́ют. Я зна́ю, что ве́чером, а иногда́ и но́чью они́ рабо́тают здесь.

   3) Э́то на́ши студе́нты. Сейча́с они́ не рабо́тают, потому́ что сейча́с переры́в. Ива́н и А́нна гуля́ют. Анто́н ничего́ не де́лает, он отдыха́ет. Никола́й Миха́йлович то́же отдыха́ет.

2. ⑳의 텍스트 내용에 대해 보기와 같이 질문하세요.

   > 보 기
   >
   > - Что э́то?
   > - Кто э́то?

3. 그림을 보고 텍스트 내용에 대해 이야기하세요.

   > 보 기
   >
   > — Я зна́ю, что э́то. Э́то наш банк.
   >   Я зна́ю, … .

урок восьмо́й | 193

㉑ **문장 만들기**

다음 단어를 이용하여 ⑳과 같이 이야기를 만들어 보세요.

1. э́то, инжене́р, он, заво́д, мой, рабо́тать, здесь, оте́ц, хоро́ший, большо́й, вот

2. друзья́, вот, больша́я, мой, на́ша, сейча́с, чита́ть, э́то, библиоте́ка, студе́нты, они́, университе́тская

3. А́нна и Анто́н, парк, отдыха́ть, ста́рый, сейча́с, э́то, вот, они́, большо́й, здесь

문법 >> **Грамма́тика**　｜　'**по-ру́сски**' 구문

— Вы чита́ете по-ру́сски?

— Да, чита́ю. Я уже́ непло́хо чита́ю по-ру́сски.

кто?	как?	что де́лает?	
Я	хорошо́	чита́ю	по-ру́сски.
Вы	(не)пло́хо	пи́шете	по-коре́йски.
Ви́ктор	немно́го	понима́ет	по-англи́йски.
А́нна и Анто́н	ещё пло́хо	пи́шут	по-францу́зски.

писать I -с-/-ш-				понимать I		
я	пишу́	мы	пи́шем	я	понима́ю	мы	понима́ем
ты	пи́шешь	вы	пи́шете	ты	понима́ешь	вы	понима́ете
он/она́	пи́шет	они́	пи́шут	он/она́	понима́ет	они́	понима́ют

Пиши́!
Пиши́те!

듣기

1. 아래의 텍스트를 듣고 다음 질문에 대답하세요 : *Кто чита́ет по-англи́йски?*

   Ханы́ль чита́ет по-ру́сски. Ха́на пи́шет по-коре́йски.
   А́нна и Анто́н чита́ют по-англи́йски и по-францу́зски.
   Кла́ра не чита́ет и не пи́шет по-коре́йски.

2. 위의 텍스트를 다시 읽고 보기와 같이 서로 대화 연습하세요.

   보 기
   — Кто чита́ет по-ру́сски?

대화 연습하기

다음과 같이 서로 질문하여 대화 연습하세요.

*Вы чита́ете по-ру́сски? Ва́ша подру́га пи́шет по-коре́йски?
Ва́ши друзья́ чита́ют по-францу́зски?*

듣기

1. 아래의 대화를 듣고 유사한 대화를 만드세요.

— Ива́н, ты пи́шешь по-коре́йски?
— Да, пишу́.
— Ты хорошо́ пи́шешь?
— Нет, ещё не о́чень.

— Анто́н, како́й твой родно́й язы́к?
— Ру́сский.
— Зна́чит, ты хорошо́ чита́ешь, пи́шешь и понима́ешь по-ру́сски?
— Коне́чно.
— Скажи́, пожа́луйста, как по-ру́сски «sport»?
— Спорт.

— Ха́на, вы пи́шете по-ру́сски?
— Да, немно́го.
— А Джон?
— Джон непло́хо чита́ет и пи́шет по-ру́сски и уже́ хорошо́ понима́ет.

— Скажи́те, кто здесь чита́ет и́ли пи́шет по-францу́зски?
— Никто́. Здесь никто́ не чита́ет и не пи́шет по-францу́зски.

2. 대화 내용에 대하여 보기와 같이 서로 질문하세요.

보기

Вы зна́ете, как Ива́н пи́шет по-коре́йски? Как Ха́на пи́шет по-ру́сски? Как Джон чита́ет и пи́шет по-ру́сски? Кто чита́ет и пи́шет по-францу́зски?

대화 연습하기

1. 다음 내용에 대해 서로 질문하세요 : *Как ваши друзья читают, пишут, понимают по-русски, по- английски, по-корейски, по-французски?*

2. 보기와 같이 친구들에게 도움을 청하세요.

> 보기
>
> — Скажи́те, пожа́луйста, как по-ру́сски ... ?
> — Скажи́те, пожа́луйста, как по-коре́йски ... ?

대화 연습하기

질문을 이해하지 못하였을 때의 상황입니다.
다음과 같이 서로 대화 연습하세요. 표시된 구문을 익히세요.

— Скажи́те, э́то у́лица Че́хова?
— **Что-что? Повтори́те, пожа́луйста. Я ещё пло́хо понима́ю, потому́ что я иностра́нка.**

— Скажи́те, пожа́луйста, где здесь по́чта?
— **Извини́те, я не понима́ю по-ру́сски. Я иностра́нец.**

대화 >> Диалог   Я читаю по-русски

1. 대화를 들으세요.

Вот небольшо́й кио́ск. Тут но́вые кни́ги, газе́ты, журна́лы, краси́вые откры́тки. Сего́дня у́тром здесь Нури́, Мари́я и Ива́н.

Н у р и:	— Скажи́те, пожа́луйста, ско́лько сто́ит «Но́вая газе́та»?
Продаве́ц:	— 5 рубле́й.
Н у р и:	— Покажи́те, пожа́луйста!
Продаве́ц:	— Пожа́луйста.
Н у р и:	— Я иностра́нец, но я немно́го чита́ю по-ру́сски.
Продаве́ц:	— О́чень прия́тно!

***

М а р и я:	— О! Но́вый журна́л «Мо́да». Покажи́те, пожа́луйста.
Продаве́ц:	— Пожа́луйста! Вы то́же чита́ете по-ру́сски?
М а р и я:	— Нет, я ещё не чита́ю по-ру́сски. Но мне нра́вится э́тот журна́л, потому́ что здесь краси́вые фотогра́фии. И я всё понима́ю.

***

И в а н:	— Скажи́те, пожа́луйста, э́то журна́л «Коре́я»? Э́то но́вый журна́л?
Продаве́ц:	— Да, но́вый.
И в а н:	— Ско́лько сто́ит э́тот журна́л?
Продаве́ц:	— 20 рубле́й.
И в а н:	— Да́йте, пожа́луйста.
Продаве́ц:	— Вы то́же иностра́нец?
И в а н:	— Нет, я ру́сский, но я хорошо́ чита́ю по-коре́йски.

2. 대화를 읽고 다음 질문에 대답하세요 :

Ива́н чита́ет по-коре́йски?

Кто чита́ет по-ру́сски? Как Ива́н чита́ет по-коре́йски?

Мари́я чита́ет по-ру́сски? Како́й журна́л ей нра́вится? Почему́?

3. 대화에 나온 다양한 표현을 이용하여 유사한 대화를 만드세요. 신문, 잡지, 책 등을 살 때 필요한 표현을 사용하세요.

㉗ 그림보며 대화 연습하기

아래의 그림을 이용하여 다음 질문에 대답하세요 :
Анна игра́ет в те́ннис? Что де́лают Анто́н и Ива́н?

단어 Tip

игра́ть I │ в футбо́л
          │ в те́ннис
          │ в пинг-по́нг
          │ в ша́хматы

㉘ 듣기

대화를 듣고 다음 질문에 대답하세요.

Почему́ Ива́н не игра́ет в баскетбо́л?
— Ива́н, почему́ ты не игра́ешь в баскетбо́л?
— Потому́ что я отдыха́ю.

Почему́ Ви́ктор не чита́ет?
— Ви́ктор, почему́ ты не чита́ешь?
— Потому́ что сейча́с переры́в.

Почему Ханыль хорошо пишет по-корейски?
— Ханыль, вы о́чень хорошо́ пи́шете по-коре́йски!
— Да, коне́чно, хорошо́, потому́ что э́то мой родно́й язы́к.

Почему Джон не делает домашнее задание?
— Джон, почему́ ты не де́лаешь дома́шнее зада́ние?
— Потому́ что я чита́ю. О́чень интере́сная кни́га.

Почему Антон не гуляет?
— Анто́н, почему́ ты не гуля́ешь?
— Потому́ что сего́дня хо́лодно.

29 대화 연습하기

서로 질문하여 다음 내용을 알아보세요 :

Почему́ ваш друг (не) отдыха́ет, (не) гуля́ет сейча́с?

Почему́ ваш друг (не) игра́ет в футбо́л, в баскетбо́л, в хокке́й?

ИК-5

Како́е си́нее не́бо!
Како́е тёплое со́лнце!

읽기

대화를 읽고 다양한 억양을 비교하세요.

1. — Какой это город?
   — Это красивый город.

   — Это красивый город?
   — Очень красивый.

   — Какой красивый город!
   — Да, очень красивый.

2. — Какая красивая девушка!
   — Да, очень красивая.

   — Это красивая девушка?
   — Очень красивая.

   — Это красивая девушка?
   — Это красивая девушка.

3. — Какое это море?
   — Это большое море.

   — Это большое море?
   — Очень большое.

   — Какое большое море!
   — Да, очень большое.

4. — Какие это цветы?
   — Это красивые красные цветы.

   — Это красивые цветы?
   — Очень красивые.

   — Какие красивые красные цветы!
   — Да, очень красивые.

텍스트 >> Текст   Измайловский парк

1. **что?**   **когда?**
    осень   осенью
    Сейчас осень.   Осенью парк очень красивый.

2. лист - листья

   Осенью листья очень красивые:
   зелёные, жёлтые, красные.

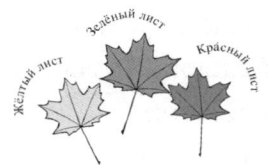

урок восьмой | 201

1. 텍스트를 읽고 다음 질문에 대답하세요 : *Кто гуляет в парке?*

Вот Изма́йловский парк. Москвичи́ зна́ют, како́й э́то парк. Э́то о́чень большо́й ста́рый краси́вый парк. Москвичи́ ча́сто отдыха́ют здесь. Сейча́с о́сень. Хоро́шая тёплая пого́да. О́сенью парк о́чень краси́вый. Вот молодо́й челове́к и симпати́чная де́вушка. Они́ гуля́ют.

— Мне о́чень нра́вится э́тот парк.
— Мне то́же.
— Посмотри́! Каки́е краси́вые ли́стья!
— О́чень краси́вые: жёлтые, зелёные, кра́сные. Како́е си́нее не́бо сего́дня!
— Не́бо си́нее-си́нее, как твои́ глаза́.
— Како́й краси́вый парк!
— Кака́я ты краси́вая!

Посмотри́(те)!

2. 텍스트에 대한 다음 질문에 대답하세요.

   1. Како́й э́то парк?
   2. Кто здесь отдыха́ет?
   3. Каки́е ли́стья о́сенью?
   4. Како́е не́бо сего́дня?
   5. Кака́я пого́да сего́дня?
   6. Кака́я пого́да о́сенью?

3. 위의 사진을 보고 이야기하세요. 다음 단어를 이용하세요 :

   большо́й ста́рый моско́вский парк
   москвичи́ отдыха́ют
   хоро́шая тёплая пого́да
   о́сенью парк о́чень краси́вый
   кра́сные, жёлтые, зелёные ли́стья
   си́нее не́бо
   молоды́е лю́ди гуля́ют

문법 >> Грамматика | 명사의 격 체계

ПАДЕЖИ (격)					
имени́тельный 주격 **(кто? что?)**	Э́то	брат☐ парк☐	сестр а́ у́лиц а		общежи́ти е
роди́тельный 생격 **(кого́? чего́?)**	Здесь нет	брат а па́рк а	сестр ы́ у́лиц ы		общежи́ти я
да́тельный 여격 **(кому́? чему́?)**	звони́т А́нна идёт	брат у по па́рк у	сестр е́ по у́лиц е		по общежи́ти ю
вини́тельный 대격 **(кого́? что?)**	А́нна лю́бит	брат а пар к	сестр у́ у́лиц у		общежи́ти е
твори́тельный 조격 **(с кем? с чем?)**	А́нна живёт ря́дом	с брат ом с па́рк ом	с сестр о́й с у́лиц ей		с общежи́ти ем
предло́жный 전치격 **(о ком? о чём? где?)**	А́нна ду́мает А́нна была́	о бра́т е в па́рк е	о сестр е́ на у́лиц е		об общежи́ти и в общежи́ти и

문법 >> Грамматика | 명사의 전치격(6)

в

Собáка **в** дóме.

Кни́га **в** столé.

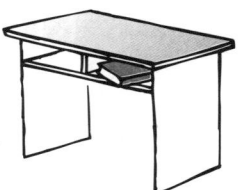

Где письмó?

Письмó в конвéрте.

на

Кóшка **на** кры́ше.

Кни́га **на** столé.

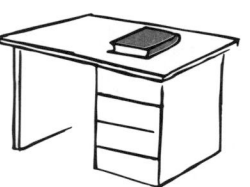

Где мáрка?

Мáрка на конвéрте.

где?		где?	
	на столé		тут/здесь
	на конвéрте		там
	в столé		слéва/спрáва
	в конвéрте		пря́мо
	в дóме		ря́дом
			дóма

그림보며 대화 연습하기

1. 그림을 이용하여 보기와 같이 위치에 대해 질문하세요.

보 기

— Где лáмпа? — Где газéта?
— Лáмпа на столé. — Газéта в столé.

2. 보기와 같이 위의 그림을 이용하여 대화 연습하세요.

> 보 기

— Где кни́га? На столе́?
— Да, на столе́.
  (Нет, в столе́.)

— Где кни́га?
  На столе́ и́ли в столе́?
— Кни́га на столе́.

🎧 그림보며 대화 연습하기

그림을 이용하여 위치에 대해 질문하세요.

문법 >> **Грамматика** | 명사의 전치격(계속)

— Где вы обе́даете?
— В рестора́не.

— Где вы рабо́таете?
— Я рабо́таю в университе́те.

— Где вы рабо́таете?
— Нигде́. Я сейча́с нигде́ не рабо́таю, я студе́нт.

что это? **(1)**　　　　　где? (в, на) **(6)**

	он	она́	оно́
(Э́то) Петербу́рг	в Петербу́рг е		
(Э́то) Кита́ й	в Кита́ е		
(Э́то) слова́р ь	в словар е́		
(Э́то) Москв а́		в Москв е́	
(Э́то) дере́вн я		в дере́вн е	
(Э́то) Росс и́я		в Росс и́и	
(Э́то) пло́щад ь		на пло́щад и	
(Э́то) письм о́			в письм е́
(Э́то) мо́р е			на мо́р е
(Э́то) общежи́т ие			в общежи́т ии

- -□ / -й / -ь ▶ -е
- -а / -я ▶ -е
- -ия ▶ -ии
- -ь ▶ -и
- -о / -е ▶ -е
- -ие ▶ -ии

работать	**Где?** в университе́те в шко́ле в библиоте́ке в ба́нке в магази́не	**Запо́мните!** на заво́де на фа́брике на по́чте, на фи́рме на стадио́не на уро́ке
гуля́ть отдыха́ть	в па́рке	
за́втракать I обе́дать I у́жинать I	в рестора́не в кафе́ до́ма	**Запо́мните!** в столо́вой

발음 Tip

[в]	[ф]
в_университе́те	в_шко́ле
в_институ́те [ы]	в_па́рке
в_магази́не	в_кафе́
в_библиоте́ке	в_столо́вой
в_ба́нке	в_ко́мнате
в_рестора́не	в_теа́тре

문장 만들기

보기와 같이 문장을 만드세요.

Продаве́ц рабо́тает в магази́не.

урок восьмо́й | 207

артист
преподаватель
инженер
служащий
врач
продавец
бизнесмен

в/на

поликлиника
театр
фирма
институт
завод
магазин
банк

34 이야기 연습하기

다음 질문에 대답하세요 :
Скажите, кто ваши родители, друзья? Где они работают?

35 대화 연습하기

다음 질문에 대답하세요. 유사한 내용으로 서로 대화 연습하세요.

Вы отдыхаете дома или в парке? Ваш друг обедает в столовой или в кафе? Ваш отец работает на заводе или на фабрике? Ваши друзья играют в футбол в парке или на стадионе?

36 문장 만들기

다음 단어를 이용하여 보기와 같이 문장을 만드세요 : *в парке, в столовой, на уроке, в библиотеке, дома, в университете, в кафе, на стадионе?*

보 기

Вечером я гуляю в парке.

문법 >> **Грамматика** | 명사의 전치격(계속)

жить I		где?(6)	
я	живу́	в Росси́и	
ты	живёшь	в Москве́	на у́лице Че́хова
он/она́	живёт		на проспе́кте Ми́ра
мы	живём		на пло́щади Гага́рина
вы	живёте	в го́роде	
они́	живу́т	в дере́вне	

— Я живу́ в Москве́.
— Где вы живёте?

발음 Tip

[в]	[ф]
Росси́я - в Росси́и	Коре́я - в Коре́е
А́нглия - в А́нглии	Сеу́л - в Сеу́ле
Аме́рика - в Аме́рике	Петербу́рг - в Петербу́рге
Фра́нция - во Фра́нции	Су́здаль - в Су́здале
Москва́ - в Москве́	Сиби́рь - в Сиби́ри
го́род - в го́роде	
дере́вня - в дере́вне	

37 듣기

대화를 듣고 다음 질문에 대답하세요 : *Где живу́т э́ти лю́ди?*

— Нури́, где ты живёшь?
— Я живу́ в Сеу́ле.

— Ива́н, где живёт твой друг?
— Он живёт в Петербу́рге.

— Где живу́т ва́ши роди́тели?
— Они́ живу́т в Сиби́ри, в Ирку́тске.

㊳ 문장 만들기

보기와 같이 문장을 만드세요.

> **보 기**
>
> Антóн и Áнна ▶ Россúя, Москвá
>
> Антóн и Áнна живýт в Россúи, в Москвé.

Джон ▶ Амéрика, Нью-Йóрк
я ▶ Корéя, Сеýл
ты ▶ Áнглия, Лóндон
мы ▶ Россúя, Иркýтск
вы ▶ Фрáнция, Парúж
мои друзья́ ▶ Сибúрь, Новосибúрск

㊴ 이야기 연습하기

보기와 같이 이야기하세요.

> **보 기**
>
> Моя́ семья́ живёт в Сеýле. Я сейчáс живý в Москвé на ýлице Чéхова, дом 12, квартúра 5.

Мой áдрес в Корéе.

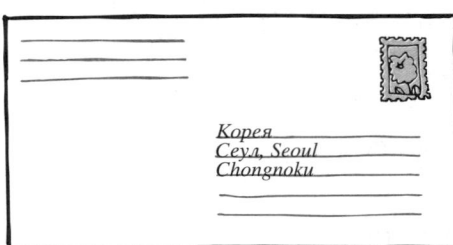

Мой áдрес в Москвé.

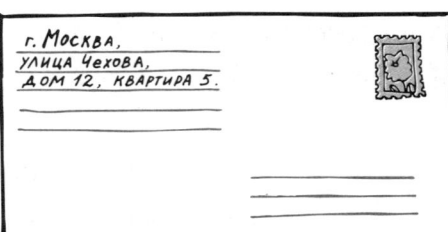

тек스트 >> **Текст** | **Арбат**

1. 텍스트를 읽고 다음 질문에 대답하세요: *Что такое Арбат?*

НА АРБА́ТЕ

Вот Арба́т. Э́то о́чень ста́рая краси́вая моско́вская у́лица. Там интере́сные вы́ставки, музе́и, теа́тры, ле́тние кафе́, дороги́е магази́ны и рестора́ны. Ка́ждый день здесь рабо́тают моско́вские худо́жники. Вот их карти́ны, ру́сские сувени́ры, краси́вые матрёшки. На Арба́те гуля́ют и отдыха́ют москвичи́ и иностра́нные тури́сты. Сего́дня Джон то́же гуля́ет и отдыха́ет здесь.

А Э́ТО КАФЕ́ НА АРБА́ТЕ

П р о д а в е́ ц : — Сок, ко́фе и́ли чай?
Д ж о н : — Чёрный ко́фе! Мо́жно?
П р о д а в е́ ц : — Коне́чно!
Д ж о н : — Пожа́луйста, ко́фе и моро́женое.
П р о д а в е́ ц : — Пожа́луйста.
Д ж о н : — Большо́е спаси́бо. Мне о́чень нра́вится моско́вское моро́женое.

КАКО́Е КРАСИ́ВОЕ СТА́РОЕ ЗДА́НИЕ!

— Извини́те, я иностра́нец. Скажи́те, пожа́луйста, вы не зна́ете, что э́то?
— Э́то дом-музе́й Пу́шкина, о́чень интере́сный музе́й.
— О! Мне нра́вится Арба́т. Здесь интере́сные музе́и, теа́тры, вы́ставки. Скажи́те, а где здесь метро́?
— Вон там, спра́ва, бу́ква «М». Э́то метро́.
— Спаси́бо.

Вот большо́е краси́вое зда́ние.
Вот бу́ква «М».
— Э́то метро́. Мне нра́вится моско́вское метро́, - говори́т Джон.
— Что вы! Э́то не метро́! Э́то кафе́ Макдо́налдс. Метро́ да́льше.

2. 텍스트에 대하여 질문에 대답하세요.

1) Где Арба́т? В Москве́ и́ли в Петербу́рге?
2) Скажи́те, кака́я э́то у́лица?
3) Каки́е вы́ставки, музе́и, теа́тры, кафе́ и магази́ны на Арба́те?
4) Кто гуля́ет на Арба́те?
5) Кто ка́ждый день рабо́тает на Арба́те?
6) Как вы ду́маете, Джон зна́ет, где метро́?
7) Что вам нра́вится в Москве́?
8) Где вы гуля́ете и отдыха́ете в Москве́?

3. 다음 단어를 이용하여 Арбат 거리에 대해 이야기하세요 :

ста́рая моско́вская у́лица
интере́сные вы́ставки
музе́и, теа́тры
ле́тние кафе́

дороги́е магази́ны
худо́жники рабо́тают
москвичи́ отдыха́ют
иностра́нные тури́сты гуля́ют

대화 >> **Диалог** | Где это находится?

단어 Tip

Что? находится где?

— Вы зна́ете, где нахо́дится Кремль?
— Кремль нахо́дится в Москве́, в це́нтре.
— А где нахо́дятся Большо́й теа́тр, Истори́ческий музе́й, магази́н ГУМ?
— Они́ то́же нахо́дятся в це́нтре.

1. 대화를 듣고 다음 질문에 대답하세요 : *Что де́лает Ива́н в Петербу́рге?*

И в а н:	— Здра́вствуй, А́нна! Э́то ты?
А н н а:	— Здра́вствуйте, кто э́то?
И в а н:	— Э́то Ива́н.
А н н а:	— Приве́т, Ива́н! Где ты сейча́с?
И в а н:	— Я сейча́с в Петербу́рге.
А н н а:	— А что ты там де́лаешь?
И в а н:	— Рабо́таю.
А н н а:	— Рабо́таешь? Где ты рабо́таешь? Я зна́ю, что ты рабо́таешь в Москве́.
И в а н:	— Сейча́с я рабо́таю в Петербу́рге, в журна́ле «Нева́».
А н н а:	— А где ты живёшь в Петербу́рге?
И в а н:	— В гости́нице.
А н н а:	— В гости́нице «Прибалти́йская»?
И в а н:	— Нет, я живу́ в гости́нице «Моско́вская».
А н н а:	— Ну и как? Тебе́ нра́вится э́та гости́ница?

И в а н:	– Да, о́чень удо́бная и недорога́я.
А н н а:	– Где она́ нахо́дится?
И в а н:	– Она́ нахо́дится в це́нтре. И рабо́таю я то́же в це́нтре.
А н н а:	– Э́то хорошо́.
И в а н:	– А что ты сейча́с де́лаешь?
А н н а:	– Ничего́. Я сего́дня отдыха́ю.
И в а н:	– А Анто́н? Ты не зна́ешь, где он?
А н н а:	– Он то́же отдыха́ет сего́дня. Я ду́маю, что он сейча́с на стадио́не.
И в а н:	– Игра́ет в те́ннис?
А н н а:	– Как обы́чно.
И в а н:	– Ну, хорошо́, А́нна, до свида́ния!
А н н а:	– До свида́ния, до встре́чи!

> Ну и как?
> Как обы́чно.
> До встре́чи!

2. 위의 대화내용에 대하여 질문에 대답하세요.

   1. Где сейча́с рабо́тает Ива́н?
   2. Он живёт в гости́нице Прибалти́йская? Где он живёт?
   3. Ему́ нра́вится э́та гости́ница? Почему́?
   4. Где нахо́дится э́та гости́ница?
   5. Как вы ду́маете, где сейча́с А́нна?
   6. Что сейча́с де́лает А́нна?
   7. Где сейча́с Анто́н? Что он де́лает?

3. 안나가 이반에 대해서 무엇을 알게 되었나요?
   이렇게 시작하세요 : А́нна зна́ет, что Ива́н сейча́с…

4. А́нна와 Анто́н에 대해 이야기하세요.

5. 여러분의 친구에 대해 이야기하세요.

총정리 문제 >> **Обобщение**

1. 보기와 같이 문장을 만드세요.

> **보기**
>
> Кра́сная пло́щадь ▶ Москва́.
> Кра́сная пло́щадь нахо́дится в Москве́.

Воро́та Дондему́н ▶ Сеу́л
Ру́сский музе́й и Эрмита́ж ▶ Петербу́рг
Большо́й теа́тр ▶ Москва́, це́нтр
Ирку́тск ▶ Сиби́рь
Москва́, Петербу́рг, Ирку́тск ▶ Росси́я

2. 모든 인칭으로 동사를 변화시키세요.

Я пишу́ письмо́ по-коре́йски. Ты... Он...
Я не понима́ю по-испа́нски.
У́тром я за́втракаю до́ма.
Ве́чером я игра́ю в ша́хматы.
Я живу́ в Москве́.

3. 질문에 맞는 대답을 찾으세요.

Почему́... ? ▶ Потому́ что...

> **보기**
>
> Ви́ктор сейча́с не гуля́ет. ▶ Сейча́с уро́к.
>
> — Почему́ Ви́ктор сейча́с не гуля́ет?
> — Потому́ что сейча́с уро́к.

Почему́ ... ?	**Потому́ что ...**
1) Анто́н не рабо́тает.	• Они́ сейча́с отдыха́ют.
2) Ха́на сего́дня не гуля́ет.	• Сего́дня хо́лодно.
3) Вы игра́ете в футбо́л.	• Сейча́с переры́в.
4) Кла́ра и А́нна ничего́ не де́лают.	• Она́ иностра́нка.
5) Мари́я пло́хо понима́ет по-ру́сски.	• Мне нра́вится э́та игра́.

4. 다음 문장의 각 단어에 대해 보기와 같이 질문과 대답을 만드세요.

> **보 기**
>
> Сейча́с⁵ я¹ пишу́² письмо́³ по-англи́йски⁴.
>
> 1) - Кто пи́шет письмо́?
>   - Я.
> 2) - Что ты де́лаешь?
>   - Пишу́.
> 3) - Что ты пи́шешь?
>   - Письмо́.
> 4) - Ты пи́шешь письмо́ по-англи́йски?
>   - Да, по-англи́йски.
> 5) - Когда́ ты пи́шешь письмо́?
>   - Сейча́с.

Ве́чером мы чита́ем но́вые расска́зы.

Днём молодо́й челове́к и де́вушка обе́дают в рестора́не.

Мой оте́ц рабо́тает на заво́де.

단어사전 >> Словарь

- баске́тбол 농구
- всё 모든 것
- гуля́ть(I, СВ)(где?) 산책하다
- да́льше 계속
- де́лать(I, НСВ)(что?) - сде́лать(I, СВ)(что?) 하다
- дере́вня 시골, 마을
- дом-музе́й 집-박물관
- дома́шний(-яя, -ее, -ие) 가정의
- жёлтый(-ая, -ое, -ые) 노란색의
- жить(I, НСВ)(где?) 살다
- за́втракать(I, НСВ)(чем?) поза́втракать(I, СВ) 아침식사하다
- зада́ние 숙제, 과제
- зелёный(-ая, -ое, -ые) 초록색의
- игра́ 놀이, 게임
- игра́ть(I, НСВ)(где? во что?) 놀다
- игра́ть в футбо́л 축구하다
- игра́ть в те́ннис 테니스 치다
- игра́ть в ша́хматы 체스를 두다
- иностра́нец 외국인(남)
- иностра́нка 외국인(여)
- иностра́нный(-ая, -ое, -ые) 외국의
- ка́ждый(-ая, -ое, -ые) 매, 마다
- ка́ждый день 매일
- кафе́ 카페
- кварти́ра 아파트
- ко́шка 고양이(암컷)
- кры́ша 지붕
- ле́тний(-яя, -ее, -ие) 여름의
- лист 나뭇잎
- находи́ться(II, НСВ)(где?) 위치하다
- немно́го 조금
- непло́хо 나쁘지 않게, 나쁘지 않다
- нигде́ 아무데도
- но́мер 번호
- обе́дать(I, НСВ)(где?) 점심식사하다
- отдыха́ть(I, НСВ)(где?) 쉬다
- пинг-по́нг 탁구
- писа́ть(I, НСВ)(что?) 쓰다

단어사전 >> Словарь

- по-англи́йски 영어로
- по-испа́нски 스페인어로
- по-кита́йски 중국어로
- по-коре́йски 한국어로
- понима́ть(I, НСВ)(что? кого?)
  이해하다
- по-ру́сски 러시아어로
- по-францу́зски 프랑스어로
- прибалти́йский(-ая, -ое, -ие)
  발틱해 연안의
- продаве́ц 판매원
- рабо́тать(I, НСВ)(где?) 일하다
- ря́дом 근처에
- симпати́чный(-ая, -ое, -ые)
  매력있는
- слу́жащий 공무원
- те́ннис 테니스
- удо́бный(-ая, -ое, -ые) 편리한
- у́жинать(I, НСВ)(чем?) —
  поу́жинать(I, СВ) 저녁식사하다
- университе́тский(-ая, -ое, -ие)
  대학교의
- факульте́т 학부
- фи́рма 회사
- фотоаппара́т 사진기
- фотогра́фия 사진
- футбо́л 축구
- хокке́й 하키
- худо́жник 화가
- цветы́ 꽃들
- ча́сто 종종, 자주
- чёрный(-ая, -ое, -ые) 검은
- чита́ть(I, НСВ)(что?) —
  прочита́ть(I, СВ) 읽다
- ша́хматы 체스

단어사전 〉〉 **Словарь**

- Джо 죠(남자 이름)
- Кла́ра 클라라(여자 이름)
- Мари́я 마리야(여자 이름)
- Ива́н Анто́нович
  이반 안또노비치(남자 이름과 부칭)

- А.С. Пу́шкин 뿌쉬낀(러시아 시인)

- А́нглия 영국
- Аме́рика 미국
- Фра́нция 프랑스

- Ирку́тск 이르꾸쯔끄(러시아의 도시)
- Ло́ндон 런던
- Нева́ 네바(러시아의 강 이름)
- Новосиби́рск
  노보시비르스끄(러시아의 도시)
- Нью-Йо́рк 뉴욕
- Пари́ж 파리(프랑스의 도시)
- Сиби́рь [여] 시베리아
- Су́здаль [남] 수즈달(러시아의 도시)

- ГУМ 《굼》 국영백화점
- Дом-музе́й Пу́шкина
  뿌쉬낀 박물관
- Истори́ческий музе́й 역사 박물관
- Пло́щадь Гага́рина 가가린 광장
- Проспе́кт Ми́ра 평화 대로
- Ру́сский музе́й 러시아 박물관
- Эрмита́ж 에르미따쥐 박물관

urok восьмой | 219

단어사전 >> Словарь

- **До встре́чи!**
  안녕히 계세요! 안녕히 가세요! (헤어질 때 인사)
- **Запо́мните!** 기억하세요!
- **Как обы́чно.** 보통때처럼
- **Ничего́ не де́лаю.**
  아무것도 하지 않는다
- **Ну и как?** 어때?
- **Что́ вы!** 별 말씀을! 무슨 말씀이세요.

60 – шестьдеся́т
70 – се́мьдесят
80 – во́семьдесят
90 – девяно́сто
100 – сто

- **падежи́ имён существи́тельных** 명사의 격
- **имени́тельный паде́ж** 주격
- **роди́тельный паде́ж** 생격
- **да́тельный паде́ж** 여격
- **вини́тельный паде́ж** 대격
- **твори́тельный паде́ж** 조격
- **предло́жный паде́ж** 전치격

- **глаго́л** 동사
- **времена́ глаго́лов** 동사의 시제
- **настоя́щее вре́мя** 현재
- **проше́дшее вре́мя** 과거
- **бу́дущее вре́мя** 미래
- **спряже́ние** 동사 인칭 변화
- **I – пе́рвое спряже́ние глаго́ла** 1식 변화

Урок девятый

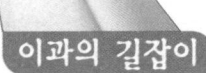

| ※핵심 포인트 | – Вы говорите по-русски?
– Да, немного.
– Кого ты ждёшь?
– Подругу.
– Что ты купил?
– Цветы.
– Где можно купить билет?
– Билет можно купить в кассе. |

- 회화 포인트 Алло! Слушаю Вас!
  Добрый день!
  С удовольствием!
  Не курите здесь, пожалуйста.
  Век живи - век учись.
  Извините, я вас не понимаю.
  Мы хорошо понимаем друг друга.

- 발음 포인트 억양 유형의 구별
  강세에 따른 단어의 발음
  전치사를 포함한 표현의 발음

- 문법 포인트 동사의 2식 인칭 변화
  «-СЯ»동사 (재귀동사)의 인칭 변화
  목적어를 의미하는 명사와 인칭대명사의 대격
  НИКОГО, НИЧЕГО 부정대명사
  ЛЮБИТЬ 동사의 사용법
  УЧИТЬ, УЧИТЬСЯ 동사의 비교
  ПОЭТОМУ 접속사를 이용한 복문
  ГДЕ МОЖНО+ 동사의 원형 구문

발음 〉〉 **Фонетика**

❶ 듣고 따라하기

다음을 따라 읽으면서 지난 과에서 배운 내용을 복습하세요.

1. ру́сский язы́к — чита́ю по-ру́сски
   францу́зский язы́к — пишу́ по-францу́зски
   коре́йский язы́к — понима́ю по-коре́йски
   англи́йский язы́к — понима́ю и чита́ю по-англи́йски

2.
   2 — 12 — 22   6 — 16 — 26 — 66
   3 — 13 — 23 — 33   7 — 17 — 27 — 77
   4 — 14 — 24 — 44   8 — 18 — 28 — 88
   5 — 15 — 25 — 55   9 — 19 — 29 — 99

3.

[в]		[ф]	
рабо́таю	в банке	отдыха́ю	в теа́тре
	в аудито́рии		в ци́рке
живу́	в общежи́тии	гуля́ю	в па́рке
учу́сь	в университе́те	обе́даю	в столо́вой
	в Москве́	живу́	в Сеу́ле
	в Росси́и		в Коре́е

❷ 강세 유형별로 읽기

강세 유형별로 단어를 읽으세요.

рýсский рýсская корéец корея́нка
англича́нка
англича́нин

францýз францýженка америкáнец
америкáнка

❸ 강세 유형별로 읽기

다음 단어를 읽고 강세를 표시하세요.

обедает, гуляю, знаем, думаете, работаешь, читают, отдыхаю, играем, пишу, делает, понимаем

❹ 듣고 따라하기

문장을 듣고 따라하세요. 마지막 두 문장을 외우고 노트에 적으세요.

читáю по-рýсски ➡ я читáю по-рýсски ➡
я неплóхо читáю по-рýсски ➡
я ужé неплóхо читáю по-рýсски ➡
Сейчáс я ужé неплóхо читáю по-рýсски. ➡
Сейчáс я ужé неплóхо читáю по-рýсски. Мне нрáвится рýсский язы́к.

понима́ешь? ➡ понима́ешь по-францу́зски? ➡
Ты понима́ешь по-францу́зски? ➡
Ты хорошо́ понима́ешь по-францу́зски? ➡
Ты уже́ хорошо́ понима́ешь по-францу́зски? ➡
Ты уже́ хорошо́ понима́ешь по-францу́зски? Скажи́, пожа́луйста, как по-францу́зски «спорт»?

пи́шут ➡ пи́шут по-коре́йски ➡ Они́ пи́шут по-коре́йски.
Они́ пло́хо пи́шут по-коре́йски. ➡
Они́ ещё пло́хо пи́шут по-коре́йски. ➡
Они́ ещё пло́хо пи́шут по-коре́йски. Коре́йский язы́к о́чень тру́дный.

игра́ем ➡ игра́ем в футбо́л ➡ мы игра́ем в футбо́л ➡
Мы ка́ждый день игра́ем в футбо́л. ➡
Мы ка́ждый день игра́ем в футбо́л в па́рке. ➡
Мы ка́ждый день игра́ем в футбо́л в па́рке. Мне нра́вится футбо́л.

❺ 읽기

맞는 억양으로 문장을 읽으세요.

Э́то интере́сные расска́зы?
Э́то интере́сные расска́зы.
Каки́е интере́сные расска́зы!

Сего́дня хоро́ший день?
Сего́дня хоро́ший день.
Како́й сего́дня хоро́ший день!

Кака́я де́вушка са́мая симпати́чная?
Э́та де́вушка са́мая симпати́чная.
Кака́я симпати́чная де́вушка!

❻ 대화 연습하기

다음 대화를 읽고 익힌 후 유사한 대화를 만드세요.

- Антóн, что ты дéлаешь?
- Сейчáс ничегó не дéлаю, отдыхáю

- Кто знáет, где Вúктор?
- Я знáю. Он игрáет в футбóл на стадиóне.

- Где живýт твоú родúтели? В Сеýле úли в Бусáне?
- Онú живýт в Сеýле.

- Вам нрáвится москóвское морóженое?
- Да, óчень.
- Мне тóже нрáвится, óчень вкýсное.

❼ 빈 칸 채우기

대답에 맞는 질문을 쓰세요.

- … ?
- Мой отéц рабóтает в бáнке.

- … ?
- Потомý что мне нрáвится э́та игрá.

- … ?
- Да, я немнóго пишý по-англúйски.

- … ?
- Никтó не знáет, где Антóн.

- … ?
- Извинúте, я плóхо понимáю по-рýсски, я иностáнец.
- … ?

⑧ 듣기

대화를 듣고 질문에 대답하세요 : *Как вы думаете, где находятся эти люди?*

— Скажи́те, пожа́луйста, ско́лько сто́ит молоко́?
— 10 рубле́й.
— Да́йте, пожа́луйста.

— Вы не зна́ете, где сейча́с Кла́ра?
— Я ду́маю, что она́ сейча́с в общежи́тии.

— Скажи́те, пожа́луйста, како́е э́то метро́?
— Э́то метро́ "Театра́льная".
— Спаси́бо.

— Каки́е краси́вые ли́стья!
— Да, о́сенью парк о́чень краси́вый.

— Ваш биле́т, пожалуйста!
— Пожа́луйста.

— Это Большо́й теа́тр? Како́е краси́вое зда́ние!

문법 >> **Грамматика** | 동사의 II식 변화

— Ты говори́шь по-коре́йски?
— Нет, не говорю́

— Вы говори́те по-ру́сски?
— Говорю́.

знать I		I	
я	зна́ю		-у / -ю
ты	зна́ешь		шь
он/она́	зна́ет	-е	т
мы	зна́ем		м
вы	зна́ете		те
они́	зна́ют		-ут / -ют

говори́ть II		II	
	говорю́		-у / -ю
	говори́шь		шь
	говори́т	-и	т
	говори́м		м
	говори́те		те
	говоря́т		-ат / -ят
	Говори́!		
	Говори́те!		

❾ 유형별로 나누기

다음 동사를 인칭 변화 유형별로 나누고, 인칭 변화시키세요.

знать, говори́ть, ду́мать, чита́ть, кури́ть, понима́ть, отдыха́ть, рабо́тать, звони́ть, писа́ть, де́лать.

❿ 문장 만들기

다음 문장을 모든 인칭에 대하여 변화시키세요.

Я хорошо́ говорю́ по-коре́йски. Ты … .
Я звоню́ домо́й. Ты … .
Я не курю́ в ко́мнате. Ты … .

단어 Tip

кури́ть II	звони́ть II
Не кури́!	Звони́!
Не кури́те!	Звони́те!

⓫ 듣기

대화를 듣고 질문에 대답하세요 : *Кто говорит по-русски, по-коре́йски, по-ара́бски?*

— Скажи́те, Анто́н говори́т по-ру́сски?
— Коне́чно, говори́т. Э́то его́ родно́й язы́к.

— Кла́ра, ты говори́шь по-коре́йски?
— Да, я немно́го говорю́ по-коре́йски.
— А по-англи́йски?
— Нет, не говорю́.

— Кто говори́т по-ара́бски?
— Никто́ не говори́т.

⓬ 대화 연습하기

다음 단어를 이용하여 서로 서로 질문하세요 : *говорить, по-русски, по-английски, по-корейски, по-французски, по-арабски?*

⑬ 그림보며 대화 연습하기

그림을 이용하여 보기와 같이 이야기하세요.

Антóн
рýсский

Áнна
рýсская

коре́ец
америка́нец
францу́з
англича́нин

коре́янка
америка́нка
францу́женка
англича́нка

보 기

Это Антóн. Он рýсский. Я дýмаю, что он хорошó говори́т по-рýсски, потомý что э́то его́ родно́й язы́к.

Жан   Кла́ра

Нури́   Ха́на

Джон   Мари́я   Том   Джейн

⑭ 이야기 연습하기

질문에 대답하세요 : *Кто вы и на каком языке вы говорите?*

урок девятый | **229**

문법 >> Грамматика | учи́ться 동사

– Где ты у́чишься?
– В шко́ле.

– Вы рабо́таете и́ли у́читесь?
– Я учу́сь в университе́те.

	[учиц:а] учи́ться II		где? (6)
я	уч у́ сь	-сь	в университе́те
ты	у́ч ишь ся		в институ́те
он/она́	у́ч ит ся		в шко́ле
мы	у́ч им ся		
вы	у́ч ите сь	-сь	
они́	у́ч ат ся		
	Учи́сь!		
	Учи́тесь!		

Век живи́ – век учи́сь.

⓵⑤ 듣기

아래의 대화를 듣고 다음 질문에 대답하세요 : *Кто, где учится или работает?*

— Антóн, где ты ýчишься?
— Я учýсь в Москвé, в университéте.

— Джон, где ýчится твоя́ сестра́ Лóра?
— Она́ ýчится в шкóле. Она́ ещё ма́ленькая.

— Хани́ль, где ýчатся твои́ друзья́?
— Они́ не ýчатся, они́ рабóтают на завóде.

⓵⑥ 대화 연습하기

보기와 유사한 대화를 만드세요.

보 기

— Кла́ра, твой ста́рший брат ýчится и́ли рабóтает?
— Он рабóтает.
— А где он рабóтает?
— Он рабóтает в университéте. Он преподава́тель.

⓵⑦ 그림보며 대화 연습하기

1. 그림을 이용하여 보기와 같이 이야기하세요.

보 기

Джон сейча́с в университéте. Он здесь ýчится.

урок девятый | **231**

2. 위의 그림을 이용하여 보기와 같이 대화 연습하세요.

보 기

– Здра́вствуйте, скажи́те, пожа́луйста, Ви́ктор до́ма?
– Нет. Он сейча́с гуля́ет в па́рке.

문법 >> **Грамматика** | 명사의 대격

— Кого́ ты зна́ешь на фотогра́фии?
— Я зна́ю Ви́ктора и А́нну.

— Ива́н, что Вы чита́ете?
— Я чита́ю газе́ту "Спорт".

— Я Вас люблю́!

— Кого́ ты ждёшь, Та́ню?
— Нет, сего́дня я жду Ве́ру.

Кто это? (1)	Кого́? (4)		
Это Анто́н☐.	Ви́ктор зна́ет	Анто́на (его)	А́нну (её)
Андре́й.		Андре́я	Мари́ю
учи́тель.		учи́теля	
А́нна.		☐ ▶ -а	-а ▶ -у
Мари́я.		-й/-ь ▶ -я	-я ▶ -ю

уро́к девя́тый | **233**

Что это?(1)	Что? (4)	
	(единственное число)	(множественное число)
Это Петербург.	Виктор знает Петербург (его)	Москву (её) эти города
город.	этот город	эту улицу (её) эти улицы
здание.	это здание	эту деревню (её) эти здания
Москва.		
улица.	4 = 1	-а ▶ -у
деревня.		-я ▶ -ю 4 = 1
		-ь ▶ -ь

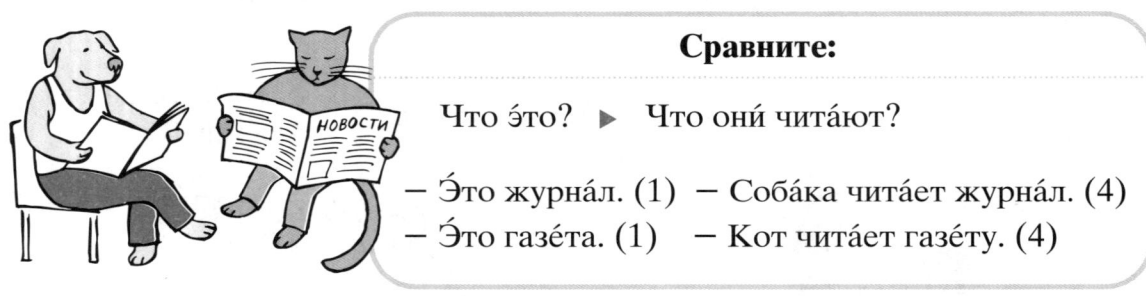

Сравните:

Что это? ▶ Что они читают?

— Это журнал. (1)   — Собака читает журнал. (4)
— Это газета. (1)   — Кот читает газету. (4)

Обратите внимание!

	кого? (4)	что?(4)	кто (1) это?	кого(4) знает Ира?
Я знаю	Виктора	Москву	я	меня
люблю	брата и сестру	природу	ты	тебя
понимаю	преподавателя	текст	он	его
жду	подругу	автобус	она	её
читаю		газету	мы	нас
пишу		письмо	вы	вас
повторяю		стихи	они	их

⑱ 읽기

텍스트를 읽고 내용에 대해 이야기하세요.

Э́то Сеу́л. Я живу́ в Сеу́ле. Я хорошо́ зна́ю Сеу́л и люблю́ его́.

Э́то Москва́. Я живу́ в Москве́. Я хорошо́ зна́ю Москву́ и люблю́ её.

Э́то мой друг Анто́н. Я хорошо́ зна́ю Анто́на и люблю́ его́.

Э́то моя́ подру́га А́нна. Я хорошо́ зна́ю А́нну и люблю́ её.

люби́ть II (-б-/-бл-)		кого? что? (4)
я	люблю́	спорт
ты	лю́бишь	му́зыку
он/она́	лю́бит	приро́ду
мы	лю́бим	
вы	лю́бите	
они́	лю́бят	

урок девятый | 235

⑲ 읽기

문장을 읽고 다음 질문에 대답하세요 : *Кто что делает и почему?*

Áнна пи́шет письмо́. Сейча́с она́ живёт и у́чится в Москве́. Она́ у́чит англи́йский язы́к. Её роди́тели живу́т в Испа́нии. Они́ рабо́тают там.

* * *

Ива́н Анто́нович рабо́тает в ба́нке. Обы́чно у́тром он чита́ет газе́ту «Коммерса́нт». Ему́ нра́вится э́та газе́та. Он говори́т, что она́ о́чень интере́сная.

* * *

Меня́ зову́т О́льга. Мой друг - молодо́й поэ́т. Но́чью он ча́сто пи́шет стихи́. У́тром он звони́т по телефо́ну и чита́ет их. Я слу́шаю его́ стихи́ и повторя́ю их. Мне нра́вятся его́ стихи́.

* * *

Сейча́с И́ра ничего́ не де́лает, ничего́ не чита́ет, ничего́ не пи́шет, ничего́ не у́чит, ничего́ не повторя́ет. Она́ отдыха́ет.

повторя́ть I		что? (4)
я	повторя́ю	текст
ты	повторя́ешь	пе́сню
он/она́	повторя́ет	стихи́
мы	повторя́ем	
вы	повторя́ете	
они́	повторя́ют	
	Повторя́й!	
	Повторя́йте!	

⑳ 대화 연습하기

⑲의 내용에 대해 서로 묻고 답하면서 대화 연습하세요.

그림보며 대화 연습하기

1. 그림을 이용하여 보기와 같이 다음 질문에 대답하세요 :
   Как вы думаете, что делают эти люди?

   보 기
   — Я ду́маю, что э́та де́вушка пи́шет письмо́.

2. 다음 질문을 이용하여 그림에 대해 대화하세요.
   Кто это? Как его (её) зову́т? Что он (она) де́лает? Где? Когда́? Почему́?

듣기

대화를 듣고 다음 질문에 대답하세요 :
Скажи́те, что вы узна́ли об Анто́не и Ви́кторе?

— Ви́ктор, где у́чится твой брат Анто́н?
— Анто́н у́чится в университе́те.
  Он у́чит англи́йский и коре́йский языки́.

— Ви́ктор, где ты у́чишься?
— В университе́те.
— Что ты у́чишь сейча́с?
— Фи́зику.

учи́ть II		что? (4)
я	учу́	слова́
ты	у́чишь	стихи́
он/она́	у́чит	грамма́тику
мы	у́чим	ру́сские
вы	у́чите	глаго́лы
они́	у́чат	
	Учи́!	
	Учи́те!	

урок девя́тый | **237**

учу́сь где? (6)	учу́ что? (4)
в университе́те	ру́сский язы́к
в институ́те	литерату́ру
в шко́ле	исто́рию
на факульте́те	стихи́

㉓ 응용하기

다음 질문에 대답하여 учить-учиться 동사를 익히세요.

Где учитесь вы (ваш друг, подруга)? Что вы (ваш друг, подруга) учите?

㉔ 맞는 단어 찾기

문장에 맞는 동사를 선택하세요.

Моя́ сестра́ … стихи́. Она́ ещё ма́ленькая.
Она́ … в шко́ле.
- у́чится
- у́чит

Нури́ и Ха́на … в Москве́.
Они́ … ру́сский язы́к.
- у́чатся
- у́чат

Я студе́нт. Я … в МГУ. Я … коре́йский язы́к и литерату́ру. Сейча́с я … грамма́тику.
- учу́сь
- учу́

㉕ 빈 칸 채우기

빈칸에 대해 질문하세요. 질문에 대답하여 문장을 보완하세요.

Я учу́сь в … . Я уже́ давно́ учу́ … . Я уже́ … говорю́ и чита́ю по-англи́йски. А мой друг у́чит … язы́к. Он … говори́т по-францу́зски и чита́ет … газе́ты и журна́лы.

26 대화 연습하기

다음 내용에 대해 보기와 같은 짧은 대화를 만드세요 :

*Что они читают
(роман, газету, статью, журнал)?
Что они учат
(слова, стихи, грамматику,
английский язык, русский язык)?
Что они пишут (рассказ, письмо,
домашнее задание, слова)?*

보기
— Антóн, что ты читáешь? Газéту?
— Нет, журнáл «Спорт».

— Клáра, что ты у́чишь? Стихи́?
— Нет, я учу́ нóвые словá.

27 읽기

아래 문장을 읽고 다음 질문에 대답하세요 : *Какой язык учит Иван? Как он говорит по-английски? Он хорошо понимает по-английски?*

Ивáн у́чит англи́йский язы́к. Он ужé хорошó говори́т и понимáет по-англи́йски.

Клáра немнóго знáет корéйский язы́к. Онá неплóхо понимáет и говори́т по-корéйски, но пи́шет ещё плóхо.

Хáна ещё не говори́т по-ру́сски. Онá у́чит ру́сский язы́к недáвно.

Ви́ктор знáет францу́зский язы́к. Он читáет францу́зские ромáны. Сейчáс он читáет ромáн Дюмá по-францу́зски.

28 대화 연습하기

27의 주인공들에 대해 다양한 질문을 하여 대화 연습하세요.

урок девятый | **239**

	как?		что? (4)
говорю́	по-ру́сски		ру́сский язы́к
понима́ю	по-англи́йски	зна́ю	англи́йский язы́к
чита́ю	по-кита́йски	учу́	матема́тику
пишу́	по-францу́зски		но́вые слова́

텍스트 >> **Текст** | **Ива́н журнали́ст**

1. 텍스트를 읽고 다음 질문에 대답하세요 : *Каки́е стихи́ лю́бит чита́ть Ива́н?*

Ива́н журнали́ст. Его́ родно́й язы́к ру́сский. Но он хорошо́ зна́ет англи́йский язы́к. Ива́н непло́хо говори́т по-англи́йски и чита́ет англи́йские газе́ты и журна́лы. А сейча́с он у́чит коре́йский язы́к, потому́ что он рабо́тает в Коре́е. Он уже́ немно́го понима́ет по-коре́йски. До́ма Ива́н повторя́ет но́вые коре́йские слова́, пи́шет коре́йские бу́квы и чита́ет коре́йские стихи́. Ива́н говори́т, что коре́йский язы́к - э́то тру́дный язы́к, но интере́сный. Он говори́т: «Мне нра́вятся коре́йские стихи́, и я ча́сто чита́ю э́ти стихи́ по-коре́йски. А ещё я ча́сто слу́шаю коре́йские пе́сни и смотрю́ коре́йские фи́льмы».

2. 위의 텍스트에 대해 대답하세요.

1) Кто Ива́н?
2) Како́й язы́к он хорошо́ зна́ет?
3) Что он чита́ет по-англи́йски?
4) Како́й язы́к он у́чит сейча́с? Почему́?
5) Как он у́чит э́тот язы́к? Что он де́лает?
6) Что говори́т Ива́н?

3. 다음 질문에 대답하여 자신에 대해 이야기하세요.

1) Кто вы? Как вас зову́т?
2) Где вы у́читесь?
3) Како́й язы́к вы зна́ете?
4) Како́й язы́к вы у́чите?
5) Как вы ду́маете, ру́сский язы́к тру́дный?
6) Как вы у́чите ру́сский язы́к? Что вы де́лаете?

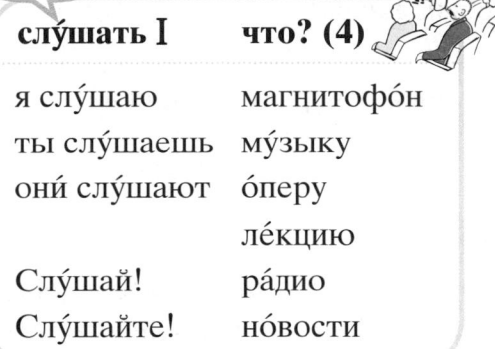

слу́шать I	что? (4)	смотре́ть II	что? (4)
я слу́шаю	магнитофо́н	я смотрю́	телеви́зор
ты слу́шаешь	му́зыку	ты смо́тришь	бале́т
они́ слу́шают	о́перу	они́ смо́трят	фильм
	ле́кцию		футбо́л
Слу́шай!	ра́дио	Смотри́!	програ́мму
Слу́шайте!	но́вости	Смотри́те!	«Но́вости»
			мультфи́льмы

слу́шать ра́дио
смотре́ть телеви́зор ▶ слу́шать му́зыку
смотре́ть фильм **по** ра́дио
телеви́зору

문장 만들기

빈칸을 채워 문장을 완성하세요.

Ка́ждый день я слу́шаю «Но́вости» по ра́дио. Ка́ждый день ты ...
Я ча́сто смотрю́ футбо́л по телеви́зору. Ты ча́сто ...

30 듣기

1. 다음 대화를 듣고 질문에 대답하세요 : *Хана слушает русское радио? Почему? Что смотрит Джон? Почему?*

   — Хáна, вы слýшаете рýсское рáдио?
   — Нет, не слýшаю.
   — Почемý?
   — Потомý что я ещё плóхо понимáю по-рýсски.

   — Джон, что ты смóтришь?
   — Баскетбóл. Óчень интерéсная игрá!
   — А кто игрáет?
   — Рýсская комáнда и америкáнская игрáют в Москвé.
   — Давáй смотрéть вмéсте!

2. 친구들에게 위와 같이 질문하여 다음을 알아보세요 :
   Слушают ли они радио, музыку по радио, новости, магнитофон?
   Смотрят ли они телевизор, фильмы и футбол по телевизору?

31 그림보며 이야기 하기

1. 그림을 이용하여 다음 질문에 보기와 같이 대답하세요 :
   Что и где слушают или смотрят эти люди?

   보 기

   Áнна слýшает мýзыку дóма.
   Джон смóтрит баскетбóл на стадиóне.

2. 그림에 대해 질문을 하세요 : *Кто? Что делает? Где?*

🎧 읽기

1. 텍스트를 읽으세요.

Меня́ зову́т Кла́ра. Я студе́нтка. Э́то на́ша гру́ппа. Я уже́ зна́ю Джо́на, А́нну, Мари́ю, То́ма и Жа́на. Мы друзья́. Мы вме́сте у́чимся. Мы хорошо́ зна́ем и понима́ем друг дру́га. Сейча́с кани́кулы и мы вме́сте отдыха́ем на мо́ре.

2. 다음 질문에 대답하여 텍스트 내용을 익히세요.

1) Скажи́те, почему́ студе́нты хорошо́ зна́ют и понима́ют друг дру́га?
2) Кого́ зна́ет Кла́ра?
3) Где сейча́с друзья́ и почему́?

33 그림보며 이야기 하기

그림을 보며 다음 질문에 답하세요 : *Скажите, кто кого любит?*

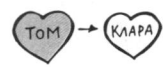

Анна никого не любит

34 듣기

대화를 듣고 다음 질문에 대답하세요 :
Кого Антон ждёт в парке? Кого ждёт Иван?

— Кака́я хоро́шая пого́да сего́дня!
— А́нна, дава́й пойдём в парк.
— С удово́льствием, Анто́н.
— Я жду́ тебя́ в па́рке.

ждать I	кого́? (4)
я жду	дру́га
ты ждёшь	подру́гу
они́ ждут	друг дру́га
Жди!	
Жди́те!	

— Приве́т, Анто́н, что ты здесь де́лаешь?
— Приве́т, Ива́н! Я жду́ А́нну. А ты?
— А я никого́ не жду. Я гуля́ю.

35 대화 연습하기

34와 같이 대화 연습하세요.

36 그림보며 유사한 대화 만들기

대화를 듣고 내용을 익히세요. 그림을 이용하여 유사한 대화를 만드세요.

– Алло́, алло́!
– Слу́шаю вас, говори́те!
– Извини́те, Ива́н до́ма?
– Нет, он в университе́те.
– Спаси́бо.

– Sorry! Help me, please!..
– Извини́те, я вас не понима́ю. Говори́те, пожа́луйста, по-ру́сски.

문법 >> Грамма́тика | люби́ть 동사

– Како́й спорт вы лю́бите?

– Я люблю́ те́ннис.

– Что ты лю́бишь де́лать в свобо́дное вре́мя?

– Я люблю́ слу́шать му́зыку.

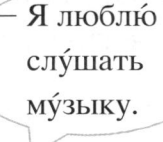

урок девя́тый | **245**

любить

что? (4)	что делать?
Я люблю́ спорт.	Я люблю́ игра́ть в те́ннис.
Ты лю́бишь теа́тр?	Ты лю́бишь смотре́ть бале́т?
Он/она́ лю́бит му́зыку.	Он/она́ лю́бит слу́шать джаз.
Мы лю́бим кино́.	Мы лю́бим смотре́ть фи́льмы.
Вы лю́бите стихи́?	Вы лю́бите чита́ть стихи́?
Они́ лю́бят мо́ре.	Они́ лю́бят отдыха́ть на мо́ре.

37 문장 만들기

문장을 읽고 이어지는 질문에 대답하세요.

А́нна лю́бит ру́сские пе́сни.
Она́ ча́сто слу́шает их. А вы?

Нури́ и Ха́на лю́бят кино́.
Они́ ка́ждый день смо́трят фи́льмы по телеви́зору. А вы?

Ива́н и Анто́н лю́бят детекти́вы.
Они́ всегда́ чита́ют детекти́вы. А вы?

Кла́ра лю́бит стихи́.
Она́ ча́сто чита́ет стихи́ и иногда́ у́чит стихи́ наизу́сть. А вы?

Моя́ подру́га лю́бит слу́шать о́перу.
А ва́ша подру́га?

Я не люблю́ гуля́ть в па́рке. А вы?

!
ка́ждый день
ча́сто
ре́дко
всегда́
иногда́
обы́чно

Джон не лю́бит теа́тр.
Он ре́дко смо́трит бале́т. А вы?

Мой друг лю́бит смотре́ть фи́льмы по телеви́зору.
А ваш друг?

Мои́ роди́тели лю́бят чита́ть детекти́вы.
А ва́ши роди́тели?

Моя́ ба́бушка не лю́бит гото́вить.
А ва́ша ба́бушка?

38 대화 연습하기

1. 다음 단어를 이용하여 보기와 같이 대화하세요 : *музыка, кино, стихи, романы, детективы*

> 보기
>
> — Áнна, ты лю́бишь му́зыку?
> — Коне́чно, люблю́. Я ча́сто слу́шаю му́зыку, осо́бенно джаз.
>
> — Что вы лю́бите бо́льше - теа́тр и́ли кино́?
> — Кино́. Мой люби́мый фильм - «Тита́ник».

2. 다음 단어를 이용하여 보기와 같이 대화하세요 : *футбол, баскетбол, теннис, шахматы*

> 보기
>
> — Нури́, вы лю́бите футбо́л?
> — Нет. Я люблю́ те́ннис. А вы? Како́й спорт вы лю́бите?
> — Я люблю́ баскетбо́л.

39 대화 연습하기

아래의 "меню"를 이용하여 보기와 같이 대화하세요.

Меню

мя́со	сала́т	сок
ры́ба	карто́шка	ко́фе
пельме́ни	рис	чай
о́вощи	ка́ша	ко́ка-ко́ла
	хлеб	пи́во

> 보기
>
> — Джон, что ты лю́бишь?
> — Я люблю́ мя́со. А ты?
> — А я люблю́ ры́бу и о́вощи.

텍스트 >> **Текст**   **Семья дома**

1. 텍스트를 읽으세요.

гото́вить II (- в - / - вл -)		что? (4)
я	гото́влю	обе́д
ты	гото́вишь	ры́бу
он/она́	гото́вит	пельме́ни
мы	гото́вим	
вы	гото́вите	
они́	гото́вят	
Гото́вь(те)!		

Како́й сего́дня день?
понеде́льник
вто́рник
среда́
четве́рг
пя́тница
суббо́та
воскресе́нье

Сего́дня воскресе́нье. Мы отдыха́ем. Па́па чита́ет журна́л «Спорт». Он о́чень лю́бит спорт, осо́бенно футбо́л. Его́ люби́мая кома́нда «Спарта́к». Па́па хорошо́ зна́ет кома́нду «Спарта́к», потому́ что его́ хоро́ший друг игра́ет в «Спартаке́». Ма́ма в свобо́дное вре́мя лю́бит гото́вить. Сего́дня она́ гото́вит пельме́ни. Э́то на́ше люби́мое блю́до. Все говоря́т, что ма́ма хоро́шая хозя́йка. А ещё на́ша ма́ма лю́бит теа́тр. Она́ ча́сто смо́трит спекта́кли в теа́тре, а иногда́ по телеви́зору. Ба́бушка смо́трит телеви́зор ка́ждый день. Она́ о́чень лю́бит смотре́ть сериа́лы. Я ду́маю, что они́ о́чень дли́нные и ску́чные. Но ба́бушка говори́т, что она́ смо́трит сериа́лы с удово́льствием. Мой ста́рший

брат Антон читает новый детектив. В свободное время он очень любит читать. В его комнате большая библиотека. Он говорит, что книга - хороший друг.

А мой хороший друг - компьютер. Я очень люблю играть на компьютере. А ещё я люблю воскресенье, потому что моя семья дома.

2. 위의 텍스트에 대하여 다음 질문에 대답하세요.
Какой сегодня день? Кто рассказывает о семье?
Вы знаете, как его зовут? Что любят делать в свободное время папа, мама, бабушка, старший брат и младший брат?

3. 아래의 대화를 읽고 누구의 말인지 이야기 해보세요 :
Кто это говорит? Почему вы так думаете?

이렇게 시작하세요 : *Я думаю, что это говорит ..., потому что ....*

— Сегодня в театре новый спектакль. Давай пойдём!
— Извини, но сегодня по телевизору футбол. Играют «Спартак» и «Динамо».

— Футбол! Не понимаю тебя. Неинтересная игра!
Давай смотреть новый русский сериал «Любить по-русски».
Ах! Как они любят друг друга!

— Тише! Я читаю интересный детектив.

— Антон, смотри! В Интернете новая детективная история.
Здесь текст и интересные рисунки!

4. 다음 질문에 대답하세요 :

Что вы любите делать в свободное время?

Что любит делать ваша семья в свободное время?

문법 >> Грамматика — поэтому

Я рабо́таю в Росси́и, поэ́тому я учу́ ру́сский язы́к.

$\boxed{1}$, поэ́тому $\boxed{2}$

비교하세요

Джон пло́хо зна́ет Москву́, потому́ что он живёт в Москве́ неда́вно.	Джон живёт в Москве́ неда́вно, поэ́тому он пло́хо зна́ет Москву́.
Нури́ ча́сто игра́ет в футбо́л, потому́ что он о́чень лю́бит спорт.	Нури́ о́чень лю́бит спорт, поэ́тому он ча́сто игра́ет в футбо́л.

㊵ 문장 완성하기

접속사를 사용하여 А와 Б를 맞게 연결하세요.

А

1. Я люблю му́зыку …

2. Ива́н хорошо́ зна́ет англи́йский язы́к …

3. Мой мла́дший брат ещё ма́ленький …

4. На́ша семья́ о́чень дру́жная …

5. А́нна не лю́бит спорт …

6. Моя́ подру́га Хана живёт и у́чится в Москве́…

7. Жан не лю́бит рестора́ны …

8. Я не люблю́ писа́ть пи́сьма …

Б

он ча́сто смо́трит мультфи́льмы.

он обе́дает до́ма.

он лю́бит чита́ть детекти́вы по-англи́йски.

она́ не смо́трит спорти́вные програ́ммы.

она́ уже́ хорошо́ понима́ет и говори́т по-ру́сски.

мы вме́сте отдыха́ем.

я слу́шаю магнитофо́н ка́ждый день.

я обы́чно звоню́ домо́й.

㊶ 유사한 문장 만들기

㊵을 이용하여 이유를 설명하는 문장을 만드세요 : Б, потому́ что А.

урок девятый | 251

문법 >> Грамматика — 'можно/нельзя' 구문

— Где мо́жно купи́ть цветы́?
— Там, в кио́ске.

— Где мо́жно поменя́ть де́ньги?
— Здесь, в ба́нке.

где? (6)	мо́жно + инфинити́в	что? (4)
В магази́не	мо́жно купи́ть	проду́кты. ве́щи, оде́жду. кни́ги.
В библиоте́ке	мо́жно взять	уче́бник. слова́рь. кни́ги. журна́л.
В ба́нке	мо́жно поменя́ть	де́ньги.

— Где мо́жно купи́ть журна́лы?
— Журна́лы мо́жно купи́ть в кио́ске.

— Что мо́жно купи́ть в магази́не?
— В магази́не мо́жно купи́ть проду́кты, оде́жду, кни́ги.

Здесь мо́жно кури́ть.  мо́жно ≠ нельзя́  Здесь нельзя́ кури́ть.

42 문장 만들기

다음 문장을 대답으로 하는 질문을 만드세요.

В магази́не «Кни́ги» мо́жно купи́ть словари́, уче́бники, кни́ги.

На по́чте мо́жно купи́ть откры́тки, конве́рты, ма́рки.

В магази́не «Проду́кты» мо́жно купи́ть сыр, мя́со, ры́бу, молоко́, хлеб.

Ша́пку, пальто́, ку́ртку, брю́ки, перча́тки мо́жно купи́ть в магази́не «Оде́жда».

Газе́ты, журна́лы, календари́, ру́чки, карандаши́, откры́тки мо́жно купи́ть в кио́ске.

Биле́ты мо́жно купи́ть в ка́ссе.

В библиоте́ке мо́жно взять кни́ги, уче́бники, словари́.

Де́ньги мо́жно поменя́ть в ба́нке.

43 문장 만들기

1. 다음 상황에서 어떤 질문을 할 수 있을까요?

- *Вы хотите купить словарь, шапку, пальто, куртку, перчатки; сыр, хлеб, молоко; журналы, календари, газеты; билеты.*

- *Вы хотите взять учебники, книги, словари.*

- *Вы хотите поменять деньги, группу, комнату.*

2. 다음 질문에 어떻게 대답할 수 있을까요?

- *Что можно купить на почте, в киоске, в кассе, в аптеке, в магазине?*

- *Что можно взять в библиотеке?*

урок девятый | **253**

대화 연습하기

다음 질문에 대답하여 보기와 같이 대화 하세요 : *Где можно купить журналы, книги, конверты, билеты, цветы, продукты, одежду?*
Где находится этот магазин?

보 기

– Вы не знаете, где мо́жно купи́ть оде́жду?
– В магази́не «Оде́жда».
– А где нахо́дится э́тот магази́н?
– В це́нтре. Его́ а́дрес : Кра́сная пло́щадь, дом 3.

대화 >> **Диалог** | **Она чуть-чуть говорит по-русски**

단어 Tip

1. я, ты, он за́нят
   я, ты, она́ занята́
   мы, вы, они́ за́няты

   Сейча́с Ви́ктор за́нят. Он повторя́ет грамма́тику, потому́ что сего́дня контро́льная рабо́та.

2. немно́го = чуть-чуть

   Ха́на немно́го зна́ет ру́сский язы́к. Она́ уже́ чуть-чуть понима́ет ру́сские пе́сни.

1. 대화를 듣고 다음 질문에 대답하세요 : *Как вы думаете, Анна хорошо говорит по-английски?*

   А н т о́ н: – До́брый день, А́нна!
   А́ н н а: – Приве́т, Анто́н!
   А н т о́ н: – Ты сейча́с занята́?

А́нна:	– Нет. А что?
Анто́н:	– Ты хорошо́ зна́ешь англи́йский язы́к?
А́нна:	– Ду́маю, что непло́хо.
Анто́н:	– Скажи́, пожа́луйста, как по-англи́йски «до встре́чи». Я пишу́ письмо́ по-англи́йски и не зна́ю э́то сло́во.
А́нна:	– «До встре́чи» по-англи́йски «see you».
Анто́н:	– Спаси́бо. А как твои́ дела́? Как ты живёшь?
А́нна:	– Хорошо́. Ты зна́ешь, я сейча́с учу́ коре́йский язы́к.
Анто́н:	– Коре́йский? Как интере́сно!
А́нна:	– Моя́ но́вая подру́га Ха́на - корея́нка. Она́ у́чится здесь в университе́те. Ты зна́ешь её. В свобо́дное вре́мя мы лю́бим вме́сте гуля́ть и говори́ть чуть-чуть по-ру́сски и чуть-чуть по-коре́йски.
Анто́н:	– И вы хорошо́ понима́ете друг дру́га?
А́нна:	– Уже́ хорошо́.
Анто́н:	– А Ха́на лю́бит ру́сские пе́сни?
А́нна:	– Да, она́ говори́т, что лю́бит слу́шать ру́сские пе́сни. А мне о́чень нра́вятся коре́йские пе́сни.
Анто́н:	– Сего́дня ве́чером в МГУ конце́рт «Ру́сская пе́сня». Дава́йте пойдём вме́сте!
А́нна:	– Хорошо́, дава́й пойдём!
Анто́н:	– Жду вас в клу́бе.
А́нна:	– Пока́, до встре́чи!

Понима́ть друг дру́га.

2. 앞의 〈대화〉에 대한 다음 질문에 대답하세요.

1) Как вы ду́маете, Анто́н зна́ет англи́йский язы́к?
2) Что пи́шет Анто́н?

3) Какóй язы́к у́чит А́нна?

4) Как вы ду́маете, где живёт семья́ Ха́ны?

5) Ха́на хорошó говори́т по-ру́сски?

6) Что лю́бят дéлать А́нна и Ха́на?

7) Они́ хорошó понимáют друг дрýга?

8) Что лю́бит слу́шать Ха́на?

9) Каки́е пéсни лю́бит слу́шать А́нна?

10) Какóй концéрт сегóдня в МГУ?

11) Где и когдá Антóн ждёт А́нну и Ха́ну?

3. 다음 표현을 이용하여 **Анна**와 **Хана**에 대해 이야기하세요.

- онá хорошó знáет англи́йский язы́к
- у́чит корéйский язы́к
- чуть-чуть говори́т по-корéйски
- лю́бит слу́шать корéйские пéсни
- в свобóдное врéмя лю́бит гуля́ть
- онá у́чится в университéте
- у́чит ру́сский язы́к
- немнóго говори́т по-ру́сски
- лю́бит слу́шать ру́сские пéсни
- в свобóдное врéмя лю́бит готóвить

4. 2의 질문을 이용하여 자신에 대해 이야기하세요.

총정리 문제 〉〉 **Обобщение**

1. 오른쪽에 있는 표현 중에 맞는 것을 고르세요.

   а) Мой брат хорошо́ зна́ет …
   Он непло́хо говори́т …
   Он говори́т, что … нетру́дный.
   Ха́на у́чит …
   Она́ ещё пло́хо пи́шет …, но
   понима́ет … уже́ непло́хо.
   Мои́ друзья́ не понима́ют … ,
   потому́ что они́ не зна́ют … .
   А я сейча́с учу́ … .

   - по-англи́йски
   - англи́йский язы́к

   - по-ру́сски
   - ру́сский язы́к

   - по-францу́зски
   - францу́зский язы́к

   б) Моя́ мла́дшая сестра́ … в шко́ле.
   Она́ … литерату́ру, исто́рию,
   матема́тику. Она́ хорошо́ … .

   Сейча́с мы живём и … в Москве́,
   потому́ что мы … ру́сский язы́к.
   Мы ещё пло́хо говори́м по-ру́сски,
   потому́ что … в Росси́и то́лько ме́сяц.

   - у́чится
   - у́чит

   - у́чимся
   - у́чим

2. 오른쪽에 있는 단어를 이용하여 문장을 보완하세요.

   Вот … «Сего́дня». Я чита́ю … «Сего́дня» ка́ждый день.
   Мне нра́вится … «Война́ и мир». Сейча́с я смотрю́ …
   «Война́ и мир».
   Мне нра́вится … . В свобо́дное вре́мя я люблю́
   слу́шать … .
   Ива́н журнали́ст. Вот его́ … . Он ча́сто пи́шет … .
   Моя́ ба́бушка лю́бит гото́вить …, …, … .
   А вам нра́вятся …, …, … ?

   музыка
   статья
   газета
   фильм
   рыба
   мясо
   овощи

3. 명사를 맞는 격으로 바꾸세요.

Хана неда́вно живёт в Москве́. И ещё пло́хо зна́ет (она́).

Вот мои́ роди́тели. Я о́чень люблю́ (они́).

Мой друг хорошо́ понима́ет (я).

Говори́те! Я слу́шаю (Вы).

Повтори́, пожа́луйста, я не понима́ю (ты).

Э́то мой люби́мый фильм. Я ча́сто смотрю́ (он).

Мы ещё пло́хо говори́м по-ру́сски, никто́ не понима́ет (мы).

단어사전 >> Словарь

- америка́нец 미국인(남)
- америка́нка 미국인(여)
- англи́йский(-ая, -ое, -ие) 영국의
- англича́нин 영국인(남)
- англича́нка 영국인(여)
- бале́т 발레
- блю́до 요리
- бо́льше 더 많이
- взять(I, СВ)(что?) 1.잡다 2.가지고 오다
- вку́сный(-ая, -ое, -ые) 맛있는
- вме́сте 함께
- воскресе́нье 일요일
- вре́мя 시간
- вто́рник 화요일
- глаго́л 동사
- говори́ть(II, НСВ) — сказа́ть(I, СВ) 말하다
- гото́вить(II, НСВ)(что?) 1. 준비하다, 2. 요리하다
- грамма́тика 문법
- детекти́в 추리소설
- детекти́вный(-ая, -ое, -ые) 추리 소설의

- джаз 째즈
- дли́нный(-ая, -ое, -ые) 긴
- до́брый(-ая, -ое, -ые) 착한, 좋은
- дру́жный(-ая, -ое, -ые) 친근한, 화목한
- ждать(I, НСВ)(кого? что? где?) — подожда́ть(I, СВ) 기다리다
- за́нят(-а́, -ы) 바쁘다
- звони́ть(II, НСВ)(кому?) 전화하다
- иеро́глиф 상형문자
- кита́йский иеро́глиф 한자
- иногда́ 가끔
- интере́сно 재미있게, 재미있다
- интерне́т 인터넷
- исто́рия 역사
- кани́кулы [복] 방학
- ка́сса 매표소, 계산대
- ка́ша 죽
- коре́ец 한국인(남)
- коря́нка 한국인(여)
- ко́ка-ко́ла 코카콜라
- кома́нда 팀, 조

урок девятый | 259

단어사전 >> Словарь

- компью́тер 컴퓨터
- конце́рт 공연
- купи́ть(II, СВ)(что?)
  사다, 구입하다
- кури́ть(II, НСВ)(что? где?)
  담배피우다
- литерату́ра 문학
- люби́мый(-ая, -ое, -ые)
  사랑하는
- люби́ть(II, НСВ)(кого? что?)
  사랑하다
- матема́тика 수학
- мла́дший(-ая, -ее, -ие) 손아래의
- мо́жно(где можно что делать?)
  할 수 있다, 해도 된다
- му́зыка 음악
- мультфи́льм 만화영화
- наизу́сть 암기하여
- неда́вно 얼마 전에, 최근에
- неинтере́сный(-ая, -ое, -ые)
  재미없는
- нельзя́ 안 된다
- но́вость [여] 소식
- но́чью 밤에

- обы́чно 대채로, 보통
- о́вощи 야채(복수)
- о́пера 오페라
- осо́бенно 특히
- па́мятник 기념비, 동상
- пельме́ни 러시아식 만두
- пи́во 맥주
- по-ара́бски 아랍어로
- повторя́ть(I, НСВ)(что?)
  1. 따라하다, 2. 반복하다
- поменя́ть(I, СВ)(что?)
  바꾸다, 교환하다
- понеде́льник 월요일
- поэ́т 시인
- поэ́тому 그래서
- приро́да 자연
- програ́мма 프로그램, 과정
- проду́кты 식품(복수)
- пя́тница 금요일
- рабо́та 일
- ра́дио 라디오
- ре́дко 드물게

단어사전 >> Словарь

- ру́сский(-ая, -ие)(челове́к) 러시아인
- ру́сский(-ая, -ое, -ие) 러시아의
- свобо́дный(-ая, -ое, -ые) 자유로운
- (в) свобо́дное вре́мя 자유시간(에)
- сериа́л 연속극
- ску́чный(-ая, -ое, -ые) 지루한
- слу́шать(I, НСВ)(что?) 듣다
- смотре́ть(II, НСВ)(что?) 보다
- спекта́кль [남] 연극, 공연
- спорти́вный(-ая, -ое, -ые) 스포츠의
- среда́ 수요일
- ста́рший(-ая, -ее, -ие) 손위의
- суббо́та 토요일
- театра́льный(-ая, -ое, -ые) 극장의
- текст 본문
- ти́ше 더 조용하게
- тру́дный(-ая, -ое, -ые) 어려운
- учи́ть(II, НСВ)(что?) 1. 배우다, 2. 가르치다
- учи́ться(II, НСВ)(где?) 배우다
- фи́зика 물리학
- францу́з 프랑스인(남)
- францу́женка 프랑스인(여)
- францу́зский(-ая, -ое, -ие) 프랑스의
- хозя́йка 여주인
- четве́рг 목요일
- чуть-чуть 조금

- Джейн 제인(여자 이름)
- Жан 쟌(남자 이름)
- Том 톰(남자 이름)
- Испа́ния 스페인
- кома́нда «Спарта́к» 《스빠르딱》팀(축구팀 이름)
- кома́нда «Дина́мо» 《지나모》팀(축구팀 이름)
- фильм «Тита́ник» 《타이타닉》영화

урок девятый | 261

단어사전 〉〉 Словарь

- гото́вить обе́д 점심을 준비하다
- звони́ть по телефо́ну 전화하다
- контро́льная рабо́та 쪽지 시험
- люби́ть друг дру́га 서로 사랑하다
- понима́ть друг дру́га 서로 이해하다
- мла́дшая сестра́ 여동생
- мла́дший брат 남동생
- родно́й язы́к 모국어
- рома́н Дюма́ 뒤마의 장편소설
- слу́шать му́зыку по ра́дио 라디오로 음악을 듣다
- смотре́ть програ́мму «Но́вости» 뉴스 프로그램을 보다
- смотре́ть фи́льм по телеви́зору TV로 영화를 보다
- ста́ршая сестра́ 언니, 누나
- ста́рший брат 오빠, 형

- Дава́й пойдём в парк. 어서 공원에 가자!
- Дава́йте смотре́ть вме́сте! 어서 함께 봅시다!
- До́брый день! 좋은 오후!
- До ве́чера! 저녁에 보자!
- Как интере́сно! 너무 재밌다!
  - Како́й сего́дня день? 오늘 무슨 요일이에요?
  - Сего́дня среда́. 수요일입니다.
- С удово́льствием! 기꺼이!

- неодушевлённое и́мя существи́тельное 비활동체 명사
- одушевлённое и́мя существи́тельное 활동체 명사
- НСВ (несоверше́нный вид) 불완료상
- СВ (соверше́нный вид) 완료상
- II – второ́е спряже́ние глаго́ла 동사의 2식 변화

Урок десятый 10

※ **핵심 포인트**
— Что ты делал?
— Читал.

— Куда ты ходила вечером?
— На дискотеку.

— Где ты был вчера?
— В театре.

— Что было в университете?
— Была лекция.

• **회화 포인트**
— Сколько лет, сколько зим...
— Я занят.
— Я рад вас видеть!
— Он болен.

• **발음 포인트**
전치사를 포함한 표현의 발음(주일 발음)
억양 연습

• **문법 포인트**
동사의 과거 시제, БЫТЬ동사의 과거 시제
시간 부사(сегодня, завтра, ...)
СМОТРЕТЬ와 ВИДЕТЬ 동사의 의미
운동동사 ИДТИ - ЕХАТЬ의 현재 시제
운동동사 ХОДИТЬ - ЕЗДИТЬ의 과거 시제
대격의 의미 – 운동의 방향
전치격의 의미 – 교통 수단

발음 〉〉 **Фонетика**

❶ 듣고 따라하기

단어 발음 연습하세요.

1. Росси́я
   ру́сский
   ру́сская

   говорю́ по-ру́сски
   учу́ ру́сский язы́к

   А́нглия
   англича́нин
   англича́нка

   пишу́ по-англи́йски
   зна́ю англи́йский язы́к

   Коре́я
   коре́ец
   корея́нка

   чита́ю по-коре́йски
   учу́ коре́йский язы́к

   Фра́нция
   францу́з
   францу́женка

   пишу́ по-францу́зски
   зна́ю францу́зский язы́к

2. повторя́ю слова́
   слу́шаю му́зыку
   смотрю́ фи́льмы
   люблю́ смотре́ть фи́льмы
   люблю́ гото́вить обе́д
   учу́сь в университе́те
   учу́ ру́сский язы́к
   непло́хо говорю́ по-ру́сски

3. Не кури́те здесь!
   Я не курю́!
   Мы понима́ем друг дру́га.
   Жду тебя́ в кафе́.
   Позвони́л домо́й.
   Позвони́те домо́й.
   Слу́шаю вас ...
   Я пло́хо понима́ю вас.

❷ 듣고 따라하기

요일 발음을 연습하세요.

какой день?	когда?	
понеде́льник	в_понеде́льник [ф]	— фильм по телеви́зору
вто́рник	во_вто́рник [ва ф]	— теа́тр
среда́	в_сре́ду [ф]	— экску́рсия в Кремль
четве́рг	в_четве́рг [ф]	— игра́ю в те́ннис
пя́тница	в_пя́тницу [ф]	— у́жинаю в рестора́не
суббо́та	в_суббо́ту [ф]	— дискоте́ка в клу́бе
воскресе́нье	в_воскресе́нье [в в]	— гуля́ю в па́рке

❸ 듣고 따라하기

문장 발음 연습하세요. 마지막 문장을 외우고 노트에 적으세요. 다음 문장을 만들어 보세요.

... друзья́ говоря́т ➡

... друзья́ говоря́т по-англи́йски ➡

Мои́ друзья́ говоря́т по-англи́йски. ➡

Мои́ друзья́ хорошо́ говоря́т по-англи́йски. ➡

Мои́ друзья́ уже́ хорошо́ говоря́т по-англи́йски...

... брат у́чится ➡

... мой брат у́чится ➡

... мой родно́й брат у́чится ➡

Мой родно́й брат у́чится в университе́те. ➡

Мой родно́й брат Ви́ктор у́чится в университе́те...

... лю́бите? ➡

... лю́бите смотре́ть фи́льмы? ➡

Вы лю́бите смотре́ть фи́льмы? ➡

Вы лю́бите смотре́ть ру́сские фи́льмы? ➡

Вы лю́бите смотре́ть ру́сские фи́льмы в свобо́дное вре́мя?..

④ 유사한 대화 만들기

대화를 읽으세요. 문형을 활용하여 유사한 대화를 만드세요.

— Ю́ра, где ты у́чишься?
— В институ́те.
— А где нахо́дится твой институ́т?
— На у́лице Молодёжная.

— О́льга, где вы сейча́с живёте? В общежи́тии?
— Да, в общежи́тии.
— Где нахо́дится ва́ше общежи́тие?
— На у́лице Че́хова, дом 19.

— Вы говори́те по-ру́сски. Вы ру́сские?
— Нет, мы иностра́нцы: коре́йцы, францу́зы, америка́нцы.
— Где вы у́чите ру́сский язы́к?
— В университе́те. Мы уже́ хорошо́ понима́ем друг дру́га.

— Джон, что ты де́лаешь в свобо́дное вре́мя?
— Гуля́ю в па́рке. А ты?
— А я люблю́ чита́ть детекти́вы.

— Ви́ктор, приве́т! Как дела́?
— Норма́льно. А как ты живёшь?
— Спаси́бо, всё хорошо́.

— Скажи́те, где мо́жно купи́ть журна́л «Спорт»?
— В кио́ске и́ли в метро́.
— Спаси́бо.

— Молодо́й челове́к! Здесь нельзя́ кури́ть.
— А где мо́жно кури́ть?
— На у́лице.
— Извини́те!

❺ 빈 칸 채우기

대답에 맞는 질문을 쓰세요.

— … ?
— ГУМ нахо́дится в це́нтре.

— … ?
— Мои́ друзья́ лю́бят игра́ть в ша́хматы.

— … ?
— Моя́ ба́бушка лю́бит смотре́ть сериа́лы.

— … ?
— Ви́ктор лю́бит чита́ть детекти́вы.

— … ?
— Да, Джон хорошо говорит по-русски.

— … ?
— Сегодня суббота.

— … ?
— Нет, здесь нельзя курить.

— … ?
— Моя старшая сестра знает французский язык.

— … ?
— Я жду друга.

— …?
— Нет, я не понимаю вас.

❻ 대화 연습하기

대화를 듣고 다음 질문에 대답하세요 : *Как вы думаете, где находятся эти люди?*

— Скажите, пожалуйста, где находится дом 10?
— Вон там, справа.

— Завтра контрольная работа.
— Повторяйте новые слова и грамматику.

— Что ты сейчас смотришь?
— Я смотрю программу «Новости»

— Скажи́те, пожа́луйста, кака́я э́то ста́нция?
— Э́то ста́нция «Парк культу́ры».
— О!!! Э́то моя́ ста́нция!

— Посмотри́, кто там игра́ет в те́ннис?
— Анто́н и А́нна игра́ют в те́ннис, а Ви́ктор и Мари́я игра́ют в пинг-по́нг.

— Что ты гото́вишь?
— Я гото́влю ры́бу по-коре́йски.
— Отли́чно!

문법 >> Грамматика | 동사의 과거 시제

	미래시제	бу́дущее вре́мя	За́втра Ива́н бу́дет чита́ть.
	현재시제	настоя́щее вре́мя	Сейча́с Ива́н чита́ет.
	과거시제	проше́дшее вре́мя	Вчера́ Ива́н чита́л.

— Что ты де́лал вчера́?
— Рабо́тал.

— Что вы де́лали ве́чером?
— Смотре́ли фильм по телеви́зору.

— Где ты был вчера́ ве́чером?
— В теа́тре.

— Что они́ де́лали в сре́ду?
— Игра́ли в футбо́л.

чита́**ть** I	чита́	**л**	я, ты, он чита́л
		ла	я, ты, она́ чита́ла
		ли	мы, вы, они́ чита́ли
бы**ть** I	бы	**л**	я, ты, он был
		ла́	я, ты, она́ была́
		ли	мы, вы, они́ бы́ли
		ло	оно́ бы́ло
учи́**ть**ся II	учи́	**лся**	я, ты, он учи́лся
		лась	я, ты, она́ учи́лась
		лись	мы, вы, они́ учи́лись
Кто чита́л расска́з?			Анто́н чита́л.
			И́ра чита́ла.
			Друзья́ чита́ли.
			Никто́ не чита́л.

❼ 읽기

문장을 읽고 동사의 과거 시제를 익히세요.

работал — Брат работал в банке.
работала — Нина работала на почте.
работали — Друзья работали на заводе.
работало — Вчера кафе не работало.

❽ 읽기

문장을 읽고 동사의 현재와 과거 시제를 익히세요.

Раньше Ханыль жил в Сеуле.
А теперь он живёт в Москве.

жи**ть** I
жил
жила
жили

Раньше Ханыль учился в школе.
А теперь он учится в университете.

Раньше Ханыль говорил только по-корейски.
Теперь он уже немного говорит по-русски.

говори**ть** II
говорил
говорила
говорили

❾ 대화 연습하기

다음 표현을 이용하여 자신에 대해 이야기하세요 : *Раньше я ..., а сейчас ....*

урок десятый | **271**

⑩ 문장 만들기

오른쪽에 있는 단어를 이용하여 문장을 과거 시제로 바꾸세요.

Сейча́с Кла́ра пи́шет письмо́.	▶ Вчера́ ...
Мой ста́рший брат у́чится в университе́те.	▶ Ра́ньше ...
Мои́ друзья́ гуля́ют на Арба́те.	▶ Неда́вно ...
Моя́ подру́га звони́т ка́ждый день.	▶ Ра́ньше ...
Ива́н мно́го ку́рит.	▶ Ра́ньше ...
Мой друг не лю́бит смотре́ть футбо́л по телеви́зору.	▶ Ра́ньше ...
Сейча́с студе́нты слу́шают ле́кцию.	▶ Позавчера́ ...

⑪ 대화 연습하기

대화를 듣고 내용에 대해 이야기하세요. 구문을 활용하여 서로 대화 연습하세요.

— И́ра, где ты **жила́ ра́ньше**?
— Я жила́ в Петербу́рге.
— А где **живёт** твоя́ семья́?
— Моя́ семья́ ра́ньше то́же **жила́** в Петербу́рге, **тепе́рь она́ живёт** в Москве́.

— Анто́н, где ты рабо́тал ра́ньше?
— Я нигде́ **не рабо́тал**. Я **учи́лся** в шко́ле.
— А где ты **рабо́таешь сейча́с**?
— Я ещё **не рабо́таю**, я **учу́сь** в институ́те.

⑫ 읽기

텍스트를 읽고 다음 질문에 대답하세요 : *Что делали вчера Джон, Мария, Виктор и Антон, Хана?*

Вчера́ ве́чером студе́нты отдыха́ли. Джон слу́шал му́зыку. Мари́я писа́ла письмо́. Ви́ктор и Анто́н игра́ли в футбо́л на стадио́не. Хана смотре́ла интере́сный фильм по телеви́зору.

⑬ 그림보며 대화 연습하기

1. 그림을 이용하여 다음 질문에 대답하세요 : *Кто что делал вчера вечером?*

2. 다양한 동사를 이용하여 보기와 같이 대화 연습하세요.

보 기

Кто вчера́ игра́л в футбо́л?

урок десятый | **273**

⓮ 대화 연습하기

1. 대화를 듣고 다음 질문에 대답하세요 : *Что Джон делал утром, днём и вечером?*

   – Джон, что ты де́лал вчера́?
   – У́тром я занима́лся в университе́те.
   – А днём?
   – Днём я обе́дал, а пото́м отдыха́л до́ма.
   – А когда́ ты де́лал дома́шнее зада́ние? Ве́чером?
   – Да, ве́чером я де́лал дома́шнее зада́ние.

   문법 Tip

занима́ться I	где? (6)
я	занима́юсь
ты	занима́ешься
он/она́	занима́ется
мы	занима́емся
вы	занима́етесь
они́	занима́ются
	занима́лся
	занима́лась
	занима́лись
	Занима́йся!
	Занима́йтесь!

2. 위의 대화 내용을 이용하여 어제 한 일에 대해 이야기하세요.

3. 친구들이 어제 무엇을 했는지 알아보세요.

⑮ 듣기

1. 대화를 듣고 표현을 익히세요.

— Ханыль, что ты делал в понедельник?
— В понедельник я занимался в библиотеке.

— Мария, что ты делала в субботу?
— В субботу утром я спала,
 а вечером смотрела спектакль по телевизору.

문법 Tip

	спать II
я	сплю (-п-/-пл-)
ты	спишь
они	спят
	спал, спала, спали
(Не) спи(те)!	

2. 다음 질문에 대답하세요.

  1) Когда Ханыль занимался в библиотеке?
  2) Скажите, почему Ханыль не играл в футбол в понедельник?
  3) Когда Мария смотрела телевизор?
  4) Почему Мария не занималась в субботу?

3. Что вы делали в понедельник, во вторник, … ?

4. Спросите, что делали ваши друзья в субботу и в воскресенье.

문법 〉〉 **Грамматика** 어디 있었어요?

— Где ты был вчера́ ве́чером?

— Вчера́ ве́чером я был в теа́тре.

— Кто не́ был вчера́ на экску́рсии?

— Джон и Кла́ра не́ были.

когда?	кто?		где? (6)
Сейча́с	Анто́н	_____	в теа́тре.
В воскресе́нье	Анто́н	был	в теа́тре.
Позавчера́	А́нна	была́	на стадио́не.
У́тром	мои́ друзья́	не́ были	в посо́льстве.

🔟 그림보며 이야기하기

오른쪽 그림을 보면서 문장을 완성하세요.

 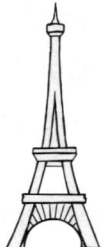  

Он никогда́ не́ был...   Пари́ж   Сеу́л   Ло́ндон

⓱ 듣고 따라하기

1. был - была́ - бы́ли
   не́ был - не была́ - не́ были
   нигде́ не́ был - нигде́ не была́ - нигде́ не́ были
   никогда́ не́ был - никогда́ не была́ - никогда́ не́ были

2.
Кто был в теа́тре?
— Он был.
— Она́ была́.
— Они́ бы́ли.

— Я не́ был.
— Вы не́ были.
— Мы не́ были.
— Никто́ не́ был.

3.

[в]	[ф]
был в институ́те	был в теа́тре
была́ в ба́нке	была́ в це́нтре
бы́ли в университе́те	бы́ли в посо́льстве
был в общежи́тии	была́ в ко́мнате
была́ в магази́не	был в столо́вой

⓲ 듣기

1. 대화를 듣고 표현을 익히세요.

— Джон, где вы бы́ли вчера́?
— Я был в посо́льстве. А вы, Мари́я?
— А я была́ до́ма.

— А́нна, вы уже́ бы́ли в Кремле́?
— Да, я была́ там в воскресе́нье. Мне нра́вится Кремль и истори́ческие па́мятники.

— Бо́ми и Ха́на, где вы
 бы́ли в Москве́?
— Мы ещё нигде́ не́ были.

— Жан, ты был в посо́льстве в сре́ду?
— Да, был.
— А в ба́нке?
— То́же был.

— Кла́ра, а ты была́ на Арба́те?
— Нет, ещё не была́. А где
 нахо́дится Арба́т?

2. 위의 대화에 대하여 다음 질문에 대답하세요.

   1) Где бы́ли Джон, Мари́я, Жан, А́нна?
   2) Где не были Бо́ми, Ха́на и Кла́ра?
   3) Джон и Мари́я бы́ли в посо́льстве вме́сте?
   4) Бо́ми и Ха́на хорошо́ зна́ют Москву́?
   5) Когда́ А́нна была́ в Кремле́?
   6) Кла́ра зна́ет, где нахо́дится Арба́т?
   7) Где был Жан в сре́ду?

уже́ был (-а́, -и)
ещё не́ был (-а́, -и)

⑩ 대화 연습하기

다음 단어를 이용하여 보기와 같이 서로 대화 연습하세요 :

1. *в Москве, в Петербурге, в Сеуле; в Корее, в Америке, во Франции*

> 보기
>
> — Жан, твоя́ подру́га была́ в Москве́?
> — Да, уже́ была́. (Нет, ещё не была́.)

2. *в театре, в банке, на почте, на стадионе, в ресторане, в институте, в центре*

> 보기
>
> — Анто́н, где ты был вчера́? На по́чте?
> — Да, на по́чте. (Нет, я был в теа́тре.)

3. *библиоте́ка - занима́ться   парк - гуля́ть, отдыха́ть*
стадио́н - игра́ть в футбо́л   до́ма - чита́ть, смотре́ть телеви́зор
по́чта - звони́ть домо́й   магази́н - купи́ть проду́кты, гото́вить обе́д

> 보기
>
> — Мари́я, где ты была́ вчера́?
> — До́ма. / Я была́ до́ма.
> — А что ты де́лала?
> — Снача́ла гото́вила у́жин, пото́м отдыха́ла.

4. *на уроке, на лекции, дома, на вечере, в театре, на экскурсии, в университете?*

урок десятый | 279

> 보기
>
> — А́нна, ты была́ во вто́рник на ле́кции?
> — Нет, не была́.
> — Почему́?
> — Потому́ что я была́ больна́. Я была́ в поликли́нике.
>
> — Жан, почему́ ты не́ был на ве́чере в сре́ду?
> — Потому́ что я был за́нят. Я был в посо́льстве.

문법 Tip

он за́нят	был за́нят	он бо́лен	был бо́лен
она́ занята́	была́ занята́	она́ больна́	была́ больна́
они́ за́няты	бы́ли за́няты	они́ больны́	бы́ли больны́

когда́?	где?		что?
Сейча́с	в кла́ссе	_____	уро́к.
Ве́чером	в клу́бе	был	конце́рт.
В понеде́льник	в университе́те	была́	ле́кция.
Вчера́	в аудито́рии	бы́ло	собра́ние.
		бы́ли	заня́тия.

	Был конце́рт.
	Была́ ле́кция.
Что бы́ло в университе́те?	Бы́ло собра́ние.
	Бы́ли заня́тия.
	Ничего́ не́ было.

🎧 듣기

대화를 듣고 다음 질문에 대답하세요 : *Почему Джон не был в университете? Что узнал Джон? Почему Виктор был дома? Почему Антон не был в клубе? Что было в клубе в субботу?*

— Джон, почему́ ты вчера́ не́ был в университе́те?
— Я был бо́лен. А что вчера́ бы́ло?
— У́тром бы́ли заня́тия, а днём была́ о́чень интере́сная экску́рсия.

— Ви́ктор, где ты был вчера́ ве́чером?
— Нигде́ не́ был, был до́ма. Вчера́ по телеви́зору бы́ли интере́сные переда́чи.

— А́нна, ты не зна́ешь, что бы́ло в клу́бе в суббо́ту?
— Коне́чно, зна́ю, Анто́н. Там был конце́рт, а пото́м была́ дискоте́ка.
— Как жаль! А я был за́нят.

유사한 대화 만들기

다음 단어를 이용하여 ⑳과 같이 대화를 만드세요.

теа́тр	▶	бале́т	клуб	▶	конце́рт
музе́й	▶	вы́ставка	Кремль	▶	экску́рсия
стадио́н	▶	футбо́л	посо́льство	▶	ве́чер
университе́т	▶	ле́кции	рестора́н	▶	у́жин

읽기

대화를 읽고 다음 질문에 대답하세요: *Где был Виктор? Какой вчера был спектакль? Кого он видел? Почему Иван тоже знает артистку Марину Неёлову?*

Иван: Виктор, что ты делал вчера?
Виктор: Я был в театре «Современник».
Иван: А что ты смотрел?
Виктор: Я смотрел спектакль «Три сестры». Вчера там играла моя любимая артистка Марина Неёлова. Ты знаешь её?
Иван: Конечно, знаю. Недавно я смотрел новый спектакль по телевизору и видел её там.

문법 Tip

видеть II (-д-/-ж-)	кого, что? (4)
я	вижу
ты	видишь
он/она	видит
мы	видим
вы	видите
они	видят
	видел, -а, -и

282 | урок 10

문법 Tip

	что? (4)		кого? (4)	что? (4)
смотре́ть	фильм спекта́кль вы́ставку	ви́деть	дру́га подру́гу Анто́на А́нну друг дру́га	Пари́ж Москву́ мо́ре

в окно́
на ка́рту

비교하세요

Анто́н смотре́л карти́ны на вы́ставке, но не ви́дел худо́жника.
А́нна не смотре́ла э́тот спекта́кль и не ви́дела арти́стку.
Друзья́ давно́ не ви́дели друг дру́га.
Ле́том Джон был во Фра́нции и ви́дел Пари́ж.

대화 연습하기

1. 대화를 읽고 다음 질문에 대답하세요 : *Что вы узна́ли о Джо́не и Ха́не?*

   — Джон, ты был в столо́вой? — Ха́на, ты была́ в клу́бе?
   — Да, был.   — Была́.
   — Ты ви́дел там Анто́на?   — Кого́ ты там ви́дела?
   — Да, я его́ ви́дел. Он обе́дал. — Ви́ктора и А́нну.

2. 1의 표현을 이용하여 서로 대화 연습하세요.

문법 >> **Грамматика** | 운동동사 **идти / ехать**

대격(4)	운동의 방향
— Куда́ ты идёшь?	— Куда́ вы е́дете?
— Я иду́ в университе́т.	— В центр.

идти́ I	куда́? (4)	е́хать I	куда́? (4)
я иду́	в университе́т	я е́ду	в Петербу́рг
ты идёшь	на факульте́т	ты е́дешь	в Пеки́н
он/она́ идёт	на по́чту	он/она́ е́дет	в Москву́
мы идём	в апте́ку	мы е́дем	на экску́рсию
вы идёте	на дискоте́ку	вы е́дете	в дере́вню
они́ иду́т	в столо́вую	они́ е́дут	на мо́ре
(шёл, шла, шли)	домо́й	(е́хал, е́хала, е́хали)	

	куда́? (4)	
идти́	в банк	в шко́лу
е́хать	на стадио́н	в дере́вню
	в общежи́тие	на вы́ставку

1 = 4   1 ≠ 4

-☐ ⟶ в, на... -☐   -а ⟶ в, на... -у
-о/-е   -о/-е   -я   -ю

> 비교하세요

что? (1)	что? (4)
Это Петербург, Москва.	Я хорошо знаю Петербург, Москву.
	куда? (4)
	Я еду в Петербург, в Москву.

㉔ 그림보며 대화 연습하기

그림 밑에 나온 문장을 읽으세요. 다음 질문에 대답하세요 :
Что ответят эти люди на вопрос, куда они идут?
(이 사람들은 어디로 가느냐는 질문에 어떻게 대답할까요?)

Дéти идýт в зоопáрк.

Друзья́ идýт в клуб на дискотéку.

Спортсмéн идёт на стадиóн.

25 듣기

대화를 듣고 다음 질문에 대답하세요 : *Куда идут Виктор, Мария, друзья?*

— Ви́ктор, куда́ ты идёшь?
— Я иду́ в столо́вую.

— Мари́я, вы идёте в библиоте́ку?
— Да, в библиоте́ку.

— Скажи́те, куда́ вы идёте? Вы идёте домо́й?
— Нет, мы идём в музе́й на вы́ставку.

26 대화 연습하기

다음 단어를 이용하여 보기와 같이 대화 연습하세요 : *в магазин, на почту, в банк, в университет, на стадион, в кафе, в общежитие, в библиотеку, на дискотеку?*

> **보 기**
>
> — Приве́т, Джон!
> — Приве́т, Ива́н! Куда́ ты идёшь? В магази́н?
> — Да, я иду́ в магази́н. А ты?
> — А я иду́ домо́й.

그림보며 대화 연습하기

그림을 이용하여 누가 어디로 가는지에 대해 대화 연습하세요.

Ива́н е́дет на рабо́ту.   Друзья́ е́дут в Петербу́рг.   Ха́на е́дет в парк.

그림보며 문장 만들기

그림 내용을 설명하는 문장을 만드세요. 그림 내용에 대해 서로 대화하세요.

대화 연습하기

다음 단어를 이용하여 보기와 같이 대화 연습하세요 : *поликлиника, музей, посольство, стадион, выставка, театр*

보기

— Здра́вствуй, Анто́н! Куда́ ты е́дешь?
— Я е́ду на стадио́н. А ты?
— Я то́же е́ду туда́.

문법 >> Грамматика — 운동동사 **ходить / ездить**의 과거 시제

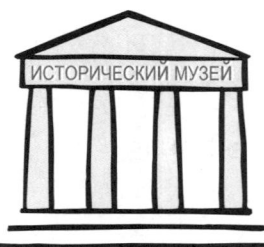

— Куда́ ты ходи́л вчера?
— Вчера́ я ходи́л в Истори́ческий музе́й.

— Куда́ вы е́здили ле́том?
— На мо́ре.

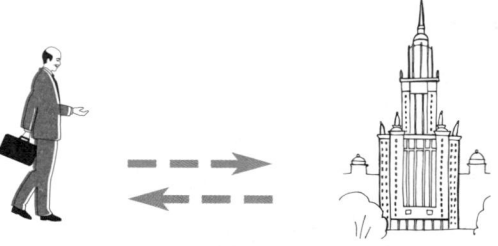
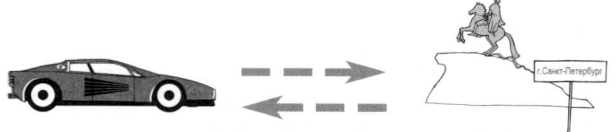

ходи́ть куда́? (4)		е́здить куда́? (4)	
	ходи́л в банк		е́здил в Петербу́рг
Вчера́	ходи́ла в шко́л|у|	Неда́вно	е́здила в Москв|у́|
	ходи́ли в посо́льств|о|		е́здили в посо́льств|о|

> 비교하세요

Сейча́с я иду́ в университе́т.

Вчера́ я то́же ходи́л в университе́т.
(Я был там вчера́.)

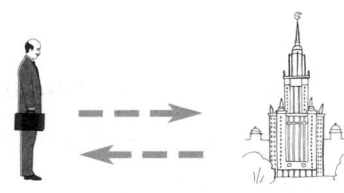

 Сейча́с я е́ду в Петербу́рг.

 Ле́том я то́же е́здил в Петербу́рг.
(Я был там ле́том.)

듣기

1. 대화를 듣고 다음 질문에 대답하세요 :
   Что вы узна́ли об Ива́не, Ви́кторе, Джо́не и То́ме, друзья́х?

— Ива́н, куда́ ты идёшь?
— Я иду́ на вы́ставку. Пойдём вме́сте, А́нна!
— Нет, спаси́бо. Я уже́ ходи́ла туда́ вчера́. О́чень интере́сная вы́ставка.

— Джон, Том, куда́ вы е́дете?
— Мы е́дем на стадио́н игра́ть в футбо́л.
— А мы уже́ е́здили туда́ у́тром, игра́ли в баскетбо́л.

урок деся́тый | **289**

2. 아래와 같이 대화 연습하세요.

— Ха́на, куда́ ты ходи́ла в пя́тницу?
— Я ходи́ла в музе́й. А ты?
— А я никуда́ не ходи́л. Я был до́ма.

— Джон, куда́ вы е́здили ле́том?
— Ле́том я е́здил на ро́дину, в Аме́рику. А вы?
— А я е́здила в го́ры.

— Куда́ ты ходи́л вчера́?
— Никуда́.

문법 >> Грамматика | Где был? Куда ходи́л?

— А́нна, где ты **была́** вчера́ ве́чером?

— **Я ходи́ла** в теа́тр, слу́шала о́перу.

был	где? (6)	ходи́л, е́здил	куда́? (4)
Он был	в теа́тре.	Он ходи́л	в теа́тр.
Она́ была́	в Аме́рике.	Она́ е́здила	в Аме́рику.
	там.		туда́.
	здесь.		сюда́.
	до́ма.		домо́й.

③ 그림보며 대화 연습하기

1. 그림을 이용하여 보기와 같이 서로 대화 연습하세요.

   보 기

   — Где был Антон в четве́рг?
   — В четве́рг он ходи́л на по́чту.

понедельник   вторник

среда   четверг   пятница

суббота

воскресенье

2. 그림을 이용하여 Антон에 대해 이야기하세요. 이렇게 시작하세요 :
   В понеде́льник у́тром Анто́н ходи́л в поликли́нику, потому́ что был бо́лен.

урок деся́тый | **291**

대화 연습하기

다음 단어를 이용하여 보기와 같이 대화 연습하세요 :

экскурсия – факультет, Арбат – Кремль, лекция – библиотека, Англия – Америка, банк – посольство, выставка – стадион

보기

— Ви́ктор, где ты был сего́дня у́тром?
— Я был в поликли́нике. А ты? Где ты был?
— А я ходи́л в банк.

— А́нна, куда́ ты е́здила ле́том?
— Я е́здила в дере́вню. А ты? Куда́ ты е́здил?
— А я был до́ма, никуда́ не е́здил.

문법 >> Грамматика   교통수단 표현(전치격)

	на чём?(6)
е́ду е́здил	на маши́не на авто́бусе на по́езде на трамва́е на велосипе́де на метро́ на такси́

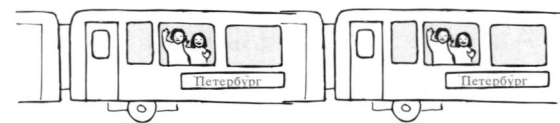

Друзья́ е́здили в Петербу́рг на по́езде.

㉟ 그림보며 말하기 연습하기

그림을 이용하여 다음 질문에 대답하세요 :

Куда и на чём ездили Антон и Анна?

урок десятый | 293

텍스트 >> Текст | **Времена́ го́да**

1. 텍스트를 읽고 다음 질문에 대답하세요 :
   Что вы узна́ли об А́нне, Ви́кторе, Ива́не, Анто́не?

   이렇게 시작하세요 : *А́нна лю́бит …*

단어 Tip

времена́ го́да	когда́?
ле́то	ле́том
о́сень	о́сенью
зима́	зимо́й
весна́	весно́й

О́сенью хо́лодно. Но А́нна лю́бит о́сень, потому́ что о́сень – о́чень краси́вое вре́мя го́да. Сейча́с А́нна идёт в парк. Она́ лю́бит гуля́ть там, осо́бенно о́сенью. О́сенью ли́стья в па́рке кра́сные, жёлтые, зелёные. Э́то о́чень краси́во!

Ви́ктор лю́бит ле́то, потому́ что ле́том кани́кулы. Ле́том он е́здил на мо́ре и отдыха́л там. Он мно́го пла́вал, загора́л и ходи́л в го́ры.

Ива́н лю́бит зи́му, потому́ что зимо́й он отдыха́ет в дере́вне. Неда́вно Ива́н е́здил в дере́вню. Там он гуля́л в лесу́. Зимо́й лес о́чень краси́вый.

Зимо́й хо́лодно, поэ́тому Анто́н не лю́бит зи́му. Он лю́бит весну́. Весно́й тепло́, хоро́шая пого́да и мо́жно гуля́ть в па́рке.

2. 다음 질문에 대답하세요 :

Какое время года вы любите и почему?

3. 친구에게 질문하세요 :

Какое время года он любит и почему?

34 듣기

대화를 듣고 다음 질문에 대답하세요 :

Когда и куда ездили Анна, друзья, Боми?

— А́нна, ты была́ в Су́здале?
— Да, я е́здила в Су́здаль.
— А когда́ ты туда́ е́здила?
— О́сенью.

— Скажи́те, куда́ вы е́здили весно́й?
— Весно́й мы е́здили на экску́рсию в Петербу́рг.
— На маши́не и́ли на по́езде?
— На по́езде.

— Боми, когда́ ты ви́дела ба́бушку и де́душку?
— Неда́вно. Зимо́й я е́здила в дере́вню на кани́кулы. Они́ бы́ли о́чень ра́ды.

35 응용하기

다음 주제로 서로 대화 연습하세요 :

Куда ездил ваш друг зимой, весной, летом и осенью?

텍스트 >> Текст Экскурсия в музей Пушкина

단어 Tip

1. Поэ́т Алекса́ндр Пу́шкин **роди́лся** в Москве́. Москва́ — его́ **ро́дно́й** го́род.

2. он сча́стлив   был сча́стлив
   она́ сча́стлива   была́ сча́стлива
   они́ сча́стливы   бы́ли сча́стливы

   Пу́шкин и его́ жена́ люби́ли друг дру́га и бы́ли сча́стливы.

Александр Пушкин   Наталья Гончарова

3. он рад   был рад   — Здра́вствуй, Ива́н! Я ра́да тебя́
   она́ ра́да   была́ ра́да   ви́деть.
   они́ ра́ды   бы́ли ра́ды   — Здра́вствуйте, Еле́на Ива́новна!
                                       Я то́же рад вас ви́деть.

4. Вчера́ Джон фотографи́ровал А́нну и Анто́на в па́рке.

5. вели́кий
   вели́кий поэ́т
   А.С. Пу́шкин — вели́кий ру́сский поэ́т.

1. 텍스트를 읽고 다음 질문에 대답하세요 : *Скажите, куда ездили друзья? Что делал Том на экскурсии?*

В суббо́ту Мари́я, Кла́ра, Том бы́ли на экску́рсии «Пу́шкин в Москве́». Э́то была́ о́чень интере́сная экску́рсия. Вот что говоря́т друзья́.

Мари́я : «Я зна́ла, что Алекса́ндр Серге́евич Пу́шкин — вели́кий ру́сский поэ́т. Я уже́ чита́ла его́ стихи́ по-англи́йски. Но я не зна́ла ра́ньше, что Пу́шкин роди́лся в Москве́. Тепе́рь я зна́ю, что Москва́ — его́ родно́й го́род. Пу́шкин и его́ жена́ жи́ли в Москве́ на Арба́те. Пото́м его́ семья́ жила́ в Петербу́рге. Но в Москве́ жи́ли его́ друзья́, поэ́тому он ча́сто быва́л в Москве́. Он о́чень люби́л Москву́. «Москва́! Как я люби́л тебя́...» — писа́л Пу́шкин».

Кла́ра : «Я о́чень ра́да, что была́ в До́ме-музе́е Пу́шкина на Арба́те. Там на портре́те я ви́дела поэ́та и его́ жену́. Алекса́ндр Серге́евич — пе́рвый поэ́т Росси́и. Его́ жена́ Ната́лья Никола́евна — пе́рвая краса́вица Москвы́. Они́ жи́ли здесь и бы́ли сча́стливы. Я ви́дела в музе́е их портре́ты.

Я ви́дела кабине́т. Здесь поэ́т рабо́тал, писа́л стихи́. Я была́ в их гости́ной. Здесь Пу́шкин и его́ жена́ отдыха́ли, слу́шали му́зыку. Здесь бы́ли их друзья́. Они́ чита́ли стихи́ и говори́ли, говори́ли, говори́ли...».

Том: «В суббо́ту я и мои́ друзья́ е́здили на авто́бусе на экску́рсию. Мы ви́дели интере́сные пу́шкинские места́ в Москве́. Я мно́го фотографи́ровал. Вот мои́ фотогра́фии. Посмотри́те их!»

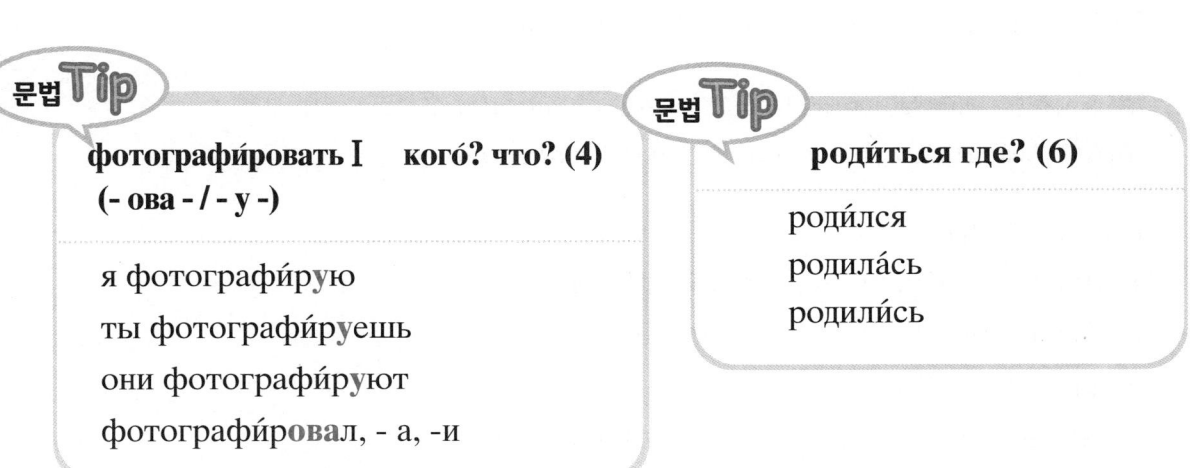

2. 위의 텍스트에 대한 질문에 대답하세요.

   1) Что де́лали в суббо́ту Мари́я, Кла́ра и Том?

   2) Кака́я была́ экску́рсия?

   3) Кто тако́й А.С. Пу́шкин?

   4) Где роди́лся и жил А.С. Пу́шкин?

   5) Мари́я ра́ньше чита́ла стихи́ Пу́шкина?

   6) Что говори́ла Кла́ра? Каки́е ко́мнаты она́ ви́дела в музе́е?

   7) Что фотографи́ровал Том на экску́рсии?

3. 위의 사진을 보고 질문에 대답하세요 : *Что вы видите?*

   (이렇게 시작하세요 : *Анна знает, что Иван сейчас…*)

4. 다음 질문에 대답하세요.

   1) Вы зна́ли ра́ньше, кто тако́й А.С. Пу́шкин?

   2) Вы чита́ли стихи́ Пу́шкина? По-ру́сски?

   3) Вы бы́ли в До́ме-музе́е на Арба́те?

   4) Что но́вого вы узна́ли об А.С. Пу́шкине?

대화 >> Диалог — Сколько лет сколько зим!

단어 Tip

1. Вчера́ я был в теа́тре. Там я встре́тил дру́га.
   Мы никого́ не встре́тили в па́рке.

2. Ви́ктор пригласи́л А́нну в го́сти.
   Друзья́ пригласи́ли меня́ домо́й.

3. Ско́лько лет, ско́лько зим!
   - О, А́нна, давно́ не ви́дела тебя́!
   - Да, ру́сские говоря́т: «Ско́лько лет, ско́лько зим!», когда́ до́лго не ви́дят друг дру́га.

문법 Tip

встре́тить II	кого́? (4)	
встре́тил	дру́га	
встре́тила	подру́гу	
встре́тили		
пригласи́ть II	кого́? (4)	куда́? (4)
пригласи́л	Анто́на	на дискоте́ку
пригласи́ла	А́нну	в го́сти
пригласи́ли	меня́	домо́й

1. 대화를 듣고 다음 질문에 대답하세요 : *Куда ездил Иван и что он там делал?*

Иван : Здравствуй, Анна!

Анна : А, Иван! Сколько лет, сколько зим! Я давно тебя не видела! Где ты был? Куда ездил? Почему не звонил?

Иван : Я был в Петербурге, работал.

Анна : Ты ездил в Петербург? Как интересно! Я очень люблю этот город, но давно не была там.

Иван : Да, и мне нравится Петербург.

Анна : Ну, расскажи, что ты делал, где ты был, кого видел?

Иван : Ты знаешь, я там много работал: писал статью и, конечно, фотографировал.

Анна : Хорошо, днём ты работал. А вечером?

Иван : Во вторник вечером я был в театре. В пятницу вечером ходил на выставку. Там я случайно встретил друга и его жену.

Анна : Твои друзья тоже москвичи?

Иван : Нет, они сейчас живут в Петербурге. Раньше мы вместе учились в Москве, в университете.

Анна : Я думаю, что вы были рады видеть друг друга.

Иван : Да, конечно, рады. Мои друзья пригласили меня в гости. Мы много говорили, слушали музыку, смотрели старые фотографии.

Сколько лет, сколько зим!

2. 위의 대화에 대한 다음 질문에 대답하세요.

   1) Как вы ду́маете, почему́ Ива́н не звони́л?
   2) Анна давно́ не была́ в Петербу́рге?
   3) Что Ива́н де́лал ве́чером в Петербу́рге?
   4) Кого́ Ива́н встре́тил на вы́ставке?
   5) Где живу́т его́ друзья́? Где они́ жи́ли ра́ньше?
   6) Где учи́лись Ива́н и его́ друзья́?
   7) Друзья́ бы́ли ра́ды ви́деть друг дру́га?
   8) Куда́ друзья́ пригласи́ли Ива́на? Что они́ де́лали?

3. «Ско́лько лет, ско́лько зим!»이라는 표현을 어떤 상황에서 사용할 수 있는지 설명하세요.

4. 다음 표현을 이용하여 Иван에 대해 이야기하세요 :

е́здил в Петербу́рг	ходи́л на вы́ставку
был в Петербу́рге	встре́тил дру́га
мно́го рабо́тал	пригласи́л в го́сти
де́лал фотогра́фии	мно́го говори́ли
писа́л статью́	слу́шали му́зыку
был в теа́тре	смотре́ли фотогра́фии

총정리 문제 》 Обобщение

1. А, Б, В를 연결하여 서로 의미가 맞는 질문과 대답을 만드세요.

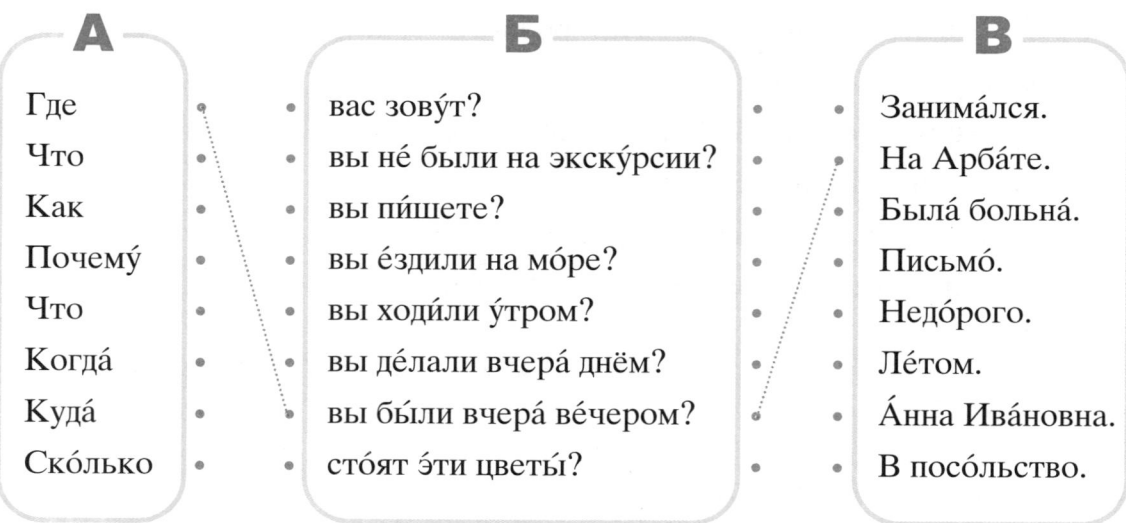

2. 다음 동사를 이용하여 대화를 보완하세요 : *быть, ходить, ездить*

   – Вы … на мо́ре ле́том?

   – Нет, не … .

   – А где вы …?

   – Мы … в дере́вне. Там мы … в лес, гуля́ли. А куда́ ты …?

   – Я … в Су́здаль. Я … туда́ на маши́не.

3. 다음 동사를 이용하여 문장을 보완하세요 : *идти, ехать*

   1) Мой друг … в Петербу́рг на маши́не.

   2) Сейча́с переры́в. Мы … в столо́вую.

   3) А́нна больна́. Сейча́с она́ … в поликли́нику.

   4) Сейча́с кани́кулы. Студе́нты … домо́й на ро́дину.

   5) Друзья́ … в го́сти.

4. 다음 동사를 이용하여 대화를 보완하세요 : *идти/ехать, ходить/ездить*

— Куда́ ты ... ?
— Я ... в библиоте́ку.
— А вы куда́ ... ?
— А мы ... домо́й.

— Ты ... в Сеу́л?
— Нет, я ... в Буса́н.
 Сейча́с мои́ роди́тели живу́т там.

5. 오른쪽에 있는 단어를 이용하여 문장을 보완하세요.

1) Сейча́с я иду́ ... Вчера́ я ходи́л ... Ве́чером я был ...	столо́вая, теа́тр, рестора́н, вы́ставка, посо́льство
2) Джон е́дет ... Неда́вно Джон был ... Ле́том Джон е́здил ...	Аме́рика, Фра́нция, Нью-Йо́рк, Росси́я, Пари́ж, Москва́
3) Мари́я ещё не была́ ... Её подру́га уже́ е́здила ... Сейча́с они́ вме́сте е́дут ...	Оде́сса, Петербу́рг, Во́логда, Смоле́нск
4) Ви́ктор за́нят. Он не идёт ... Анто́н вчера́ ходи́л ... Джон то́же был	стадио́н, дискоте́ка, конце́рт

— Ты уже́ был в ци́рке? — Да, я уже́ ходи́л ... . А ты? — А я ещё не́ был	там туда́
— Ты не зна́ешь, где Ханы́ль? — Он ... — А куда́ ты идёшь? — Я то́же иду́	до́ма домо́й

단어사전 >> Словарь

- бассе́йн 수영장
- бо́лен(больна́, больны́) 아프다
- быть(I, НСВ)(где?) 있다
- в(в чём? во что?) ~에(안에), ~으로
- вели́кий(-ая, -ое, -ие) 위대한
- весна́ 봄
- ве́чер(мероприя́тие)
  밤(행사), 저녁 파티
- ви́деть(II, НСВ)(кого́? что́?)
  보이다(단순히 보이다)
- вре́мя [중] 시간
- встре́тить(II, СВ)(кого́? что?)
  만나다
- вчера́ 어제
- гора́ 산
- гости́ная 거실
- гость 손님
- давно́ 오래전부터, 오래 전에
- до́лго 오랫동안
- домо́й 집으로
- е́здить(II, НСВ)(куда́?) -
  (타고)다니다

- е́хать(I, НСВ)(куда?) - (타고)가다
- жаль 유감스럽다
- занима́ться(I, НСВ)(где? чем?)
  공부하다
- заня́тие 수업
- зима́ 겨울
- зоопа́рк 동물원
- идти́(I, НСВ)(куда?) - (걸어)가다
- кабине́т 연구실, 서재
- кани́кулы 방학
- карти́на 그림
- краса́вица 미인
- куда́ 어디로
- лес 숲
- ле́то 여름
- молодёжный(-ая, -ое, -ые)
  젊은이의
- молодо́й челове́к 젊은이
- на [전] (на чём? на что?)
  ~에(위에), ~으로
- недо́рого 비싸지 않다
- никогда́ 한번도(한 적이 없다)

단어사전 >> Словарь

- никуда́ 아무데도(가지 않는다)
- норма́льно 괜찮다
- о́сень 가을
- отли́чно 훌륭하게, 훌륭하다
- па́мятник 기념비, 동상
- переда́ча 방송
- по́езд 기차
- позавчера́ 그저께
- портре́т 초상화
- посо́льство 대사관
- пото́м 다음에, 이후에
- пригласи́ть(II, СВ)(кого?) 초대하다
- пригласи́ть в го́сти(кого) 손님으로 초대하다
- пу́шкинский(-ая, -ое, -ие) 뿌쉬낀의
- пу́шкинские места́ 뿌쉬낀의 명소
- рад(-а, -ы) 기쁘다
- ра́ньше 예전에
- роди́ться(II, СВ)(где?) 태어나다
- случа́йно 우연히
- снача́ла 먼저, 우선
- собра́ние 모임, 회의
- совреме́нник 동시대인
- спать(II, НСВ)(где?) 자다
- ста́нция 역
- сча́стлив(-а, -ы) 행복하다
- сюда́ 여기로
- тако́й 이런, 그런
- такси́ 택시
- тепе́рь 이제
- туда́ 저기로
- у́жин 저녁
- фотографи́ровать(I, НСВ)(кого? что?) 사진찍다
- ходи́ть(II, НСВ)(куда?) 가다, 다니다
- Алекса́ндр Серге́евич Пу́шкин 알렉산드르 세르게예비치 뿌쉬낀(러시아 시인)
- Бо́ми 보미(한국 여자 이름)
- Мари́на Нёлова 마리나 니욜로바(러시아 여배우)
- Ната́лья Никола́евна 나딸리야 니꼴라예브나(여자 이름과 부칭)

단어사전 〉〉 Словарь

- Одéсса   오뎃사(우끄라이나의 도시 이름)
- у́лица Молодёжная
  몰로죠즈나야 거리
- теа́тр «Совреме́нник»
  '소브레멘닉' 극장
- спекта́кль «Три сестры́»
  공연 《세 자매》

- Как жаль!   유감입니다!
- Кто тако́й А.С. Пу́шкин?
  뿌쉬낀은 누구예요?
- Рад вас (тебя) ви́деть.
  당신(너)을 만나서 기쁘다
- Расскажи́(те)!   이야기해줘!(해주세요!)
- Ско́лько лет, ско́лько зим!
  너무 오래간만이다!
- Пойдём вме́сте.   함께 가자!

Урок одиннадцатый 11

이과의 길잡이

※ **핵심 포인트**
– Ты прочитал книгу?
– Прочитал.

– Сколько сейчас времени?
  (Который час?)
– 2 часа.

– Когда он позвонил?
– В 2 часа.

Анна долго переводила статью.
Иван каждый день покупает газеты.
Я хочу пойти в поликлинику к врачу.
Они могут поехать в цирк.

• **회화 포인트**
Какие планы?
Давай(те) встретимся!
Пойдём(те) на выставку!
Скажите, пожалуйста, который час?

• **발음 포인트** 다음절 단어 및 구문의 발음, 억양 연습

• **문법 포인트**
동사의 개념(사실, 반복, 과정 등의 표현)
불완료상과 완료상의 용법(과거 시제)
ХОТЕТЬ + 동사의 원형
운동동사 ПОЙТИ – ПОЕХАТЬ의 용법
(ХОЧУ ПОЙТИ, ХОЧУ ПОЕХАТЬ)
여격의 의미 – 운동의 방향(К КОМУ?)
МОЧЬ + 동사의 원형
시간 표현(КОГДА? СКОЛЬКО ВРЕМЕНИ?)

발음 〉〉 **Фонетика**

❶ 듣고 따라하기

어구의 발음을 연습하세요.

1. слу́шает - слу́шать - лю́бит слу́шать
   смо́трит - смотре́ть - лю́бит смотре́ть
   игра́ет - игра́ть - лю́бит игра́ть
   ку́рит - кури́ть - лю́бит кури́ть
   занима́ется - занима́ться - лю́бит занима́ться

2. был в теа́тре — смотре́л бале́т
   была́ в библиоте́ке — чита́ла кни́гу
   бы́ли на стадио́не — игра́ли в футбо́л
   была́ на конце́рте — слу́шала му́зыку
   жил в Москве́ — учи́лся в шко́ле
   учи́лась в университе́те — учи́ла англи́йский язы́к
   ходи́ли на вы́ставку — ви́дели но́вые карти́ны
   е́здил домо́й — ви́дел дру́га
   ви́дела подру́гу — пригласи́ла её в го́сти
   ждала́ подру́гу — гото́вила у́жин

3. был - не́ был
   была́ - не была́
   бы́ло - не́ было
   бы́ли - не́ были

❷ 강세 유형별로 읽기

강세 유형별로 단어를 읽으세요.

__ /	/ __
иду́	е́ду
идёшь	е́дешь
идёт	е́дет
идём	е́дем
идёте	е́дете
иду́т	е́дут

Куда́ ты идёшь? - Куда́ ты е́дешь?
Куда́ вы идёте? - Куда́ вы е́дете?
иду́ пешко́м   - е́ду на по́езде

❸ 듣고 따라하기

문장 발음 연습하세요. 마지막 문장을 외우고 노트에 적으세요.

.. мы е́здили ➡

Мы е́здили в Су́здаль. ➡

Вчера́ мы е́здили в Су́здаль. ➡

Вчера́ мы е́здили в Су́здаль на авто́бусе. ...

... друг ходи́л ➡

... мой друг ходи́л ➡

Мой друг ходи́л в теа́тр. ➡

Мой ста́рый друг ходи́л в теа́тр. ➡

Неда́вно мой ста́рый друг ходи́л в теа́тр. ➡

Неда́вно мой ста́рый друг ходи́л в теа́тр на спекта́кль. ➡

Неда́вно мой ста́рый друг ходи́л в теа́тр на спекта́кль «Три сестры́». ...

... сестра́ пригласи́ла ➡

... моя сестра́ пригласи́ла ➡

Моя́ сестра́ пригласи́ла Анто́на. ➡

Моя сестра пригласила Антона в гости. ➡

Моя младшая сестра пригласила Антона в гости. ➡

В субботу моя младшая сестра пригласила Антона в гости. ...

... не был на лекции ➡

Жан не был на лекции. ➡

В среду Жан не был на лекции. ➡

В среду Жан не был на лекции, потому что был болен. ...

❹ 대화 연습하기

대화를 듣고 익힌 후 유사한 대화를 만드세요.

— Джон, где ты был в субботу вечером?
— В субботу вечером? Я был дома.

— Антон, ты уже был в цирке?
— Да, был. Я очень люблю цирк.

— Анна, ты была в Лондоне?
— Нет, ещё не была. А ты?
— А я уже был. Мне очень нравится Лондон.

— Вы не знаете, где можно купить цветы?
— Я думаю, что цветы можно купить в киоске или в магазине.

— Антон, ты не знаешь, куда Виктор ходил вчера вечером?
— Знаю. Он ходил в поликлинику, потому что он болен.

– Вы е́здили на Чёрное мо́ре?
– Нет, мы ещё не́ были там.
– Дава́йте пое́дем туда́ ле́том!

– Мари́я, вы не ви́дели Джо́на?
– Ви́дела, он сейча́с в столо́вой.

– Ты е́дешь домо́й на метро́?
– Нет, на авто́бусе. Я не люблю́ метро́.

❺ 빈 칸 채우기

대답에 맞는 질문을 만드세요.

– … ?
– Нет, на маши́не.
  Мы е́здили в Су́здаль на маши́не.

– … ?
– В понеде́льник. Мы бы́ли в музе́е в понеде́льник.

– … ?
– На ле́кцию.

– …. ?
– Кани́кулы ле́том.

– … ?
– Ве́чером я чита́л.

– … ?
– В свобо́дное вре́мя я люблю́ игра́ть на компью́тере.

– … ?
– Потому́ что он был за́нят.

6 듣기

대화를 듣고 다음 질문에 대답하세요.

1. *Где находятся эти люди?*

   – Джон, почему вы вчера не были на уроке?
   – Я был болен, Елена Ивановна.

   – Клара, привет! Ты куда идёшь?
   – На почту. А ты?

2. *Где были эти люди?*

   – Нури, куда ты ходил в субботу?
   – В субботу утром я ходил в магазин.
     А вечером ходил в кино.

   – Хана, куда вы ездили летом?
   – Летом я ездила на родину, в Корею.

3. *Куда ходили или ездили эти люди?*

   – Жан, где ты был вчера вечером?
   – Я был на стадионе, играл в теннис.

   – Мария, вы уже видели Петербург?
   – Да, я была там летом.

문법 >> **Грамматика** | 동사의 상

Виды глагола(동사의 상)
(불완료상 **несовершенный вид - НСВ** / 완료상 **совершенный вид - СВ**)

	ВРЕМЯ (시제)	**НСВ** (불완료상)	**СВ** (완료상)
미래시제	бу́дущее вре́мя	бу́ду чита́ть	прочита́ю
현재시제	настоя́щее вре́мя	чита́ю	—
과거시제	проше́дшее вре́мя	чита́л	прочита́л

НСВ

Сейча́с А́нна **пи́шет** письмо́.

СВ

А́нна уже́ **написа́ла** письмо́ и положи́ла его́ в конве́рт.

현재시제 — 항상 **НСВ**

— Анто́н, что ты сейча́с де́лаешь?
— **Отдыха́ю, игра́ю** на компью́тере и **слу́шаю** му́зыку.
Сейча́с Анто́н **отдыха́ет, игра́ет** на компью́тере и **слу́шает** му́зыку.

урок одиннадцатый

과거시제 – HCB 또는 CB

HCB	CB
1 – Что ты **де́лал** вчера́? – **Гуля́л, чита́л** газе́ты, **писа́л** пи́сьма, **игра́л** в футбо́л. А ты? (행위자체, 사실)	– Вчера́ я мно́го **сде́лал: прочита́л** газе́ту, **написа́л** пи́сьма, **пригото́вил** у́жин, **посмотре́л** фильм. (결과, 상황의 변화)
2 – Как ча́сто ты **звони́шь** домо́й? – Ра́ньше **звони́л** ча́сто, ка́ждый день, а тепе́рь **звоню́** раз в ме́сяц. (행위의 반복)	– А я вчера́ **позвони́л** домо́й и **сказа́л**, что у меня́ всё в поря́дке. (행위의 일회성, 결과)
3 – Ско́лько вре́мени ты **чита́л** расска́з? – До́лго. Я **чита́л** его 2 часа́. (과정)	

1
– Джон, ты прочита́л кни́гу?
– Прочита́л.
– Да́й, пожа́луйста.

❼ 읽기

텍스트를 읽고 질문에 대답하세요. 그리고 '행위 자체' 와 '행위의 결과' 를 의미하는 동사를 지적하세요.

Вчера́ ве́чером Ю́ра не гуля́л, не смотре́л телеви́зор. Он чита́л кни́гу «А.С. Пу́шкин в Москве́». Он прочита́л её и узна́л, когда́ и где жил Пу́шкин в Москве́, каки́е стихи́ он написа́л здесь.

Что делал Юра вчера вечером? Что узнал Юра, когда прочитал книгу? Как вы думаете, раньше Юра знал, где жил Пушкин?

Вчера Наташа читала книгу «А.С. Пушкин в Москве», но **не прочитала** её. Она ещё не знает, где и когда жил Пушкин в Москве, какие стихи он **написал** здесь.

Что делала Наташа вчера вечером? Почему Наташа ещё не знает, где и когда жил Пушкин в Москве? Она знает, какие стихи Пушкин написал в Москве?

Вчера вечером Ира писала письмо домой. Раньше она не писала письма домой, она звонила по телефону. Но вчера Ира написала большое хорошее письмо.

Что делала Ира вечером? Почему раньше Ира не писала письма домой? Что вчера сделала Ира?

Сегодня на уроке Джон решал задачу. Задача была трудная. Джон долго решал её. Он решил задачу, написал и показал правильный ответ.

Что делал Джон на уроке? Почему Джон долго решал задачу? Джон решил задачу?
Почему вы так думаете?

урок одиннадцатый | 315

문법 〉〉 Грамматика | 완료/불완료상의 형태

де́лать / сде́лать	что де́лал? **НСВ**	что сде́лал? **СВ**
чита́ть / [про]чита́ть	чита́л	[про]чита́л
писа́ть / [на]писа́ть	писа́л	[на]писа́л
смотре́ть / [по]смотре́ть	смотре́л	[по]смотре́л
слу́шать / [по]слу́шать	слу́шал	[по]слу́шал
учи́ть / [вы́]учить	учи́л	[вы́]учил
знать / [у]зна́ть	знал	[у]зна́л
есть / [с]ъесть	ел	[с]ъел
пить / [вы́]пить	пил	[вы́]пил
гото́вить / [при]гото́вить	гото́вил	[при]гото́вил
реш[а́]ть I / реш[и́]ть II	реш[а́]л	реш[и́]л

повтор**я**ть I повтор**и**ть II	повтор**я**л	повтор**и**л
пок**а**з**ыва**ть I показ**а**ть II	пок**а**з**ыва**л	показ**а**л
покуп**а**ть I куп**и**ть II	**по**куп**а**л	куп**и**л
говор**и**ть II сказ**а**ть I	говор**и**л	сказ**а**л

❽ 그림보며 대화 연습하기

각 그림에 맞는 대화를 찾으세요.

①    ②

– Что де́лал кот?
– Кот пил молоко́.

– А где молоко́?
– Кот вы́пил молоко́.

③    ④

– Соба́ка голо́дная?
– Нет, она́ е́ла мя́со.

⑤

– А где мя́со? Оно́ бы́ло тут!
– Соба́ка съе́ла мя́со.

– Сейча́с кот и соба́ка спят.

урок одиннадцатый | **317**

❾ 대화 연습하기

대화를 듣고 완료상과 불완료상의 차이를 비교하세요. 대화 내용에 대해 이야기하세요.

— Что ты де́лал вчера́ ве́чером?
— Смотре́л телеви́зор.

— Где ты была́ вчера́?
— До́ма, де́лала дома́шнее зада́ние.

— Ты уже́ вы́учила но́вые слова́?
— Я учи́ла, но не вы́учила. О́чень тру́дные слова́. Я ещё пло́хо зна́ю их.

— Ты уже́ написа́л упражне́ние?
— Написа́л.
— Дай, пожа́луйста, уче́бник.

— Вы прочита́ли но́вый текст?
— Нет, ещё не прочита́л, потому́ что э́то о́чень большо́й текст.

— Вы чита́ли сего́дня газе́ту?
— Нет, ещё не чита́л.

— Почему́ ты не была́ вчера́ на вы́ставке?
— Я занима́лась в библиоте́ке.

— Ха́на, что ты де́лала вчера́ ве́чером? Ты учи́ла но́вые слова́?
— Коне́чно, учи́ла. Я бы́стро вы́учила слова́ и прочита́ла но́вый текст.
— А что ты де́лала пото́м?
— А пото́м смотре́ла фильм по телеви́зору.

— Ви́ктор, что ты де́лал в суббо́ту?
— В суббо́ту? Я писа́л статью́ в журна́л.
— Написа́л?
— Да, написа́л. В сре́ду статья́ была́ в журна́ле. Ты чита́ла журна́л?
— Нет, ещё не чита́ла.

— Ты уже́ купи́ла ша́пку?
— Купи́ла.
— Покажи́, пожа́луйста.
— Вот, посмотри́!

⑩ 듣기

대화를 듣고 보기와 같이 알게 된 내용에 대해 이야기하세요.

보기

> Я узна́л(а), что Джон прочита́л статью́ в газе́те.

– Джон, ты уже́ прочита́л статью́?
– Да, прочита́л.
– Дай, пожа́луйста, газе́ту.

– Кла́ра, вы уже́ послу́шали му́зыку?
– Да, послу́шала.
– Да́йте, пожа́луйста, кассе́ту.

– Ха́на, ты уже́ купи́ла сувени́ры?
– Купи́ла.
– Покажи́, пожа́луйста.

– Ива́н, ты уже́ сде́лал фотогра́фии?
– Да, сде́лал.
– Покажи́, пожа́луйста.

⑪ 대화 연습하기

다음 표현을 이용하여 ⑩과 같이 대화 연습하세요.

написать статью *(упражнение, домашнее задание, новые слова)*,
прочитать книгу *(газету, журнал, рассказ, стихи, статью)*,
купить сувениры *(открытки, газеты, журналы)*

⑫ 대화 연습하기

다음 표현을 이용하여 보기와 같이 대화 연습하세요.

1. *закончить работу, выучить стихи, прочитать газету, решить задачу, повторить слова, написать рассказ, посмотреть фильм*

урок одиннадцатый

> 보기
>
> — А́нна, ты уже́ сде́лала дома́шнее зада́ние?
> — Сде́лала.
> — Пойдём на вы́ставку! Я купи́л биле́ты.
> — С удово́льствием.

пойдём(те)

в теа́тр
на стадио́н
на вы́ставку
в кино́
на экску́рсию
в цирк
куда́-нибу́дь

2. не сделать домашнее задание, не написать письмо, не решить задачу, не выучить новые слова, не повторить урок?

> 보기
>
> — Ви́ктор, пойдём игра́ть в футбо́л!
> — Извини́, сейча́с я за́нят. Я ещё не прочита́л но́вый текст.

⓭ 듣기

대화를 듣고 다음 질문에 대답하세요 : *Почему Джон не повторяет новые слова? Почему Том не покупает перчатки? Почему Клара не обедает?*

— Джон, почему́ вы не повторя́ете но́вые слова́?
— Я уже́ повтори́л их вчера́ ве́чером.

— Хо́лодно?
— Хо́лодно!
— Том, а почему́ ты не покупа́ешь перча́тки?
— Я уже́ купи́л их, но забы́л до́ма.

— Кла́ра, почему́ вы не обе́даете?
— Я уже́ пообе́дала.

| забыва́ть I (НСВ) | забы́ть I (СВ) |
кого́?/что? (4)	
я забыва́ю	
ты забыва́ешь	
они́ забыва́ют	
забыва́л (-а,-и)	забы́л (-а, -и)
Не забыва́й(те)!	Не забу́дь(те)!

⑭ 대화 연습하기

다음 표현을 이용하여 ⑬과 같이 대화 연습하세요.

не повторя́ть грамма́тику,

не де́лать дома́шнее зада́ние,

не писа́ть упражне́ния,

не покупа́ть кни́ги *(газе́ты, ве́щи, проду́кты)*,

не учи́ть стихи́ *(слова́, глаго́лы)*

текст >> **ТЕКСТ** | Ре́пка

러시아 전래동화 «Ре́пка»를 읽고 대답하세요 : *Кто вы́тащил ре́пку?*

Посади́л дед ре́пку.

Вы́росла ре́пка больша́я-больша́я, о́чень больша́я.

Дед тащи́л ре́пку — не вы́тащил. Дед позва́л ба́бку.

Дед и ба́бка тащи́ли ре́пку — не вы́тащили. Ба́бка позвала́ вну́чку.

Дед, ба́бка и вну́чка тащи́ли ре́пку — не вы́тащили. Вну́чка позвала́ соба́ку Жу́чку.

Дед, ба́бка, вну́чка и Жу́чка тащи́ли ре́пку - не вы́тащили. Жу́чка позвала́ ко́шку.

Дед, ба́бка, вну́чка, Жу́чка и ко́шка тащи́ли ре́пку - не вы́тащили. Ко́шка позвала́ мы́шку.

Дед, ба́бка, вну́чка, Жу́чка, ко́шка и мы́шка тащи́ли ре́пку и …

вы́тащили.

> 문법 **Tip**
>
> тащи́ть II (НСВ)
> вы́тащить II (СВ) что? (4)
>
> тащи́л, вы́тащил (-а, -и)

문법 〉〉 **Грамматика** | 동사의 상(계속)

2
- Иван каждый день покупал газеты.
- Сегодня он тоже купил газету.

	НСВ ⇢		когда?		СВ →	
кто?	что	делает? делал?		кто?	что сделал?	
Иван Анна	пишет статью покупала газеты		сегодня в понедельник	Иван Анна	написал статью купила газеты	

как часто?

				каждый день
Иван	читает читал	журналы		часто
				редко
				обычно
Анна	смотрит смотрела	телевизор		иногда
				всегда

ЗАПОМНИТЕ!

Что делал сегодня Иван? ▶ Сегодня Иван писал / написал статью.

Когда Иван писал / написал статью? ▶ Иван писал / написал статью сегодня.

Как часто Иван писал статьи? ▶ Иван писал статьи иногда. / часто. / редко.

урок одиннадцатый

⑮ 듣기

대화를 듣고 내용에 대해 이야기하세요. 완료/불완료상의 용법을 비교하세요.

– Когда́ Ива́н писа́л статью́?
– Сего́дня. Ива́н писа́л статью́ сего́дня. Я не зна́ю, написа́л он её и́ли нет.

– Когда́ Ива́н написа́л статью́?
– Сего́дня. Вот она́, посмотри́.

– Анто́н, ты ча́сто покупа́ешь сок?
– Да, ча́сто, я ка́ждый день покупа́ю сок. Но сего́дня я купи́л фру́кты.

– Мари́я, ты вчера́ пло́хо написа́ла дикта́нт. Ты повторя́ла слова́?
– Я всегда́ повторя́ю но́вые слова́. Но вчера́ я не повтори́ла их, потому́ что была́ занята́.

– Кто забы́л зонт?
– Э́то Анто́н забы́л. Он всегда́ забыва́ет ве́щи.

– Ха́на, ты написа́ла письмо́ домо́й?
– Нет, не написа́ла. Я пишу́ пи́сьма ре́дко. Обы́чно я звоню́ домо́й.

– Ты лю́бишь гото́вить?
– Нет, я не люблю́ гото́вить. Я ре́дко гото́влю. Но сего́дня я пригото́вила вку́сный у́жин, я жду подру́гу.

⑯ 문장 만들기

문장을 읽고 보기와 같이 행위의 반복을 의미하는 문장을 만드세요.

보기

Вчера́ Анто́н посмотре́л футбо́л.
Он ча́сто смо́трит футбо́л, потому́ что он лю́бит спорт.

Ве́чером мой друг прочита́л но́вый детекти́в.
Вчера́ Ива́н написа́л статью́.
Сего́дня у́тром мы послу́шали «Ру́сское ра́дио».
Вчера́ ве́чером Джон вы́учил но́вые стихи́.
Сего́дня Жан бы́стро реши́л зада́чу.
Вчера́ студе́нты повтори́ли грамма́тику.
Сего́дня преподава́тель сказа́л: «Нельзя́ опа́здывать».
Вчера́ днём А́нна купи́ла вку́сное моро́женое.

⑰ 대화 연습하기

다음 표현을 이용하여 보기와 같이 대화 연습하세요.

Ваш друг посмотрел фильм? (Прочитал газету? Написал рассказ? Позвонил домой? Повторил слова? Приготовил обед? Послушал музыку? Сделал домашнее задание? Сделал фотографии?) Часто ли он это делает?

보기

— Джон, ты посмотре́л вчера́ фильм по телеви́зору?
— Да, посмотре́л.
— Ты ча́сто смо́тришь фи́льмы по телеви́зору?
— Нет, обы́чно я смотрю́ фи́льмы в кинотеа́тре.

문법 〉〉 **Грамматика** | 시간 표현

- Ско́лько сейча́с вре́мени?
- 2 часа́. / Сейча́с 2 часа́.

— Ско́лько сейча́с вре́мени? = Кото́рый час?
— 7 часо́в 10 мину́т.

Сейча́с	1 (оди́н) час	1 (одна́) мину́т а
	2 (два), 3, 4 час а́ [чиса́]	2 (две), 3, 4 мину́т ы
	5 - 20 час о́в [чисо́ф]	5 - 20 мину́т

⑱ 대화 연습하기

그림을 이용하여 보기와 같이 대화 연습하세요.

보 기

— Вы не ска́жете, ско́лько сейча́с вре́мени?
— Сейча́с 4 часа́ 25 мину́т.
— Спаси́бо.

문법 >> Грамматика 동사의 상 (계속)

3 Джон до́лго учи́л но́вые стихи́, 2 часа́. Он вы́учил стихи́ и поэ́тому хорошо́ прочита́л их на ве́чере.

кто?	глаго́л НСВ	ско́лько вре́мени? (=как до́лго?)
Джон	чита́л кни́гу	час
	писа́л письмо́	30 мину́т (полчаса́)
Анна	гуля́ла	до́лго, 3 часа́.
	смотре́ла телеви́зор	недо́лго, полчаса́

⑲ 대화 연습하기

아래와 같이 시간 관련 대화를 연습하세요.

— Посмотри́! Ско́лько сейча́с вре́мени?!
— 5 часо́в…
— Ско́лько вре́мени ты гуля́л?!
— Я гуля́л 5 часо́в…
— О́чень до́лго!

⑳ 이야기 연습하기

다음 질문에 대답하여 어제 한 일에 대해 이야기하세요 :
Скажи́те, ско́лько вре́мени вы вчера́ де́лали дома́шнее зада́ние? (чита́ли, обе́дали, спа́ли, гуля́ли, смотре́ли телеви́зор, говори́ли по телефо́ну) Что ещё вы вчера́ де́лали и ско́лько вре́мени?

урок одиннадцатый

그림보며 이야기 연습하기

그림을 이용하여 다음 질문에 대답하세요 : *Сколько времени Виктор завтракал (был в университете, обедал, ...)?*

이야기 연습하기

다음 질문에 대답하여 어제 한 일에 대해 이야기하세요 :
Что вы делали? Где были? Сколько времени?

문법 >> **Грамматика** | 행위의 시간

— Когда́ ты смотре́л «Но́вости»?
— В 10 часо́в. / Я смотре́л «Но́вости» в 10 часо́в.

кто?	НСВ / СВ	когда́?
Анто́н	был в университе́те	у́тром в 10 часо́в.
А́нна	ходи́ла в теа́тр	вчера́ ве́чером.
Ханы́ль	позвони́л домо́й	в 9 часо́в.
Кла́ра	ждала́ подру́гу	днём.

비교하세요

ско́лько вре́мени? (얼마 동안?)		когда́? (언제?)
1 час		(1) час
2, 3, 4 часа́	**В**	2, 3, 4 часа́
5 - 20 часо́в		5 - 20 часо́в

문장 만들기

표시된 단어에 대한 질문을 만드세요.

В час я был в библиоте́ке, я был за́нят. Я писа́л статью́.
Я писа́л статью́ **недо́лго, час**.
Я написа́л статью́ **в 2 часа́**, и пото́м я был свобо́ден.

урок одиннадцатый | 329

24 읽기

대화를 읽고 질문에 대답하세요 : *Когда и где Джон ждёт Антона?*

— А́нна, скажи́, пожа́луйста, кото́рый час?
— Сейча́с 2 часа́, Анто́н.
— Уже́ 2 часа́! Джон ждёт меня́ в библиоте́ке в 2 часа́. Мы обы́чно вме́сте занима́емся.

25 그림보며 이야기 연습하기

그림을 이용하여 다음 질문에 대답하세요 :

Когда Джон был в университете, обедал в столовой, звонил, смотрел телевизор, играл в футбол, был в посольстве?

㉖ 응용하기

1. ㉕의 시간에 여러분이 어디에서 무엇을 했는지 이야기하세요.
2. ㉑의 그림을 이용하여 다음 질문에 대답하세요 : *Когда Виктор позавтракал, приготовил ужин, поужинал, лёг спать? А вы?*

문법 Tip

лечь I (СВ)

лёг
легла́   спать
легли́

문법 >> Грамматика 기원/바람의 표현

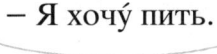
— Я хочу́ пить.

— Я хочу́ есть.

— Я хочу́ спать.

— Мне нра́вится Москва́. Я хочу́ рабо́тать в Москве́.

— Я то́же всегда́ хоте́ла уви́деть Москву́ свои́ми глаза́ми.

문법 Tip

хотеть	что де́лать ? что сде́лать ?
я	хочу́
ты	хо́чешь
он	хо́чет
мы	хоти́м
вы	хоти́те
они́	хотя́т
	хоте́л (-а, -и)

НСВ (불완료상)

я хочу́ / хоте́л
- учи́ться в университе́те
- писа́ть стихи́
- знать ру́сский язы́к
- игра́ть в футбо́л
- хорошо́ говори́ть по-ру́сски
- есть, пить
- спать

СВ (완료상)

я хочу́ / хоте́л
- прочита́ть э́тот рома́н
- написа́ть письмо́ домо́й
- послу́шать му́зыку
- пригото́вить обе́д
- узна́ть, где он живёт
- съесть моро́женое
- купи́ть цветы́
- пообе́дать

НЕ... + НСВ (불완료상)

я не хочу́ / не хоте́л
- писа́ть пи́сьма
- знать, где он живёт
- есть
- игра́ть в футбо́л
- покупа́ть цветы́

❷ 문장 만들기

다음 질문에 대답하여 보기와 같은 문장을 만드세요:

1. *Что вы хотите (или не хотите) делать (сделать) и почему?*

   보 기

   Я не хочу́ есть, потому́ что я уже́ пообе́дал.

2. *Почему вы учите русский язык?*

   보 기

   Мы у́чим ру́сский язы́к, потому́ что мы хоти́м говори́ть по-ру́сски.

   Мы хоти́м знать ру́сский язы́к, потому́ что мы хоти́м учи́ться в Росси́и.

3. *Какой иностранный язык вы учили раньше? Почему?*
4. *Какой иностранный язык учит ваш брат (друг, подруга, сестра) и почему?*

㉘ 읽기

텍스트를 읽고 다음 질문에 대답하세요.

– Анто́н, ты не зна́ешь, где мо́жно купи́ть попуга́я?
– Попуга́я? Ты хо́чешь купи́ть попуга́я?
– Да.
– Почему́?
– Я прочита́л расска́з и узна́л, что попуга́и живу́т 200 лет. Я хочу́ прове́рить.

1. *Почему Джон хочет купить попугая?*
2. *Как вы думаете, можно или нельзя проверить, сколько лет живут попугаи?*

урок одиннадцатый | **333**

> **문법 Tip**
>
> проверя́ть I (НСВ)
> прове́рить II (СВ)   что? (4)
>
> прове́рил (-а, -и)
> Прове́рь (те)!

㉙ 문장 만들기

아래의 단어와 구문 중 서로 맞는 것을 찾으세요. 서로 맞는 단어와 구문을 이용하여 보기와 같은 문장을 만드세요.

> **보 기**
>
> И́ра, э́то твой **журна́л**? Дай, пожа́луйста, я хочу́ **прочита́ть статью́**.

кни́га	посмотре́ть фильм
ру́чка	прове́рить сло́во
магнитофо́н	послу́шать му́зыку
кассе́та	прочита́ть э́тот расска́з
слова́рь	написа́ть а́дрес
уче́бник	сде́лать упражне́ние

문법 >> Грамматика | 계획/의도의 표현

Завтра	я хочу́ пойти́	хочу́ пое́хать ...
Сейча́с	я иду́	е́ду ...
Вчера́	я ходи́л	е́здил ...

— Анто́н, куда́ ты хо́чешь пойти́ ве́чером?

— Я хочу́ пойти́ на дискоте́ку. Я люблю́ танцева́ть.

— Я хочу́ пойти́ к подру́ге на день рожде́ния.

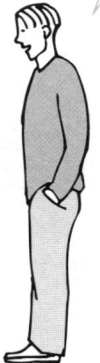

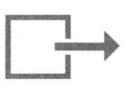 куда? (4)

хочу́ пойти́ / пое́хать
- в го́сти
- в поликли́нику
- в университе́т

 к кому? (3)

- к Анто́ну — к А́нне
- к дру́гу — к подру́ге
- к врачу́
- к дека́ну

남성	여성	중성
□ → у	а, я → е	о → у
ь, й → ю	ь → и	е → ю
	ия → ии	

> Пойдём(те) в гости к Áнне!
> Поéдем(те) в Петербýрг на машúне!

🔊 읽기

아래의 텍스트를 읽고 다음 질문에 대답하세요 :
Куда (когда и почему) хочет пойти Нури, хочет поехать Клара?

В суббóту Нурú хóчет пойтú на стадиóн. Он хóчет посмотрéть, как игрáет комáнда «Спартáк».

Клáра знáет, что Сýздаль — стáрый рýсский гóрод. Онá давнó хóчет посмотрéть э́тот гóрод. Там живёт её подрýга. Клáра хóчет поéхать к подрýге в воскресéнье. Э́то не óчень далекó. Онá хóчет поéхать тудá на машúне.

🔊 듣기

1. 아래의 대화를 듣고 다음 질문에 보기와 같이 대답하세요 :
Что вы узнáли? Скажúте о своúх плáнах.

보 기

> Я узнáл, что в суббóту Марúя хóчет пойтú … . А я …

— Марúя, кудá ты хóчешь пойтú в суббóту?
— Я хочý пойтú в зоопáрк. Я ещё не былá там.

— Вúктор, кудá вы хотúте поéхать лéтом?
— Лéтом я хочý поéхать отдыхáть в Крым. Я люблю́ Чёрное мóре.

— Нурú, кудá ты хóчешь пойтú зáвтра?
— Я хочý пойтú в библиотéку. Я люблю́ занимáться в библиотéке.

2. 친구들의 계획에 대해 알아보세요.

32 문장 만들기

아래의 단어와 구문 중 서로 맞는 것을 찾으세요. 서로 맞는 단어와 구문을 이용하여 보기와 같이 문장을 만드세요.

> **보 기**
>
> Антон любит театр. Он хочет пойти в театр и посмотреть спектакль.

- Иван Петрович любит смотреть картины и фотографии.
- Хана любит читать.
- Джон любит теннис.
- Мы любим кино.
- Друзья любят мороженое.

- кинотеатр
- выставка «Фото-XXI»
- «Дом книги»
- стадион
- кафе

33 문장 만들기

다음 질문에 대답하여 보기와 같이 문장을 만드세요 :
В какой город вы хотите поехать и почему?

> **보 기**
>
> Я хочу поехать в Мадрид, потому что ▶
> я никогда не видел этот город.
> я хочу посмотреть этот город.
> я никогда не был там.
> я знаю, что это красивый город.
> там живёт мой хороший друг.

урок одиннадцатый | 337

34 대화 연습하기

다음 질문에 대답하여 보기와 같이 서로 대화 연습하세요 : *Куда хотят пойти (поехать) ваши друзья сегодня вечером, в субботу, в воскресенье, летом?*

> **보 기**
>
> – Ива́н, куда́ ты хо́чешь пойти́ за́втра ве́чером?
> – Ещё не зна́ю. Я хочу́ пойти́ в го́сти и́ли на дискоте́ку. Пойдём вме́сте!
> – Пойдём!

35 읽기

아래의 문장을 읽고 다음 질문에 대답하세요 : *Куда и к кому хотят пойти (поехать) Джон, Клара, Том, Антон и Виктор?*

Ле́том Джон хо́чет пое́хать в Испа́нию к дру́гу, потому́ что его́ друг живёт в Испа́нии.

Ве́чером Кла́ра хо́чет пойти́ в общежи́тие к подру́ге, потому́ что они́ давно́ не ви́дели друг дру́га.

В сре́ду Том хо́чет пойти́ в поликли́нику к врачу́, потому́ что он бо́лен.

В кани́кулы Анто́н и Ви́ктор хотя́т пое́хать в дере́вню к ба́бушке, потому́ что они́ лю́бят отдыха́ть в дере́вне.

В понеде́льник студе́нты хотя́т пойти́ к дека́ну, потому́ что они́ хотя́т пригласи́ть дека́на на ве́чер.

36 그림보며 이야기 연습하기

아래 그림을 이용하여 다음 질문에 대답하세요 :

Куда (к кому?) хотят пойти эти люди?

문법 》》 **Грамматика**   '~ 할 수 있다' 구문

— А я не могу́ есть бана́ны!

— Я могу́ съесть все э́ти бана́ны!

мочь I +	что де́лать? / что сде́лать?
я могу́	говори́ть по-ру́сски
ты мо́жешь	писа́ть по-коре́йски
он/она́ мо́жет	позвони́ть домо́й
мы мо́жем	купи́ть проду́кты
вы мо́жете	пойти́ в кино́
они́ мо́гут	пое́хать в Петербу́рг
мог	прочита́ть журна́л
могла́	
могли́	

урок оди́ннадцатый | **339**

㉗ 듣기

1. 대화를 듣고 'мочь + 동사원형'을 익히세요.

Антóн: — Áнна, кудá ты хóчешь пойтú в воскресéнье?

Áнна: — Я не знáю.

Антóн: — Ты лю́бишь теáтр? Мы мóжем пойтú на балéт.

Áнна: — Ты знáешь, я люблю́ балéт, но я не хочу́ идтú в теáтр, потому́ что я недáвно былá там.

Антóн: — Хóчешь, пойдём на футбóл? Я óчень люблю́ футбóл.

Áнна: — Футбóл?! Не люблю́ футбóл.

Антóн: — Мы мóжем поéхать в Измáйловский парк, погуля́ть там.

Áнна: — Я не хочу́ гуля́ть, в воскресéнье бу́дет хóлодно. Я не люблю́ дождь и вéтер.

Антóн: — Мóжет быть, пойдём в гóсти к Ивáну? Он живёт здесь, недалекó.

Áнна: — Замечáтельно! Давáй пойдём к Ивáну. Я давнó не вúдела егó.

2. 다음 질문에 대답하세요:
   Куда хочет пойти Антон? Почему? Куда не хочет идти Анна? Почему? Куда могут пойти Антон и Анна?

㊳ 대화 연습하기

다음의 질문을 이용하여 보기와 같이 대화 연습하세요:

Куда хочет пойти (поехать) ваш друг (подруга)?
Что он (она) любит? Скажите, что вы (не) можете пойти вместе.

> 보기
>
> — Джон, куда **ты хо́чешь** пойти́ в воскресе́нье ве́чером?
> — В цирк. Я о́чень люблю́ цирк.
> — **Я то́же хочу́** пойти́ в цирк.
> — **Мы мо́жем** пойти́ вме́сте.
> — Хорошо́, пойдём.
>
> — Кла́ра, куда́ **вы хоти́те** пое́хать в кани́кулы?
> — **Я хочу́ пое́хать** на экску́рсию во Влади́мир.
> — А **я не могу́** туда́ пое́хать. **Я хочу́ пое́хать** в Сиби́рь к ба́бушке. Она́ давно́ ждёт меня́.

텍스트 >> Текст | Цирк

Ста́рый цирк на Цветно́м бульва́ре

Но́вый цирк на проспе́кте Верна́дского

단어 Tip

1.
показывать I (НСВ) показать I (СВ)	что? (4)
показа́л (-а, -и) Покажи́(те)!	биле́т па́спорт кни́гу письмо́

2. пра́здник [пра́з'н'ик]
весёлый пра́здник
люби́мый пра́здник
День рожде́ния —
э́то мой люби́мый пра́здник.

— Нас ждёт ста́рый цирк, — сказа́л па́па и показа́л биле́ты.

---

1. 아래의 텍스트를 읽고 다음 질문에 대답하세요 : *Как вы думаете, кто рассказывает эту историю?*

В суббо́ту па́па пригласи́л нас в цирк. Мы бы́ли о́чень ра́ды.

— Дава́йте пое́дем в цирк на такси́, — сказа́л я.

— Нет, Ви́ктор, дава́йте пое́дем на метро́. Э́то бы́стро, удо́бно и недо́рого, — сказа́л мой брат Анто́н.

— А вы зна́ете, где нахо́дится цирк?

— Коне́чно, зна́ем. Цирк нахо́дится на проспе́кте Верна́дского.

— Нет, нет! Там нахо́дится но́вый цирк. А нас ждёт ста́рый цирк на Цветно́м бульва́ре, — сказа́л па́па и показа́л биле́ты.

— Ста́рый моско́вский цирк! Цветно́й бульва́р! Как давно́ мы не́ были там! — сказа́ла ма́ма. — Все москвичи́ и да́же иностра́нцы зна́ют и лю́бят э́тот цирк. А кака́я там интере́сная програ́мма! Там рабо́тал изве́стный арти́ст и кло́ун Ю́рий Нику́лин. Тепе́рь э́тот цирк называ́ется цирк Нику́лина.

— Ах, цирк! Я о́чень люблю́ цирк! — сказа́ла ба́бушка. Но я сего́дня не могу́ пойти́. Моя́ ста́рая подру́га пригласи́ла меня́ в го́сти.

— Я могу́ пригласи́ть в цирк дру́га. Его́ зову́т Нури́. Он коре́ец. Мы вме́сте у́чимся в университе́те. Я зна́ю, что он то́же лю́бит цирк, — сказа́л Анто́н.

— Коне́чно, Анто́н, пригласи́ его́! Э́то хоро́шая иде́я!

* * *

Ве́чером па́па, ма́ма, я, мой брат Анто́н и его́ друг Нури́ ходи́ли в цирк. Э́то был весёлый пра́здник. Игра́ла му́зыка. Програ́мма была́ о́чень интере́сная. Мы о́чень хорошо́ отдохну́ли.

2. 위의 텍스트를 읽고 다음 질문에 대답하세요.

   1) Кого́ па́па пригласи́л в цирк?
   2) Кто не мо́жет пойти́ в цирк? Почему́?
   3) Кого́ Анто́н пригласи́л в цирк? Почему́?
   4) На чём они́ хотя́т пое́хать в цирк? Почему́?
   5) Кто ходи́л в цирк?

3. 모스크바 서커스에 대한 정보를 텍스트에서 찾아 읽으세요. 다음 질문에 대답하여 서커스에 대해 이야기하세요.

   1) Где нахо́дятся ста́рый и но́вый цирк?
   2) Како́й изве́стный арти́ст рабо́тал в ци́рке?
   3) Кака́я там сейча́с програ́мма?
   4) А вы лю́бите цирк? Когда́ вы бы́ли в ци́рке?

4. па́па, ма́ма, ба́бушка, Анто́н, Нури́가 되어 텍스트 내용을 바꾸어 말해보세요.

대화 >> **Диалог** | Что ты хочешь делать?

단어 Tip

1. Мы мо́жем встре́титься в гости́нице за́втра у́тром в 10 часо́в.
   Они́ хоте́ли встре́титься в суббо́ту на ста́нции метро́ «Университе́т» в 12 часо́в.

2. А́нна, дава́й встре́тимся за́втра ве́чером в кафе́ в 7 часо́в.

> встре́титься II (СВ) где? (6) когда́? (4)
>
> мо́жем встре́титься
>
> Дава́й(те) встре́тимся!

1. 대화를 듣고 다음 질문에 대답하세요 : *К кому́ хотя́т пойти́ Джон и Кла́ра?*

   Джон: — До́брый ве́чер, Кла́ра!

   Кла́ра: — Здра́вствуй, Джон!

   Джон: — Я хочу́ узна́ть, как твои́ дела́? Каки́е пла́ны? Что ты хо́чешь де́лать в воскресе́нье?

   Кла́ра: — В воскресе́нье в 10 часо́в я хочу́ пойти́ на по́чту, позвони́ть домо́й, пото́м хочу́ пойти́ в магази́н купи́ть проду́кты.

   Джон: — А ты не хо́чешь пое́хать в го́сти?

   Кла́ра: — В го́сти? К кому́?

   Джон: — К Анто́ну. Он пригласи́л нас в го́сти.

   Кла́ра: — С удово́льствием! Я всегда́ ра́да ви́деть Анто́на.

   Джон: — Ну вот и хорошо́.

   Кла́ра: — Я ду́маю, что я могу́ пойти́ на по́чту и в магази́н в суббо́ту.

   Джон: — Коне́чно! А в воскресе́нье в 11 часо́в дава́й встре́тимся на ста́нции метро́ «Университе́т». Хорошо́?

   Кла́ра: — Отли́чно! До встре́чи в воскресе́нье в 11!

> Какие планы?
> Давай(те) встретимся!

2. 다음 질문에 대답하세요.

   1) Куда хотела пойти Клара в воскресенье?
   2) Кого Антон пригласил в гости?
   3) Когда Клара может пойти на почту и в магазин?
   4) Когда Джон и Клара хотят встретиться?
   5) Где они хотят встретиться?

3. 다음 표현을 이용하여 Клара에 대한 이야기를 만들어 보세요.

   хотела пойти на почту
   хотела пойти в магазин
   позвонил
   пригласил в гости

   может пойти в субботу
   хотят встретиться
   на станции метро

4. 다음의 상황을 만들어 서로 대화 연습하세요 :

   Позвоните другу, пригласите его в театр(*в цирк, на стадион*), договоритесь, где и когда вы встретитесь.

총정리 문제 〉〉 Обобщение

1. 오른쪽에 있는 동사를 이용하여 문장을 완성하세요. 동사 상에 따라 문장의 의미가 어떻게 달라지는지 설명하세요.

   1) Вчера на уроке студенты … текст, … грамматику, а потом … упражнение.

      читать - прочитать
      повторять - повторить
      писать - написать

   2) В пятницу вечером мой брат … фильм по телевизору, а потом … музыку.

      смотреть - посмотреть
      слушать - послушать

   3) Виктор … новые слова и … задачи.

      учить - выучить
      решать - решить

2. 괄호에 있는 단어를 알맞은 형태로 바꾸어 문장을 완성하세요.

Я бо́лен, поэ́тому я хочу́ пойти́ (поликли́ника, врач).
В воскресе́нье мы хоти́м пойти́ (го́сти, брат).
Ле́том Кла́ра хо́чет пое́хать (Пари́ж, ма́ма).
Анто́н не мо́жет пойти́ (факульте́т, дека́н).

3. 아래 그림을 이용하여 다음 질문에 대답하세요: *Куда и когда хотели пойти друзья и зачем?*

4. 맞는 동사를 빈 칸에 넣으세요.

1) Том хо́чет … де́ньги в ба́нке.
   Он всегда́ … де́ньги здесь.
   Джон не хо́чет … де́ньги.

   меня́ть - поменя́ть

2) Мари́я хоче́т … у́жин.
   А́нна не хо́чет … у́жин, она́ уста́ла.

   гото́вить - пригото́вить

3) Кла́ра хо́чет … но́вый фильм.
   Анто́н не хо́чет … фильм, потому́ что он хо́чет пойти́ на дискоте́ку.

   смотре́ть - посмотре́ть

4) Джон хо́чет… домо́й, он давно́ не звони́л.
   Сего́дня Ха́на не хо́чет … домо́й, потому́ что она́ неда́вно звони́ла.

   звони́ть - позвони́ть

단어사전 >> Словарь

- ба́бка 할머니
- бана́н 바나나
- бы́стро 빨리
- бульва́р 가로수길, 산책길
- весёлый(-ая, -ое, -ые) 즐거운
- ве́тер 바람
- вну́чка 손녀
- вокза́л 기차역
- встреча́ться(I, НСВ)(где?) - встре́титься(II, СВ)(где?) 만나다
- расти́ (I, НСВ) – вы́расти(I, СВ) 자라다
- говори́ть(II, НСВ)–сказа́ть (I, СВ) 말하다
- год 해, 년
- голо́дный(-ая, -ое, -ые) 배고픈
- гото́вить(II, НСВ)(что?) – пригото́вить(II, СВ)(что?) 준비하다
- да́же …도, 까지(도), …조차
- далеко́ 멀리, 멀다
- две́сти 200
- дед 할아버지
- дека́н 학과장
- декана́т 학장실
- де́лать(I, НСВ) – сде́лать(I, СВ)(что?) 하다
- день рожде́ния 생일
- дикта́нт 받아쓰기
- дождь [남] 비
- есть(НСВ) - съесть(СВ)(что?) 먹다
- забыва́ть(I, НСВ) – забы́ть(I, СВ)(кого? что?) 잊다
- замеча́тельно 훌륭하게, 훌륭하다
- звать(I, НСВ) – позва́ть(I, СВ)(кого?) 부르다
- звони́ть(II, НСВ)(кому?) – позвони́ть(II, СВ) 전화하다
- знать(I, НСВ)(что? кого?) 알다
- иде́я 생각, 아이디어
- изве́стный(-ая, -ое, -ые) 알려진
- к [전] (к кому?, к чему?) …에게
- кассе́та 카세트 테이프

단어사전 >> Словарь

- кло́ун 광대
- куда́-нибудь 어딘가에
- ку́хня 부엌
- лечь(I, СВ) 눕다
- лечь спать 취침하다
- меня́ть(I, НСВ) - поменя́ть (I, СВ)(что?) 바꾸다, 교환하다
- мину́та 분
- мочь(I, НСВ) – смочь(I, СВ) (что делать?) 할 수 있다
- мы́шка 생쥐(мышь의 지소형)
- написа́ть(I, СВ) - писа́ть(I, НСВ) (что?) 쓰다
- недалеко́ 가까이, 멀지 않다
- недо́лго 잠시
- обе́дать(I, НСВ)(где?) – пообе́дать(I, СВ) 점심식사하다
- отве́т 대답
- отдыха́ть(I, НСВ) – отдохну́ть(I, СВ)(где?) 쉬다
- отли́чно 훌륭하게, 훌륭하다
- па́спорт 여권
- пешко́м 도보로, 걸어서
- пить(I, НСВ) – вы́пить(I, СВ)(что?) 마시다
- план 계획
- повторя́ть(I, НСВ) – повтори́ть(II, СВ)(что?) 1. 반복하다, 2. 따라하다
- погуля́ть(I, СВ)(где?) 산책하다
- пое́хать(I, СВ)(куда?) (타고) 가다
- звони́ть(II, НСВ) позвони́ть(II, СВ) 전화하다
- пойти́(I, СВ)(куда?) (걸어) 가다
- пока́зывать(I, НСВ) – показа́ть(I, СВ)(кому?) 보여주다
- покупа́ть(I, НСВ) – купи́ть (II, СВ)(что? где?) 구입하다, 사다
- попуга́й 앵무새
- сажа́ть (I, НСВ) посади́ть(II, СВ)(что?) 심다
- слу́шать (I, НСВ) – послу́шать(I, СВ)(что?) 듣다
- смотре́ть(II, НСВ)

단어사전 >> Словарь

- посмотре́ть(II, СВ)(что? где?) 보다
- пра́вильный(-ая, -ое, -ые) 옳은, 정확한
- проверя́ть(I, НСВ) — прове́рить(II, СВ)(что?) 확인하다
- чита́ть(I, НСВ) — прочита́ть(I, СВ)(что?) 읽다
- реша́ть(I, НСВ) — реши́ть(II, СВ)(что?)
  1. 해결하다, 풀다 2. 결정하다.
- рожде́ние 탄생
- ска́зка 동화
- танцева́ть(I, НСВ)(где?) 춤추다
- тащи́ть(II, НСВ) — вы́тащить(II, СВ)(что?) 끌어가다, 잡아당기다
- удо́бно 편리하게, 편리하다
- узна́ть(I, СВ)(что?) 알아내다
- учи́ть(II, НСВ) — вы́учить(II, СВ)(что?) 배우다
- фрукт 과일
- хоте́ть(НСВ, что? / что (с)де́лать?) 원하다, 하고 싶다
- цветно́й(-ая, -ое, -ые) 색채가 있는

- час 시간
- Ю́рий Нику́лин 유리 니꿀린(유명한 러시아 개그맨, 코메디 영화 배우)
- Крым 크림 반도
- Чёрное мо́ре 흑해
- проспе́кт Верна́дского 베르나쯔끼 대로
- Цветно́й бульва́р 쯔베뜨노이 거리
- «Дом кни́ги» 큰 서점의 이름

урок одиннадцатый

단어사전 >> Словарь

- две́сти(200) лет 200년
- день рожде́ния 생일
- идти́ на спекта́кль 연극 보러 가다
- пра́здничный стол 잔칫상

- Вчера́ он не́ был на уро́ке.
  어제 그는 수업에 없었다
- Дава́йте встре́тимся за́втра.
  내일 만납시다
- До́брый ве́чер!
  좋은 저녁입니다. (저녁 인사)
- Каки́е пла́ны? 무엇을 하실 계획입니까?
- Нельзя́ опа́здывать!
  늦으면 안 됩니다.
- Она́ была́ на ле́кции.
  그녀는 수업에 있었다
- Ско́лько сейча́с вре́мени? = Кото́рый час? 지금 몇 시입니까?
- Я люблю́ танцева́ть.
  나는 춤추는 것을 좋아한다
- Уви́деть свои́ми глаза́ми.
  자신의 눈으로 (직접) 보다.

- ви́ды глаго́лов 동사의 상
- инфинити́в 동사 원형
- НСВ - несоверше́нный вид глаго́лов
  동사의 불완료상
- СВ – соверше́нный вид глаго́лов
  동사의 완료상
- употребле́ние глаго́лов НСВ и СВ 완료상 동사와 불완료상 동사의 용법

Урок двенадцатый 12

이과의 길잡이

※ **핵심 포인트**
У меня есть брат. У Виктора нет сестры. В комнате 2 окна.

– Откуда Жан?
– Жан приехал из Франции.
– Куда пошла Анна?
– Она пошла в театр.

• **회화 포인트**
– Что случилось?
– Ничего. Ничего не случилось.
  К сожалению, у меня нет времени.
  У меня болит голова.

• **발음 포인트** 다음절 어구의 발음 (월 이름). 억양 연습.

• **문법 포인트** 명사와 인칭 대명사의 생격.
생격의 의미:
1. 소유자(у меня нет...),
2. 존재 부정(нет сестры),
3. 출발점(откуда? – из Кореи...)
수사 (2, 3, 4) + 생격
운동동사 ПОЙТИ – ПОЕХАТЬ,
ПРИЙТИ – ПРИЕХАТЬ의 과거 시제
ГДЕ? – КУДА? – ОТКУДА?의 비교
월, 계절 표현 (в январе, зимой)

발음 〉〉 **Фонетика**

❶ 듣고 따라하기

동사 발음을 익히세요.

хочу́ прочита́ть — прочита́л	могу́ вы́учить — вы́учил
хочу́ написа́ть — написа́л	могу́ купи́ть — купи́л
хо́чет реши́ть — реши́л	мо́жет пригото́вить — пригото́вил
хо́чет узна́ть — узна́л	мо́жет повтори́ть — повтори́л
хоте́л сказа́ть — сказа́л	мо́жем встре́титься — встре́тились
хоте́л узна́ть — узна́л	не мог поня́ть — не по́нял
хоте́ла взять — взяла́	не смог узна́ть — не узна́л
хоте́ла поня́ть — поняла́	не смогли́ реши́ть - не реши́ли

❷ 듣고 따라하기

문장 발음을 익히세요.

Встре́тимся в 6 часо́в!
Дава́й встре́тимся в час!
Дава́йте встре́тимся ве́чером!

ходи́л в теа́тр	ходи́л к дру́гу	хоте́л пое́хать к отцу́
ходи́ла в поликли́нику	ходи́ла к врачу́	хоте́ла пое́хать к сестре́
ходи́ли на стадио́н	ходи́ли в го́сти	хоте́ли пое́хать к роди́телям

❸ 듣고 따라하기

월 이름 발음 익히세요.

	(когда́?)		(когда́?)
янва́рь -	[вйие] в январе́	октя́брь -	в октябре́
март -	в ма́рте	ноя́брь -	в ноябре́
апре́ль -	в апре́ле	дека́брь -	в декабре́
май -	в ма́е		
ию́нь -	[вы] в ию́не	февра́ль -	[ф] в феврале́
ию́ль -	в ию́ле	сентя́брь -	в сентябре́
а́вгуст -	в а́вгусте		

❹ 듣고 따라하기

문장 발음 연습하세요. 마지막 문장을 외우고 노트에 적으세요. 다음 문장을 보완하세요.

... хо́чет пойти́ ➡

А́нна хо́чет пойти́ ➡

А́нна хо́чет пойти́ в поликли́нику. ➡

А́нна хо́чет пойти́ в поликли́нику к врачу́. ➡

В четве́рг А́нна хо́чет пойти́ в поликли́нику к врачу́. ➡

В четве́рг ве́чером А́нна хо́чет пойти́ в поликли́нику к врачу́. ➡

В четве́рг ве́чером в 5 часо́в А́нна хо́чет пойти́ в поликли́нику к врачу́. ➡

В четве́рг ве́чером в 5 часо́в А́нна хо́чет пойти́ в поликли́нику к врачу́, потому́ что она́ больна́...

... не мо́жет пое́хать ➡

Анто́н не мо́жет пое́хать ➡

Анто́н не мо́жет пое́хать в Петербу́рг. ➡

Анто́н не мо́жет пое́хать в Петербу́рг к дру́гу. ➡

Ле́том Анто́н не мо́жет пое́хать в Петербу́рг к дру́гу. ➡

Ле́том Анто́н не мо́жет пое́хать в Петербу́рг к дру́гу, потому́ что ле́том он рабо́тает...

... хоте́ли встре́титься ➡

Друзья́ хоте́ли встре́титься. ➡

Друзья́ хоте́ли встре́титься в магази́не «Дом кни́ги». ➡

В воскресе́нье друзья́ хоте́ли встре́титься в магази́не «Дом кни́ги». ➡

В воскресе́нье друзья́ хоте́ли встре́титься в магази́не «Дом кни́ги», потому́ что там была́ вы́ставка. ➡

В воскресе́нье у́тром друзья́ хоте́ли встре́титься в магази́не «Дом кни́ги», потому́ что там была́ вы́ставка...

❺ 대화 연습하기

대화를 듣고 익힌 후 유사한 대화를 만드세요.

— Ви́ктор, ты не зна́ешь, где сего́дня дискоте́ка?
— Не зна́ю, но **могу́ узна́ть.**

— Мари́я, **хо́чешь пое́хать** на Арба́т?
— Когда́?
— В суббо́ту в 2 часа́.
— Хорошо́, я согла́сна.

— Джон, куда ты идёшь?
— Я иду на факультет к декану.
— **А что ты хочешь?**
— **Я хочу взять** документы.

— Антон, что ты здесь делаешь?
— Я жду Анну. **Мы хотим** вместе **пойти** домой.

— Клара, почему ты не была на вечере?
— Я была занята, поэтому **я не могла пойти** на вечер.

— Скажите, пожалуйста, **который час**?
— Сейчас 7 часов 20 минут.
— Спасибо.

— Жан, **почему ты не учишь** эти стихи?
— **Я уже выучил**.

— Том, вы **каждый день покупаете** газеты?
— Да, обычно я каждый день покупаю газеты.
— **А сегодня вы купили**?
— Нет, сегодня я ещё не купил.

❻ 빈 칸 채우기

대답에 맞는 질문을 만드세요

— … ?
— Да, я уже решил.

— … ?
— Да, он часто звонит домой.

урок двенадцатый | **355**

– … ?
– Нет, Мария ещё не прочитала этот детектив.

– … ?
– Хотим пойти к Анне.

– … ?
– Нет, я люблю не только чай, но и кофе.

– … ?
– Да, Виктор хочет поехать на экскурсию.

– … ?
– Сейчас 5 часов.

– … ?
– Мы встретимся в 9 часов.

❼ 대화 연습하기

대화를 듣고 다음 질문에 대답하세요.

1. *Почему Нури не был на стадионе?*

   – Нури, почему ты не был сегодня на стадионе?
   – Сегодня холодно, поэтому я не ходил на стадион.

2. *Почему Иван смотрит программу «Время»?*

   – Иван, ты смотришь программу «Время»?
   – Да, я хочу знать новости, поэтому я смотрю программу «Время» каждый вечер.

3. *Когда и куда идёт Хана?*

   – Хана, куда ты идёшь? Ты идёшь на занятия?
   – Нет, я иду в поликлинику. Сегодня наш врач работает утром.

4. Куда и когда хочет поехать Том?

— Том, ты хо́чешь пое́хать в суббо́ту в Су́здаль на экску́рсию?
— Нет.
— А куда́ ты хо́чешь пое́хать?
— В суббо́ту я хочу́ пое́хать в го́сти.

❽ 복습하기

맞는 상의 동사를 선택하여 문장을 완성하세요. 텍스트를 읽고 새로 알게 된 내용에 대해 이야기하세요. 다음과 같은 질문을 만들어 서로 대화 연습하세요 : *Что хотел купить Джон? Куда он ходил? Почему? Что он узнал в деканате? Теперь Джон может купить проездной билет?*

Ра́ньше Джон не ..., когда́ и где мо́жно купи́ть проездно́й биле́т. Он ходи́л в декана́т. Там он ..., когда́ и где мо́жно купи́ть э́тот биле́т.	знал узна́л
— Жан, что ты де́лал вчера́ ве́чером? — Я звони́л домо́й, но телефо́н рабо́тал о́чень пло́хо, не зна́ю почему́. Я не́сколько раз ... мой но́вый а́дрес, но ма́ма до́лго не ... меня́ и говори́ла: «Повтори́, пожа́луйста ещё раз, я не ...».	повторя́л повтори́л понима́ла поняла́
Нури́ сейча́с смо́трит телеви́зор, потому́ что он уже́ ... все зада́чи. А Том был за́нят. Он еще не де́лал дома́шнее зада́ние, не ... зада́чи.	реши́л реша́л
Друзья́ ча́сто ... фру́кты. Сейча́с Кла́ра идёт в магази́н, потому́ что она́ хо́чет ... я́блоки.	покупа́ть купи́ть

урок двенадцатый | **357**

Мария недавно учит русский язык. Она уже немного … по-русски. Вчера она смотрела телевизор и сначала ничего не … . А сегодня она … слова: «Добрый вечер, друзья!» Мария с удовольствием повторяла эти слова.

понимать
понять

Раньше мой друг … только газеты и спортивные журналы, он не … книги. А недавно он … исторический роман и …, что это очень интересно.

читать
прочитать
говорить
сказать

문법 >> **Грамматика** | 생격 1 – 소유자

— Давайте пойдём в цирк.

— У нас нет времени.

У кого? (2) (есть / нет)

у Виктора
у Андрея
у Анны
у Марии
у меня

— Давай купим мороженое.

— У меня нет денег.

есть		нет	
кто? (1)	что? (1)	кого? (2)	чего? (2)
брат	билет	брат**а**	билет**а**
	письмо		письм**а**
сестра	машина	сестр**ы**	машин**ы**
подруга	книга	подруг**и**	книг**и**

он	☐ ▶ -а
	-ь ▶ -я
	-й

| оно | -о ▶ -а |
| | -е ▶ -я |

она	-а ▶ -ы
	-я/-ь ▶ -и
	-га ▶ -ги
	-ка ▶ -ки
	-ха ▶ -хи

 отца
математери
дочери

 времени
денег
часов

— Скажите, пожалуйста, который час?

— Извините, у меня нет часов.

урок двенадцатый | **359**

кто э́то?	У кого́?(2)	есть кто? / что? (1)
я	у меня́	нет кого́? / чего́? (2)
ты	у тебя́	
он	у него́	
она́	у неё	
мы	у нас	
вы	у вас	
они́	у них	

Э́то Ви́ктор. У него́ е́сть брат. / У него́ нет сестры́.

Э́то А́нна. У неё нет бра́та. / У неё есть сестра́.

Сего́дня нет дождя́.
Сего́дня со́лнце, а у неё есть зонт.

Како́й си́льный дождь!
А у него́ нет зонта́. А у них есть зонт.

⑨ 읽기

문장을 읽고 생격을 익히세요.

Э́то мой брат. У бра́та есть подру́га. Её зову́т **И́ра.**

Это **Том. У То́ма** есть **интере́сные** кни́ги.

У меня́ есть сестра́. Её зову́т **Мари́я.**
У неё есть **хоро́шая** маши́на.

Вот **Антон** и **Виктор. Они** хотят поехать **на стадион**, потому что **у них** есть свободное время.

У Клары есть друг. Его зовут **Жан. У него** есть **компьютер**, поэтому **они** часто занимаются вместе.

⑩ 문장 만들기

❾에서 굵은 글씨로 표시된 단어에 대해 보기와 같이 질문하고 대답하세요.

> 보 기
>
> Кто это? У кого есть подруга? Как её зовут?

⑪ 대화 연습하기

아래의 단어를 이용하여 보기와 같이 대화 연습하세요. 필요할 때 다음 형용사를 이용하세요 : *хороший, новый, спортивный, интересный, большой, современный*

> 보 기
>
> Виктор | телевизор
>
> – У кого есть новый телевизор?
> – Я думаю (знаю), что у Виктора есть новый телевизор.

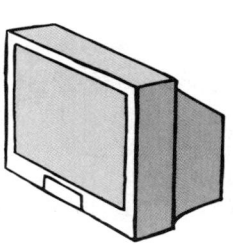

урок двенадцатый | **361**

Ива́н	магнитофо́н
Анто́н	фотоаппара́т
брат	маши́на
А́нна	Росси́йская энциклопе́дия
Мари́я	кассе́ты
сестра́	фотогра́фии
преподава́тель	компью́тер

⑫ 대화 연습하기

⑪의 단어를 이용하여 보기와 같이 대화 연습하세요.

보 기

- Ха́на, у тебя́ есть но́вый магнитофо́н?
- Нет, у меня́ нет магнитофо́на.
- А у меня́ есть хоро́ший магнитофо́н.

⑬ 문장 만들기

의미가 맞게 А와 Б를 연결하여 보기와 같이 문장을 만드세요.

보 기

Ива́н — мой друг ▶ У него́ есть но́вый музыка́льный центр.

А	Б
Ви́ктор — мой сосе́д.	… но́вые фи́льмы
Вот моя́ подру́га И́ра.	… хоро́шие друзья́
Э́то мой брат.	… симпати́чная подру́га
Вот на́ши студе́нты.	… кни́ги, уче́бники, словари́
Ты прочита́л текст?	… ру́сско-коре́йский слова́рь?
Мы хоти́м пойти́ на стадио́н.	… свобо́дное вре́мя
Ты купи́л биле́ты?	… ли́шний биле́т?
Кото́рый час?	… часы́?
Вы хоти́те пое́хать в Коре́ю?	… ви́за?

⓮ 듣기

대화를 듣고 내용에 대해 이야기하세요. 이렇게 시작하세요: *Я узна́л(а), что у …*

— Джон, у тебя́ есть друг?
— Да, есть. / У меня́ есть хоро́ший друг.
— А как его́ зову́т?
— Том.

— Мари́я, у тебя́ есть подру́га?
— Коне́чно, у меня́ есть о́чень хоро́шая подру́га.
— А где она́ живёт?
— Она́ живёт в Коре́е, в Сеу́ле.

— Кла́ра, у вас есть сестра́?
— Есть.
— Она́ рабо́тает?
— Нет, она́ студе́нтка. Она́ у́чится в университе́те.

— Андре́й, у тебя́ есть сестра́?
— Нет, у меня́ есть брат.
— Он рабо́тает и́ли у́чится?
— Он экономи́ст, рабо́тает в ба́нке.

⓯ 이야기 연습하기

다음 질문에 대답하여 자신의 친구를 소개하세요 :
У вас есть друг или подруга? Как его (её) зовут ? Где он (она) живёт? Он (она) работает или учится? Где? Что он (она) учит? Что он (она) любит делать в свободное время?

⓰ 대화 연습하기

다음 단어를 이용하여 보기와 같이 대화 연습하세요 :
учебник, ручка, карандаш, конверт, газета, журнал, магнитофон, фотоаппарат

보 기

— Скажи́те, у кого́ есть ру́сско-коре́йский слова́рь?
— У Ви́ктора. / У Ви́ктора есть э́тот слова́рь.
— Ви́ктор, дай, пожа́луйста, на мину́ту слова́рь.

— Та́ня, у тебя́ есть брат?
— Есть.
— Покажи́, пожа́луйста, его́ фотогра́фию.

문법 >> Грамматика | 생격 2 – 존재 부정

где? (6)		что? (1)		чего ? (2)
В комнате		стол		столá
Здесь	есть	кресло	нет	кресла
Там		лампа		лампы

🎧 이야기 연습하기

Анна와 Виктор는 공부를 끝내고 집으로 돌아갑니다. 여러분은 Анна의 방이나 Виктор의 방에서 살 수 있습니다. 이 두 방을 비교하여 어느 방에서 살고 싶은지 보기와 같이 이야기하세요.

보기

Я хочу́ жить в ко́мнате, где жила́ А́нна. У А́нны в ко́мнате есть магнитофо́н, а у Ви́ктора нет магнитофо́на.

Я хочу́ жить в ко́мнате, где жил Ви́ктор. У Ви́ктора в ко́мнате есть кре́сло, а у А́нны в ко́мнате нет кре́сла.

урок двенадцатый | **365**

⑱ 대화 연습하기

다음 상황에 맞게 대화 연습하세요 :
Вы хотите снять комнату. Ваш друг уже видел её. Попросите его описать комнату и сказать, какие вещи есть в комнате? Нарисуйте эту комнату. Расскажите, какая это комната, какие вещи там есть? Скажите, что вы решили: хотите жить там или нет, нравится вам эта комната или нет?

이렇게 시작하세요 :
— Том, ты уже́ ви́дел ко́мнату? Кака́я э́то ко́мната: больша́я и́ли ма́ленькая? Каки́е ве́щи есть в ко́мнате? В ко́мнате есть телеви́зор?
...

⑲ 대화 연습하기

친구들에게 다음 물건이 있는지 질문하여 보기와 같이 대화 연습하세요 :
машина, велосипед, самолёт, телевизор, магнитофон, телефон, деньги и другие вещи.

> **보 기**
>
> – Ива́н, у тебя́ есть маши́на?
> – Нет, у меня́ нет маши́ны.
> – А у отца́?
> – У него́ есть.
> – А кака́я у него́ маши́на?
> – Отли́чная совреме́нная маши́на «Во́лга».

⑳ 듣기

대화를 듣고 내용에 대해 이야기하세요 : Я узнал(а)...

– Антон, у тебя есть сестра?
– Нет, у меня нет сестры.
– А брат? У тебя есть брат?
– Да, у меня есть младший брат. Его зовут Виктор.

– Джон, это твой брат?
– Нет, это мой друг. У меня нет брата. У меня две сестры.

– Клара, у тебя большая семья?
– Да, большая. У меня 3 брата и сестра.
– Они тоже живут в Москве?
– Нет, они сейчас во Франции.

– Нури, у вас есть друзья в Москве?
– Да, у меня 4 друга. Мы вместе живём в общежитии.
– А подруга у вас есть?
– Конечно, есть.
– Красивая?
– Очень.

단어 Tip

сколько?

1 (один)	брат
2, 3, 4	брата
	-а/-я
1 (одна)	сестра
2 (две), 3, 4	сестры
	-ы/-и

㉑ 응용하기

다음 주제로 ⑳처럼 대화하세요.

1) *Спросите, есть ли у ваших друзей братья, сёстры (друзья, подруги)?*

2) *Скажите, у вас большая семья? У вас есть братья и сёстры?*

| 문법 >> **Грамматика** | 생격 3 – 출발점('ОТКУДА' 구문) |

кто? (1)	откуда? (2)
Кла́ра и Жан	из Пари́ж|а|
Лю Кун	из Кита́|я|
Ко́стас	с Ки́пр|а|
Анто́н и А́нна	из Москв|ы́|
Джон и Мари́я	из А́нгл|ии|
Михаи́л	с Камча́тк|и|

☐ ▶ -а
-й / -ь ▶ -я

-а ▶ -ы
-ия ▶ -ии

비교하세요

Она́ жила́ |в| Герма́нии. Она́ |из| Герма́нии.
Он жил |на| Ки́пре. Он |с| Ки́пра.

где? (6) — в ——— из — откуда? (2)
на ——— с

듣고 따라하기

'из' 전치사의 발음을 익히세요.

из [из] Москвы́
[ис] Сеу́ла

[из]	[ис]
из Москвы́	из Кита́я
из Росси́и	из Пеки́на
из Аме́рики	из Су́здаля
из Вашингто́на	из Петербу́рга
из А́нглии	из Фра́нции
из Ло́ндона	из Пари́жа

그림보며 대화 연습하기

그림을 이용하여 다음 질문에 대답하세요 : *Отку́да э́ти лю́ди?*

Росси́я, Петербу́рг   А́нглия, Ло́ндон   Украи́на, Ки́ев

урок двена́дцатый | **369**

24 대화 연습하기

다음 내용으로 대화 연습하세요.

1) *Скажи́те, отку́да вы?*

2) 자신의 친구를 보기와 같이 소개하세요.

보 기

Познако́мьтесь. Э́то мой друг. Он из Новосиби́рска.

문법 >> Грамматика | ГДЕ? – КУДА? – ОТКУДА?

Я был в университе́те.

Я иду́ домо́й.

Сейча́с я до́ма. Я пришёл домо́й из университе́та.

Друзья́ бы́ли в Петербу́рге.

Они́ е́дут в Москву́.

Друзья́ сейча́с в Москве́. Они́ прие́хали в Москву́ из Петербу́рга.

прийти откуда? (2)		приехать	откуда? (2)	на чём?(6)
пришёл	из дома	приехал	из Киева	на поезде
пришла	из банка	приехала	со стадиона	на велосипеде
пришли	с почты	приехали	из центра	на машине

25 읽기

다음 문장들을 읽고 в - из, на - с 전치사의 의미를 익히세요. 다음 질문에 대답하여 읽은 내용에 대해 이야기하세요 : *Что вы узнали об этих людях?*

где? (6)	откуда? (2)
в	из
Иван был в театре.	Он пришёл из театра. Сейчас он дома.
Анна была в ресторане.	Она пришла из ресторана. Сейчас она дома.
Студенты были во Владимире.	Они приехали из Владимира. Сейчас они в Москве.

где? (6)	откуда? (2)
на	с
Том был на факультете.	Он пришёл с факультета. Сейчас он дома.
Ира была на почте.	Она пришла с почты. Сейчас она дома.
Родители были на работе.	Они приехали с работы. Сейчас они дома.
Антон был на стадионе.	Он приехал со стадиона. Сейчас он дома.

26 대화 연습하기

다음 질문들을 활용하여 대화 연습하세요 :
Откуда вы пришли, приехали, где вы были?

урок двенадцатый | **371**

27 듣기

텍스트와 대화를 듣고 다음 질문에 대답하세요 : *Откуда приехали Хана, Джон и Мария, Луис, Клара, Нури, друзья?*

Ха́на, Джон, Мари́я и Луи́с сейча́с живу́т в Москве́. Они́ вме́сте у́чатся в университе́те. Ха́на прие́хала из Коре́и. Джон и Мари́я прие́хали из Аме́рики. Луи́с прие́хал из Испа́нии.

— Кла́ра, отку́да ты прие́хала?
— Я прие́хала из Фра́нции.
— Из Пари́жа? Ты прие́хала из Пари́жа?
— Да, из Пари́жа.

— Джон, ты прие́хал из А́нглии?
— Нет, я прие́хал из Аме́рики.

— Ха́на, твои́ друзья́ то́же прие́хали из Коре́и?
— Да, мои́ друзья́ то́же прие́хали из Коре́и. Но я из Сеу́ла, а Нури́ из Буса́на.

28 응용하기

27의 대화처럼 친구들이 어디에서 왔는지 묻고 대답하세요.

29 문장 만들기

다음 질문에 대답하여 보기와 같이 문장을 변형시키세요.

보기

Ви́ктор был на стадио́не, игра́л в футбо́л. ▶
Ви́ктор ходи́л на стадио́н. Он пришёл со стадио́на.
Сейча́с он до́ма.

Ива́н был в теа́тре, смотре́л спекта́кль.
А́нна была́ в библиоте́ке, взяла́ кни́ги.
И́ра была́ на по́чте, звони́ла домо́й.
Друзья́ бы́ли в магази́не, купи́ли проду́кты.
Студе́нты бы́ли в университе́те, слу́шали ле́кцию.

30 읽기

아래의 문장을 읽고 다음 질문에 대답하세요 : *Где сейчас эти люди? Где они были?*

Анто́н пришёл из университе́та в библиоте́ку.
А́нна пришла́ из магази́на домо́й.
Друзья́ пришли́ из шко́лы в музе́й.
Жан прие́хал из Пари́жа в Москву́ на по́езде.
Кла́ра прие́хала из Москвы́ в Петербу́рг на маши́не.
Друзья́ прие́хали из Тве́ри во Влади́мир на авто́бусе.

урок двенадцатый | **373**

③ 그림보며 이야기 연습하기

그림을 보며 보기와 같이 연습하세요.

보기

Джон сейча́с в общежи́тии. Он пришёл в общежи́тие из ба́нка. Он ходи́л в банк. Он хоте́л поменя́ть де́ньги.

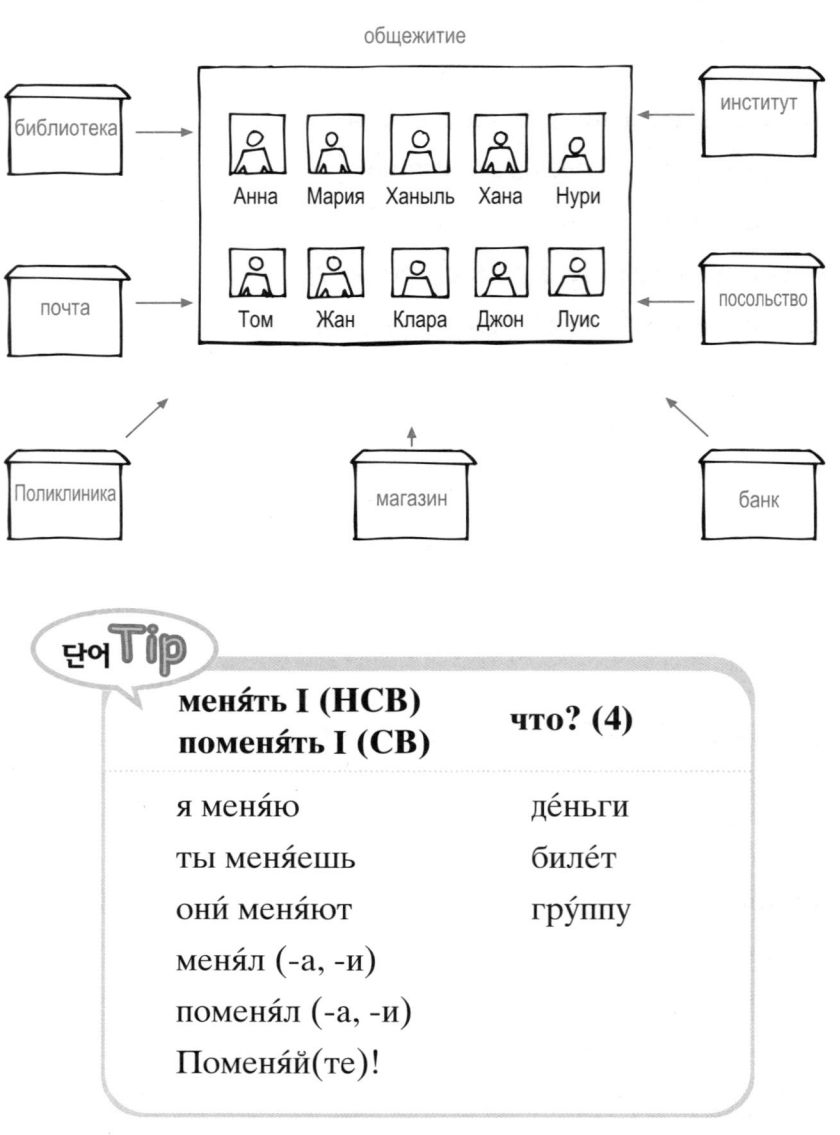

단어 Tip

меня́ть I (НСВ) поменя́ть I (СВ)	что? (4)
я меня́ю	де́ньги
ты меня́ешь	биле́т
они́ меня́ют	гру́ппу
меня́л (-а, -и)	
поменя́л (-а, -и)	
Поменя́й(те)!	

🧩 그림보며 이야기 연습하기

그림을 이용하여 다음 질문에 대답하세요 : *Где сейчас эти люди? Откуда они приехали в Москву? Куда они ездили?*

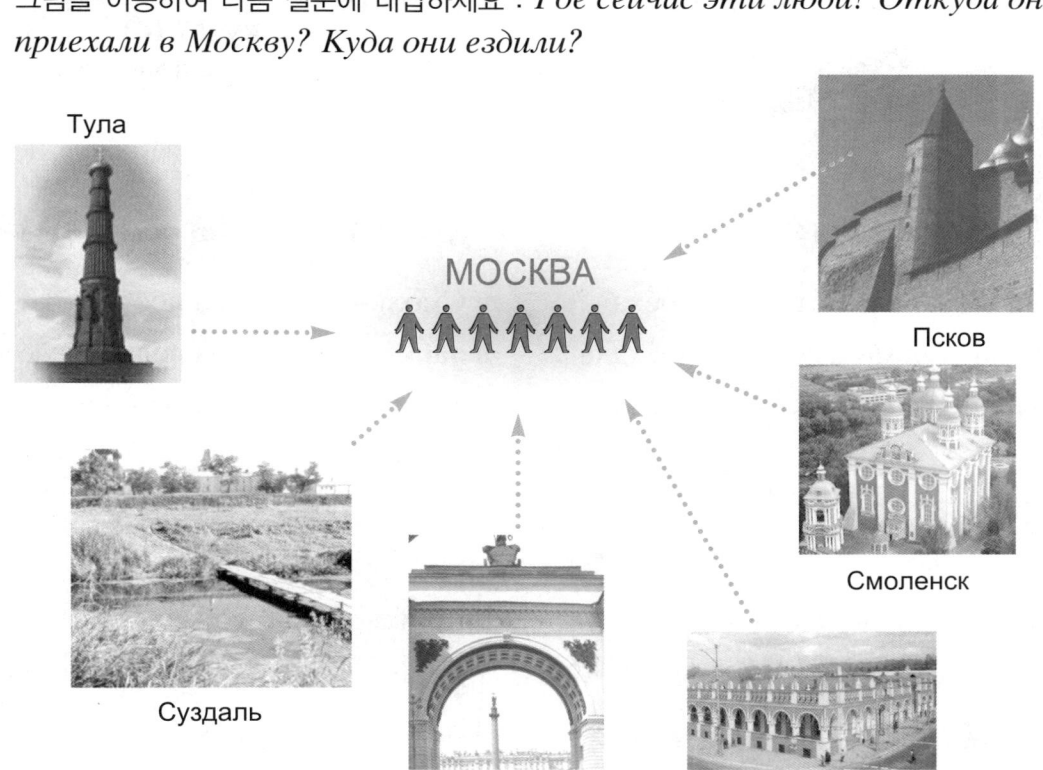

문법 >> **Грамматика**   출발, 도착의 동사

— Где Áнна? Кудá онá поéхала?
— Онá поéхала в Кúев.

— Ивáн дóма?
— Нет, егó нет, он пошёл на рабóту.

урок двенадцатый | 375

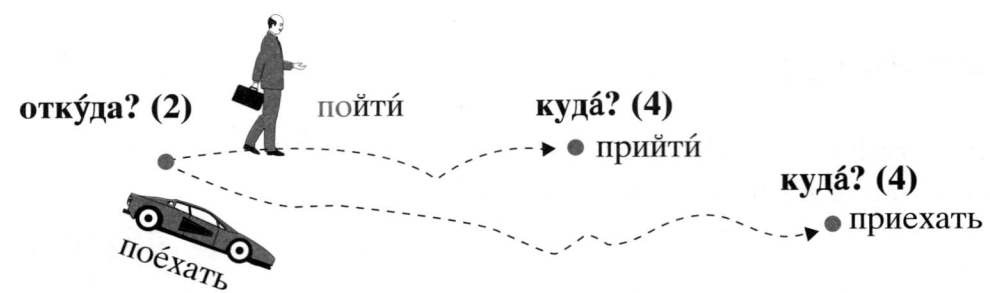

	куда? (4)		куда? (4)	на чём? (6)
пошёл	на работу	поехал	в Смоленск	на поезде
пошла	в магазин	поехала	в парк	на велосипеде
пошли	домой	поехали	в Тулу	на машине

пошёл (куда?) домой
(откуда?) из университета

— Где был Виктор?
— В университете.
— Куда он пошёл?
— Домой.

пришёл (куда?) домой
(откуда?) из университета

— Где сейчас Виктор?
— Сейчас он дома. Он пришёл домой из университета.

поехала (куда?) в музей
(откуда?) из гостиницы

— Где живёт Анна?
— В гостинице «Спутник».
— Она сейчас в гостинице?
— Нет, она поехала в музей.

приехала в музей
(откуда?) из гостиницы

— Где сейчас Анна?
— В музее. Она приехала в музей из гостиницы.

㉝ 그림보며 이야기 연습하기

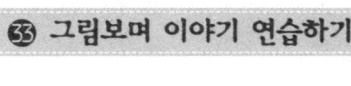

도표의 내용을 보기와 같이 만드세요.

보 기

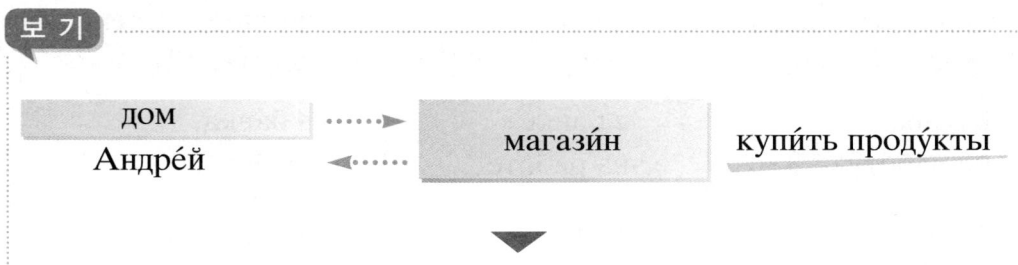

дом Андре́й	→ ←	магази́н	купи́ть проду́кты

Андре́й был до́ма. Из до́ма он пошёл в магази́н. Он хоте́л купи́ть проду́кты. Он пришёл в магази́н, купи́л проду́кты и пошёл домо́й.

университе́т И́ра	→ ←	вы́ставка	поменя́ть де́ньги
общежи́тие Джон	→ ←	банк	купи́ть лека́рства
библиоте́ка А́нна Кла́ра	→ ←	стадио́н	получи́ть ви́зу
поликли́ника Анто́н	→ ←	апте́ка	посмотре́ть карти́ны
дом Нури́ Ха́на	→ ←	посо́льство	поигра́ть в те́ннис

> 비교하세요

пошёл (поехал) куда? (4)	был где? (6)	пришёл (приехал) откуда? (2)
в банк	в ба́нке	из ба́нка
на рабо́ту	на рабо́те	с рабо́ты
туда́	там	отту́да
сюда́	здесь	отсю́да
домо́й	до́ма	из до́ма

듣기

대화를 듣고 다음 질문에 대답하세요 : *Что вы узнали о Викторе? Вы знаете, где он сейчас?*

— Здра́вствуйте! Скажи́те, Ви́ктор до́ма?
— Нет, его́ нет.
— Извини́те, вы не зна́ете, где он сейча́с?
— Не зна́ю. У́тром он пошёл в университе́т.
— Спаси́бо.

그림보며 이야기 연습하기

1. 그림을 이용하여 다음 질문에 대답하세요 :
   Скажите, куда пошёл Виктор?
   Куда он пришёл?
   Где он сейчас?
   Как вы думаете, почему?

танцева́ть I (НСВ) / потанцева́ть I (СВ)

(по)танцева́л(-а, -и)
Танцу́й(те)!

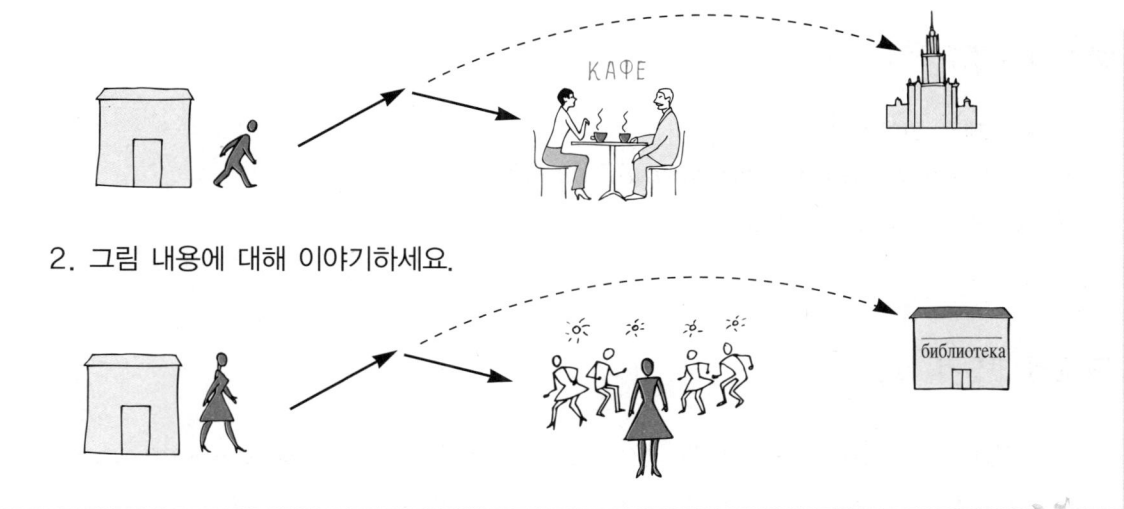

2. 그림 내용에 대해 이야기하세요.

36 읽기

텍스트를 읽고 질문에 대답하세요 :
Где Джон был в субботу?

В суббо́ту у́тром Джон написа́л письмо́ и пошёл на по́чту. Он пришёл на по́чту, купи́л конве́рты и ма́рки, написа́л на конве́рте а́дрес и посла́л письмо́ домо́й, в Аме́рику. Пото́м он пошёл в банк. Он пришёл в банк, там поменя́л де́ньги и пошёл в магази́н. Он пришёл в магази́н, купи́л торт и фру́кты и пошёл в общежи́тие к дру́гу. Ве́чером Джон и его́ друг пошли́ на дискоте́ку. На дискоте́ке они́ хорошо́ потанцева́ли и отдохну́ли.

문법 Tip

СВ и СВ
➡ и ➡

написал и пошёл

пришёл и купил

37 그림보며 이야기 연습하기

아래 도표는 36을 요약한 것입니다. 도표를 이용하여 질문에 대답하세요 :
Как Джон провёл суббо́ту? Что он де́лал?

до́ма
письмо́ ▶ по́чта ▶ банк ▶ магази́н ▶ в го́сти к дру́гу в общежи́тие ▶ дискоте́ка

урок двенадцатый | 379

🌀 이야기 연습하기

다음 주제로 이야기하세요 :
Как вы провели ваш вчерашний день?
필요한 동사를 노트에 적으세요.

🌀 문장 만들기

아래 Джон의 다이어리를 보면서 보기와 같이 만드세요 : *Что он делал во время каникул? Скажите, когда и куда пошёл (поехал) Джон и зачем?*

> **보기**
>
> Сейча́с кани́кулы. В понеде́льник у́тром Джон пошёл в библиоте́ку и взял ру́сско-англи́йский слова́рь.

	у́тро	день	ве́чер
понеде́льник	библиоте́ка, взять ру́сско-англи́йский слова́рь	общежи́тие, перевести́ статью́, посла́ть в Аме́рику	бассе́йн, люби́ть пла́вать
вто́рник	посо́льство, получи́ть ви́зу	банк, получи́ть де́ньги	магази́н ГУМ, купи́ть пода́рок
среда́	вокза́л, встре́тить дру́га из Петербу́рга	по́чта, позвони́ть по телефо́ну	день рожде́ния, Кла́ра
четве́рг	экску́рсия, посмотре́ть Москву́, Кремль	стадио́н, игра́ть в футбо́л	общежи́тие, поу́жинать, прочита́ть газе́ту, лечь спать

пя́тница	спортза́л, игра́ть в те́ннис	рестора́н «Самова́р», пообе́дать	кинотеа́тр «Мир», посмотре́ть фильм
суббо́та	ры́нок, купи́ть проду́кты	домо́й пригото́вить пельме́ни, сала́т	магази́н, купи́ть торт и конфе́ты, пойти́ в го́сти к подру́ге
воскресе́нье	парк культу́ры, гуля́ть	вы́ставка, посмотре́ть карти́ны	дискоте́ка, отдохну́ть, потанцева́ть, послу́шать му́зыку

ⓦ 읽기

동화를 소리내어 읽고 다음 질문에 대답하세요 : *Кто жил в доме в лесу?*

Жи́ли-бы́ли де́душка и ба́бушка. И была́ у них вну́чка. Её зва́ли Ма́ша.

Одна́жды  и пое́хали в го́род, а  пошла́ в

 (лес) гуля́ть. Де́вочка до́лго гуля́ла и уви́дела в лесу́ ,

в до́ме — большо́й , , 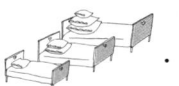.

А на столе́ — , 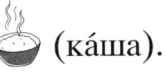 и вку́сная  (ка́ша).

Ма́ша о́чень хоте́ла есть. Она́ взяла́ и съе́ла .

урок двена́дцатый | **381**

В это время из леса пришли домой медведи. Сначала пришёл большой медведь — папа. Потом пришла большая медведица — мама, а потом их сын — маленький медвежонок.

— Кто съел  ? — сказал большой  .

— Кто съел ? — сказала большая .

— Кто съел ? — сказал маленький .

Медведи посмотрели вокруг и увидели девочку — Машу. Маша испугалась и …

④ 응용하기

1. 아래 그림을 보면서 ④의 동화가 어떻게 끝나는지 이야기해 보세요.

… домой.

… очень быстро.

Скоро … домой и встретила …

побежа́ть   бежа́ть   **при**бежа́ть
побежа́л (-а, -и)   бежа́л (-а, -и)   прибежа́л (-а, -и)

2. 동화에 어울리는 제목을 고르세요 :

    1) Ма́ша и медве́ди.
    2) Три медве́дя.
    3) Ма́ша в лесу́.

3. 동화를 다시 읽고 내용을 처음부터 끝까지 이야기해 보세요.

단어 Tip

1 (одна́)	ло́жка таре́лка крова́ть
2 (две), 3, 4	ло́жки таре́лки крова́ти

텍스트 >> Текст   Пи́сьма

문법 Tip

Э́то центр Петербу́рга.   Э́то центр Москвы́.

урок двена́дцатый | **383**

Какой это музей?
Это музей-квартира Пушкин⬚а⬚.

Какой это театр?
Это Театр сатир⬚ы⬚.

Какая это станция метро?
Это станция метро «Проспект Мир⬚а⬚».

Джон хочет посмотреть улицы, площади и музеи Петербурга.
Он уже неплохо знает музеи Москвы.

время года	месяц	когда?	
зима	декабрь январь февраль	зимой	в декабре январе феврале
весна	март апрель май	весной	в марте апреле мае
лето	июнь июль август	летом	в июне июле августе
осень	сентябрь октябрь ноябрь	осенью	в сентябре октябре ноябре

В России студенты отдыхают зимой и летом. В январе – зимние каникулы, а в июле и в августе – летние каникулы.

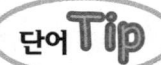

– Как дела?   – Спасибо, отлично!   – Спасибо, плохо!
(Ничего хорошего, плохо.)

оптимист

пессимист

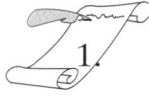

Привет, дорогая Марта!

Это моё первое письмо из Москвы.

Я рад, что живу в Москве и учусь здесь в университете. Мне очень нравится русский язык, потому что это трудный, но очень красивый язык. Я уже немного понимаю, что говорят москвичи в метро, в магазине, на улице. Я уже немного знаю Москву. Я был на Арбате. А ещё я хочу поехать на экскурсию в Кремль.

Я живу в общежитии. Это очень хорошее общежитие, потому что недалеко находятся магазины, метро, рынок, почта, парк. Моя комната небольшая, но очень удобная. Я рад, что у меня хороший сосед. Он тоже студент, он приехал из Кореи. Мой сосед очень симпатичный человек. Его зовут Нури. Мы друзья. Мы живём и учимся вместе. Он хорошо готовит. Ты знаешь, что я не люблю готовить, поэтому я обедаю в университете в столовой. Во-первых, это очень удобно и недорого. Во-вторых, мне очень нравятся русские блюда, особенно борщ и пельмени. А в воскресенье Нури приготовил мясо по-корейски, и мы обедали вместе, а потом мы ходили в кино.

урок двенадцатый | **385**

Марта, ты не знаешь, какая холодная погода в Москве! Но у меня есть тёплая одежда. Я купил шапку, шарф, перчатки и хочу купить куртку. Русские говорят, что «нет плохой погоды, а есть плохая одежда». Я тоже так думаю.

Марта! В декабре у нас каникулы. Но не жди меня дома, в Америке. Мои друзья из Петербурга пригласили меня в гости. Ты знаешь, что я давно хотел поехать туда и посмотреть площади, улицы, музеи Петербурга. До свидания. Пиши! Я жду твои письма.

Твой Джон — из Москвы.

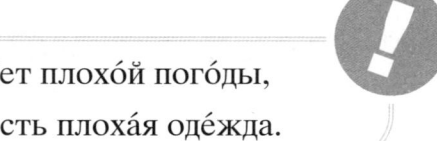

Нет плохо́й пого́ды,
а есть плоха́я оде́жда.

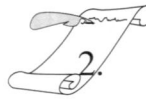 *Здравствуйте, дорогие мои мама и папа!*

Пишу вам из Москвы. Мне очень не нравится погода в Москве.

Здесь очень холодно. Погода очень плохая. Осенью — дождь. Зимой — снег. Я не гуляю на улице, потому что у меня нет зонта, нет шапки и шарфа. И я не знаю, где можно купить эти вещи. А ещё я плохо говорю по-русски и не могу сказать в магазине, что я хочу купить.

Я живу в общежитии. Общежитие очень старое. Здесь нет лифта. Это очень неудобно. Комната очень маленькая. В комнате нет телефона — я не могу позвонить домой. В комнате нет холодильника, нет телевизора, но есть одна соседка. Она любит музыку. Её магнитофон всегда работает очень громко. Я делаю домашнее задание, а она слушает рок-музыку.

Русский язык очень трудный. И я не понимаю, что говорят люди на улице, в магазине, в метро. Я очень хочу домой.

Вы знаете, что я не люблю готовить. В университете есть столовая, но она очень плохая. Там всегда очередь. И я не люблю русские блюда.

Я ещё нигде не была и ничего не видела в Москве. Наша группа ездила на экскурсию в Кремль, но я была больна.

В декабре у нас каникулы. Ждите меня дома. Я очень устала и хочу отдохнуть.

До встречи.

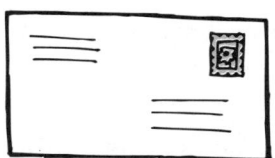

Ваша дочь Мария.

3. 질문에 대답하세요 :

1) Как вы ду́маете, кто тако́й Джон? Почему́ вы так ду́маете?
2) Что Джон посмотре́л в Москве́, куда́ он ходи́л?
3) Почему́ Джон говори́т, что у него́ хоро́шее общежи́тие?
4) Отку́да прие́хал Нури?
5) Почему́ Джон обы́чно обе́дает в столо́вой?
6) Что Джон и его́ сосе́д де́лали в воскресе́нье?
7) Что купи́л Джон и почему́?
8) Куда́ Джон хо́чет пое́хать в декабре́?
9) Что он хо́чет посмотре́ть?

4. Что вы узнали о Джоне, о Марии?
   이렇게 시작하세요 : Я узнал(а), что…

5. Как вы думаете, кто вы? Оптимист или пессимист?

6. Напишите письмо. Где вы были в России, куда вы хотите пойти, что вы хотите посмотреть? Что вам нравится или не нравится в России и почему? (러시아 이외의 다른 나라, 다른 도시도 좋습니다.)

대화 >> Диалог | Что случилось?

1. 대화를 듣고 다음 질문에 대답하세요: *Ира была в кафе?*

Антон: — Ира, добрый вечер!

Ира: — Добрый вечер, Антон. Ты был сегодня в кафе?

Антон: — Да, был. Мы долго ждали тебя. Но ты не пришла. Что случилось?

Ира: — Ты знаешь, я больна.

Антон: — У тебя температура? Ты ходила к врачу?

Ира: — Нет, у меня нет температуры. Но у меня болит голова.

Антон: — А мы ждали тебя в кафе. Вчера Иван приехал из Петербурга. Он сделал там фотографии, и мы посмотрели их.

Ира: — Хорошие фотографии?

Антон: — Да, очень интересные: здания, улицы, музеи Петербурга. Я тоже хочу фотографировать.

Ира: — А у тебя есть фотоаппарат?

Антон: — К сожалению, нет. Но я хочу купить.

Ира: — А у меня есть, но плохой и очень старый.

Антон: — Ты не знаешь, где можно купить хороший фотоаппарат?

Ира: — Знаю, в магазине «Зенит». Там есть разные фотоаппараты — дорогие и дешёвые.

Антон: — Давай поедем туда завтра вместе.

Ира: — Нет, завтра я не могу. Вчера из Новосибирска приехала моя тётя. Она хочет посмотреть Москву.

Антон: — Хорошо. Позвони послезавтра.

— Что случилось?
— У меня болит голова.

урок двенадцатый | **389**

2. 다음 질문에 대답하세요 :

1) Почему́ И́ра не была́ в кафе́?

2) Отку́да прие́хал Ива́н?

3) Каки́е фотогра́фии он сде́лал в Петербу́рге?

4) У Анто́на есть фотоаппара́т? А у И́ры?

5) Како́й фотоаппара́т хо́чет купи́ть Анто́н?

6) Где мо́жно купи́ть фотоаппара́т?

7) Почему́ И́ра не мо́жет пое́хать в магази́н за́втра?

총정리 문제 >> Обобщение

1. 오른쪽에 있는 동사를 이용하여 문장을 보완하세요.

1) Моя́ подру́га ка́ждый день … хлеб и молоко́. Вчера́ она́ то́же … хлеб, но не … молоко́.

покупа́ть

купи́ть

2) Ива́н журнали́ст. Он ча́сто … статьи́. Сего́дня у́тром он то́же … статью́. Он всегда́ … о́чень интере́сные статьи́.

писа́ть

написа́ть

3) Ма́ма всегда́ … : «Нельзя́ кури́ть». Сего́дня она́ то́же … : «Нельзя́ кури́ть».

говори́ть

сказа́ть

2. 굵게 표시된 단어에 대해 질문을 하세요.

1) **У брата** есть **хорошая машина**.

2) **У Виктора** нет **денег**.

3) **В университете** есть **стадион, театр, поликлиника**.

4) **В понедельник** Мария приехала **из Франции**.

5) **В 5 часов** Джон пошёл **в магазин**.

6) Сейчас **3 часа 20 минут**.

7) **В июне** студенты сдали экзамены.

3. 다음 그림을 보고 Антон이 월요일에 한 일에 대해 이야기하세요. *пошёл (поехал), пришёл (приехал)* 동사를 이용하세요.

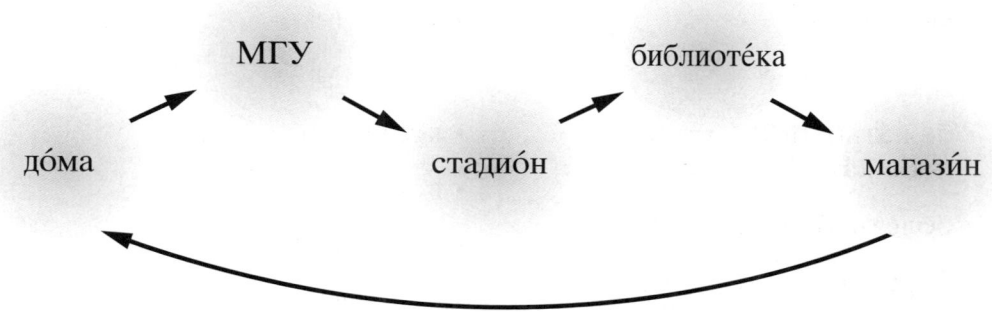

4. 다음 단어, 수사, 그림 등을 이용하여 *Сколько?*에 대한 질문을 만들고, 대답하세요.

У Ви́ктора   (1)

У Ха́ны   (2)

В зоопа́рке   (4)

У ба́бушки   (3)

У Ива́на   (2)

В до́ме   (4)

В ко́мнате   (2)

В су́мке   (3) и (1)

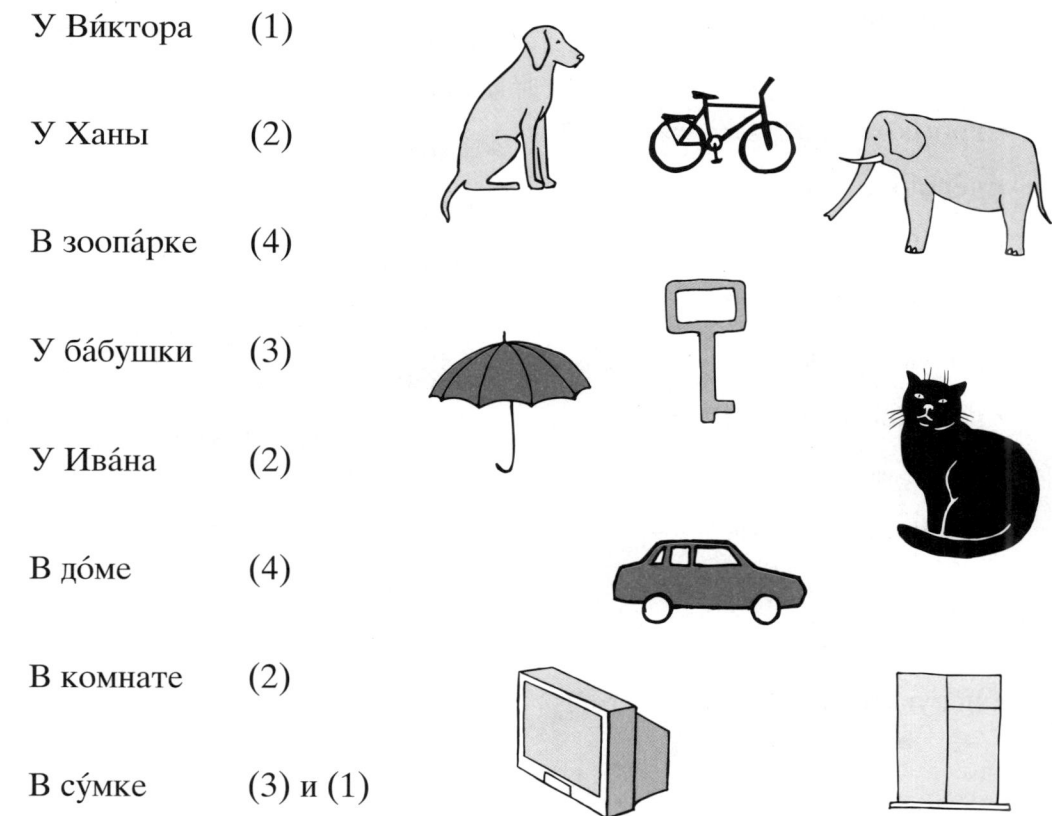

단어사전 >> Словарь

- а́вгуст 8월
- апре́ль [남] 4월
- бежа́ть(I, НСВ)(куда?)– побежа́ть(I, СВ) 뛰어 가다, 달리다
- боле́ть, боли́т, боля́т 아프다
- борщ 보르쉬(러시아 수프의 일종)
- во-вторы́х 두번째로
- вокза́л 기차역
- вокру́г 주위에
- во-пе́рвых 첫번째로
- голова́ 머리
- гро́мко 큰 소리로, 소리가 크다
- де́вочка 소녀
- дека́брь [남] 12월
- дневни́к 일기장
- докуме́нт 서류
- дорого́й(челове́к) 친애하는, 소중한(사람)
- есть 먹다
- зи́мний(-яя, -ее, -ие) 겨울의
- зуб 치아
- из [전] (из чего́?) ~에서
- испуга́ться(I, СВ)(кого́? чего́?) 겁먹다, 놀라다

- ию́ль [남] 7월
- ию́нь [남] 6월
- ключ 열쇠
- конфе́та 당과류(사탕, 초콜릿 등)
- крова́ть [여] 침대
- культу́ра 문화
- лека́рство 약
- лифт 승강기
- ли́шний(-яя, -ее, -ие) 잉여의, 남은
- ло́жка 숟가락
- май 5월
- март 3월
- медве́дица 곰(암컷)
- медве́дь [남] 곰(수컷)
- медвежо́нок 새끼곰
- ме́сяц 달
- музыка́льный центр 오디오 컴퍼넌트
- неудо́бно 불편하게, 불편하다
- ноя́брь [남] 11월
- одна́жды 어느 날
- октя́брь [남] 10월

단어사전 >> Словарь

- оптими́ст 낙천주의자
- отвеча́ть(I, НСВ, кому?) – отве́тить(II, СВ) 대답하다
- отку́да [의문] 어디로부터
- отсю́да 여기로부터
- отту́да 저기로부터
- о́чередь [여] 순위, 줄
- пессими́ст 비관주의자, 염세주의자
- пла́вать(I, НСВ) 수영하다
- пода́рок 선물
- получа́ть(I, НСВ) – получи́ть (II, СВ)(что?) 받다
- понима́ть(I, НСВ) – поня́ть(I, СВ) 이해하다
- послеза́втра 모레
- потанцева́ть(I, СВ) 춤추다
- прибежа́ть(I, СВ)(откуда? куда?) 뛰어 오다, 달려 오다
- прие́хать(I, СВ)(откуда? куда?) 도착하다(교통수단을 이용해서)
- прийти́(I, СВ)(откуда? куда?) 도착하다(걸어서)
- проездно́й биле́т 정기 탑승권
- ра́зный(-ая, -ое, -ые) 다양한, 서로 다른
- рок-му́зыка 락 음악
- ры́нок 시장
- ру́сско-англи́йский 러영의
- сдава́ть(I, НСВ)(что?) – сдать(I, СВ) 건네주다, 시험에 합격하다
- сентя́брь [남] 9월
- серьёзный(-ая, -ое, -ые) 진지한, 심각한
- слон 코끼리
- снег 눈
- согла́сен(-а, -ы) 찬성하다
- сосе́д 이웃(남)
- сосе́дка 이웃(여)
- спортза́л 체육관
- таре́лка 접시
- температу́ра 1. 온도, 2. 체온
- у [전] (у кого? у чего?) 1. ~옆에, 2. ~에게 ~가 있다(소유)
- устава́ть(I, НСВ) – уста́ть(I, СВ) 피곤해지다
- февра́ль [남] 2월
- холоди́льник 냉장고
- холо́дный(-ая, -ое, -ые) 추운
- экза́мен 시험

단어사전 >> Словарь

- энциклопе́дия   백과 사전
- янва́рь   [남] 1월

- Ма́шенька   마셴까(Мария의 애칭, 여자 이름)

- Вашингто́н   워싱턴
- Кипр   키프로스(지중해 동부의 국가)
- Украи́на   우끄라이나
- Герма́ния   독일

- Парк культу́ры   문화 공원

- маши́на «Во́лга»   자동차 《볼가》
- програ́мма «Вре́мя»
  방송 프로그램 《시간》

- вре́мя го́да   계절
- к сожале́нию   유감스럽게도
- сде́лать ви́зу   비자를 만들다

- Дай на мину́ту слова́рь.
  사전 좀 잠깐만 빌려주세요.
- Нет плохо́й пого́ды, а есть плоха́я оде́жда.
  날씨가 안 좋은 것이 아니라 옷이 안 좋은 것이다. 날씨를 탓하지 말라는 속담.(즉 조건이나 환경을 탓하지 말고 미리 모든 상황에 대비하라는 의미)

- Ничего́ хоро́шего.   좋은 게 없어.
- Познако́мьтесь!   인사하세요!
- У тебя́ температу́ра?
  너 열 있니?
- Что случи́лось?   무슨 일이예요?

Урок тринадцатый 13

이과의 길잡이

※ **핵심 포인트**

Что вы будете делать завтра?
Вечером Виктор будет смотреть фильм.
Завтра Иван прочитает статью.
– Сколько лет Ивану?
– Ему 20 лет.
– Кому ты подаришь цветы?
– Я подарю цветы маме.
Мне нравится играть в футбол.
Вам нужно пойти к врачу.

- **회화 포인트**   Отличная идея!
  - Если хочешь, пойдём вместе!

- **발음 포인트**   다음절 어구 발음, 억양 연습

- **문법 포인트**   단순 미래 시제, 복합 미래 시제
  완료상과 불완료상의 용법 – 미래 시제
  명사와 인칭 대명사의 여격
  – 나이 표현, 행위의 대상
  Кому нравится что / что делать 구문
  Надо, нужно의 용법 (여격 사용)

발음 〉〉 Фонетика

❶ 듣고 따라하기

전치사 В의 발음을 연습하세요.

[ф]	[в]
час - в час	два - в два часа́
три - в три часа́	во́семь - в во́семь часо́в
пять - в пять часо́в	де́сять - в де́сять часо́в
шесть - в шесть часо́в	двена́дцать - в двена́дцать часо́в

❷ 듣고 따라하기

다음 문장들을 듣고 따라하면서 지난 과에서 배운 내용을 복습하세요.

хоти́м поня́ть   хочу́ узна́ть
мо́жем поня́ть   могу́ узна́ть
ещё не понима́ем   ещё не зна́ю
уже́ по́няли   уже́ узна́л

Не могу́ прочита́ть, нет журна́ла.
Не мо́жет написа́ть, нет ру́чки.
Не мо́гут позвони́ть, нет телефо́на.
Не мо́жем прие́хать, нет вре́мени.
Не мо́жешь купи́ть, нет де́нег.

Куда́ пошёл?	**Где был?**	**Отку́да пришёл?**
пошёл в теа́тр.	был в теа́тре.	пришёл из теа́тра.
пошёл на по́чту.	был на по́чте.	пришёл с по́чты.

сде́лал и пошёл.   пришёл и уви́дел.
сказа́ла и пошла́.   пришла́ и сде́лала.
купи́ли и пошли́.   пришли́ и сказа́ли.

❸ 듣고 따라하기

듣고 따라하세요. 마지막 문장을 외우고 노트에 적으세요.

Ско́лько вре́мени? ➡

Ско́лько сейча́с вре́мени? ➡

Скажи́те, ско́лько сейча́с вре́мени? ➡

Скажи́те, пожа́луйста, ско́лько сейча́с вре́мени?

Кото́рый час? ➡

Вы не зна́ете, кото́рый час? ➡

Вы не зна́ете, кото́рый сейча́с час? ➡

Извини́те, вы не зна́ете, кото́рый сейча́с час? ➡

❹ 듣고 따라하기

듣고 따라하세요. 마지막 문장을 외우고 노트에 적으세요.

...прие́хал ➡

...Нури́ прие́хал ➡

Нури́ прие́хал из Коре́и. ➡

В сентябре́ Нури́ прие́хал из Коре́и и живёт в Москве́. ➡

В сентябре́ Нури́ прие́хал из Коре́и и живёт в Москве́ уже́ ме́сяц...

...пошёл ➡

...Ви́ктор пошёл ➡

Ви́ктор пошёл на по́чту. ➡

Ве́чером Ви́ктор пошёл на по́чту. ➡

Ве́чером в 7 часо́в Ви́ктор пошёл на по́чту. ➡

Ве́чером в 7 часо́в Ви́ктор пошёл на по́чту, потому́ что хоте́л позвони́ть. ➡

Ве́чером в 7 часо́в Ви́ктор пошёл на по́чту, потому́ что хоте́л позвони́ть в Петербу́рг...

...хочу́ узна́ть ➡

...я хочу́ узна́ть ➡

...я хочу́ узна́ть, у кого́ есть ➡

Я хочу́ узна́ть, у кого́ есть ка́рта Москвы́. ➡

Я хочу́ узна́ть, у кого́ есть но́вая ка́рта Москвы́...

❺ 대화 연습하기

다음 대화를 읽고 유사한 대화를 만드세요.

– Скажи́те, у вас есть кра́сная ру́чка?
– Да, есть.
– Да́йте, пожа́луйста, на мину́ту.

     – Скажи́, пожа́луйста, Ива́н до́ма?
     – Нет, он пошёл в теа́тр.

– Извини́те, у вас сейча́с есть вре́мя?
– К сожале́нию, у меня́ сейча́с нет вре́мени.

     – Анто́н, у тебя́ есть де́ньги? Хочу́ купи́ть но́вый слова́рь.
     – У меня́ сейча́с нет де́нег. Мо́жет быть, у Ви́ктора есть.

— Ира, ты не знаешь, Джон из Англии?
— Нет, он из Америки.

— Ханыль, где ты был вчера вечером?
— Я ходил в посольство, хотел получить визу.
— А когда ты пришёл из посольства?
— Я пришёл поздно.

— Хана, куда ты ездила вчера?
— Я ездила в аэропорт. Мой друг приехал, я встречала его.
— А откуда он приехал?
— Из Кореи, из Сеула.

— Скажите, где Мария?
— Она пошла в поликлинику к врачу.
— А что случилось? Мария больна?
— Да, она плохо себя чувствует.

❻ 빈 칸 채우기

대답에 맞는 질문을 만드세요

— …?
— Сейчас пять часо́в.

— …?
— Мы ждали А́нну час.

— …?
— Я пришёл в 2 часа́.

— …?
— Нет, в до́ме нет ли́фта.

– …?
– Мой друг приéхал из Áнглии.

– …?
– У Антóна есть э́та кни́га.

– …?
– У меня́ нет брáта.

– …?
– Нет, не могу́. К сожалéнию, у меня́ нет телефóна.

– …?
– Антóн пошёл в столóвую.

🎧 듣기

대화를 듣고 다음 질문에 대답하세요.

1. *Как вы думаете, где находятся эти люди?*

– У вас есть нóвый учéбник «Дорóга в Росси́ю»?
– Есть.
– Дáйте, пожáлуйста.

– Почему́ сегóдня нет Антóна? Где он?
– Он пошёл в поликли́нику.

– Здрáвствуйте!
– Здрáвствуйте! Что вы хоти́те?
– Я хочу́ получи́ть студéнческий билéт.
– Хорошó. Скажи́те, пожáлуйста, как вас зову́т, и дáйте две фотогрáфии.

2. *Откуда пришли (приехали) эти люди?*

– Джон, где ты был лéтом?
– Я éздил в Пари́ж. А ты былá там?
– Нет, ещё не былá, но óчень хочу́ поéхать тудá.

– Мари́я, ты былá в университéте?
– Да, я ходи́ла в библиотéку, хотéла взять кни́гу.

❽ 맞는 문장 찾기

의미에 맞는 문장을 서로 연결하세요.

1. Иван написал статью и ...
2. Нури хотел поменять деньги и ...
3. Анна взяла книги в библиотеке и ...
4. Мария плохо себя чувствовала и ...
5. Джон хотел купить тёплый шарф и ...

- пошёл в банк
- пошла домой
- пошёл в магазин «Одежда»
- пошёл на работу в редакцию журнала
- пошла в поликлинику к врачу

❾ 맞는 문장 찾기

의미에 맞는 항목을 골라 적절한 문법적 형태를 취하여 고친 후, 읽으세요.

1. Хана — кореянка. Она приехала ...
2. Жан и Клара — французы. Они приехали ...
3. Джон — американец. Он приехал ...
4. Андрей и Наташа — русские. Они приехали ...
5. Том — англичанин. Он приехал ...

- Америка, Нью-Йорк
- Петербург
- Корея, Сеул
- Франция, Париж
- Англия, Лондон

문법 >> Грамматика | 미래시제 1 – 복합 미래시제

		ВРЕМЯ (시제)	НСВ (불완료상)	СВ (완료상)
	미래시제	бу́дущее вре́мя	бу́дет чита́ть	прочита́ю
	현재시제	настоя́щее вре́мя	чита́ю	—
	과거시제	проше́дшее вре́мя	чита́л	прочита́л

— Что ты бу́дешь де́лать за́втра у́тром?
— Бу́ду занима́ться.
— А я бу́ду спать.

— Что вы бу́дете де́лать в воскресе́нье?
— Бу́дем игра́ть в футбо́л.

— Ты зна́ешь, где бу́дут сле́дующие Олимпи́йские и́гры?
— Знал, но забы́л. Ка́жется, они́ бу́дут в А́нглии.

복합 미래시제 Будущее сложное(НСВ)

быть I	что делать (НСВ)
я бу́ду	чита́ть ...
ты бу́дешь	писа́ть ...
он/она́ бу́дет	гуля́ть ...
мы бу́дем	занима́ться ...
вы бу́дете	фотографи́ровать ...
они́ бу́дут	отдыха́ть ...

когда́?	кто?	что бу́дет де́лать?
За́втра у́тром	я	буду писа́ть письмо́.
Ве́чером	мы	не бу́дем смотре́ть фильм.
Ка́ждый день	Хана	бу́дет учи́ть слова́.

когда́? / где?		что бу́дет?
За́втра в Москве́		бу́дет плоха́я пого́да.
За́втра на стадионе		бу́дет интере́сная игра́.
В воскресе́нье в клу́бе		бу́дет но́вый фильм.
За́втра у́тром		бу́дут заня́тия.

비교하세요

Сего́дня в Москве́___ плоха́я пого́да.
За́втра в Москве́ бу́дет хоро́шая пого́да.
Вчера в Москве́ была́ хоро́шая пого́да.

⑩ 읽기

спра́шивать I (НСВ) кого́? (4)   **спроси́ть II (СВ)**

я	спра́шиваю	
ты	спра́шиваешь	дру́га
они́	спра́шивают	подру́гу

спра́шивал(-а, -и)

я	бу́ду спра́шивать
ты	бу́дешь спра́шивать
они́	бу́дут спра́шивать

спроси́л(-а, -и)
Спроси́(те)!

отвеча́ть I (НСВ) на что? (4)   **отве́тить II (СВ)**

я отвеча́ю	на вопро́с
ты отвеча́ешь	на телегра́мму
они отвеча́ют	на письмо́

отвеча́л(-а, -и)
Отвеча́й(те)!
я бу́ду отвеча́ть
ты бу́дешь отвеча́ть
они́ бу́дут отвеча́ть

отве́тил(-а, -и)

1. 텍스트를 읽고 다음 질문에 대답하세요 : *Что будет делать Виктор завтра?*

Мой мла́дший брат Ви́ктор о́чень серьёзный и у́мный челове́к. Он хорошо́ у́чится, мно́го чита́ет, поэ́тому мно́го зна́ет. За́втра ве́чером по телеви́зору бу́дет игра́ «Что? Где? Когда́?». Это о́чень интере́сная телевизио́нная игра́. Телезри́тели бу́дут спра́шивать, а игроки́ бу́дут отвеча́ть на ра́зные вопро́сы. Наприме́р, студе́нт из Твери́ спра́шивает: «Где и когда́ лю́ди на́чали игра́ть в ша́хматы?». Игроки́ ду́мают, а пото́м отвеча́ют. А за́втра мой брат бу́дет игра́ть там. Он то́же бу́дет отвеча́ть на ра́зные вопро́сы. Я, ма́ма, па́па и ба́бушка бу́дем смотре́ть игру́ по телеви́зору, а пото́м бу́дем ждать Ви́ктора до́ма. Ба́бушка бу́дет гото́вить наш люби́мый торт. Ве́чером мы вме́сте бу́дем пить чай.

2. 다음 질문에 대답하세요 :

1) Что бу́дут де́лать за́втра па́па и ма́ма?

2) Что бу́дет де́лать ба́бушка?

3) Что семья́ бу́дет де́лать ве́чером?

4) Что бу́дет де́лать Ви́ктор?

5) Что бу́дут де́лать телезри́тели?

6) Кто бу́дет отвеча́ть на вопро́сы?

7) Расскажи́те, что вы узна́ли о Ви́кторе?

8) Есть ли у вас на ро́дине телеигры́? Вы лю́бите смотре́ть телеигры́?

🔟 대화 연습하기

Подгото́вьте интере́сные вопро́сы для игры́ «Что? Где? Когда́?». Зада́йте друг дру́гу э́ти вопро́сы. Поигра́йте!

⑫ 이야기 연습하기

내일 TV 방송프로그램을 읽으세요. 다음 질문에 대답하여 복합 미래시제를 익히세요 :

1. Какие передачи вы будете смотреть и почему?

8.00	Новости.	16.00	Дог-шоу «Я и моя собака».
8.30	Домашняя аптека.	16.30	Домашняя библиотека.
9.00	Доброе утро, страна! (музыкальная программа)	16.50	Фильм «Старший сын»(Россия).
		18.00	Футбол («Спартак» Россия – «Динамо» Киев).
9.30	Погода (прогноз погоды).	19.00	Телеигра «Что? Где? Когда?».
9.45	Спортивные новости.	20.00	Цирк.
10.00	Фильм "Война и мир" (Россия).	21.00	«Время»(информационная программа).
12.00	Новости дня.	22.00	Фильм «Любить по-русски» (Россия).
12.30	Улицы Москвы (история города).		
13.30	Магазин на диване.	23.30	Погода на завтра.
14.00	Мультфильмы.	23.40	Концерт.
15.00	Наша музыка! Поёт Алла Пугачёва.		

2. Как вы думаете, какие передачи будут смотреть ваши друзья и почему?

3. Какие передачи вы обычно смотрите на родине? Почему?

⑬ 대화 연습하기

다음 내용으로 서로 질문하고 아래와 같이 대화 연습하세요 :
Что будут делать друзья завтра, в субботу, в воскресенье, летом, во время каникул.

– Ви́ктор, каки́е у тебя́ пла́ны на за́втра?
– У́тром я бу́ду занима́ться, а ве́чером я хочу́ пойти́ на стадио́н. Я бу́ду игра́ть в футбо́л.

– Что вы бу́дете де́лать ле́том?
– Снача́ла мы бу́дем сдава́ть экза́мены, а пото́м мы бу́дем отдыха́ть на мо́ре.

단어 Tip

сдава́ть I (НСВ) что? (4)		сдать (СВ)	
я сдаю́	экза́мены	сдал(-а́, -и)	
ты сдаёшь	тест	Сдай(те)!	кни́ги
они́ сдаю́т			
сдава́л(-а, -и)			
я бу́ду сдава́ть			
ты бу́дешь сдава́ть			
они́ бу́дут сдава́ть			
Сдава́й(те)!			

문법 >> **Грамма́тика**   미래시제 2 – 단순 미래시제

	ВРЕМЯ (시제)	НСВ (불완료상)	СВ (완료상)
미래시제	бу́дущее вре́мя	бу́дет чита́ть	прочита́ю
현재시제	настоя́щее вре́мя	чита́ю	—
과거시제	проше́дшее вре́мя	чита́л	прочита́л

урок трина́дцатый

단순 미래시제 Будущее простое(СВ)

— Ты ужé написáл письмó домóй?
— Ещё нет, я напишý егó вéчером.

> **비교하세요**
>
> — Мария, что ты **бýдешь дéлать** сегóдня вéчером?
>   Ты бýдешь смотрéть фильм?
>
> Нет, сегóдня вéчером   Нет, не бýду. Я ещё не написáла
> я **бýду писáть** статью.   статью. Сегóдня вéчером я **напишý** её.
>   А зáвтра ты её **прочитáешь.**

Что вы будете делать?

НСВ	СВ
Я бýду писáть пи́сьма.	Я напишý письмó.
Я бýду читáть журнáл.	Я прочитáю журнáл.
Я бýду звони́ть домóй.	Я позвоню́ домóй.
Я бýду готóвить ýжин.	Я пригото́влю ýжин.

> **문법 Tip**
>
> | писáть | читáть | учи́ть |
> |---|---|---|
> | **написáть** | **прочитáть** | **вы́учить** |
> | я напишý | я прочитáю | я вы́учу |
> | ты напи́шешь | ты прочитáешь | ты вы́учишь |
> | они́ напи́шут | они́ прочитáют | они́ вы́учат |
> | Напиши́(те)! | Прочитáй(те)! | Вы́учи(те)! |

| де́лать | гото́вить | у́жинать |
сде́лать	пригото́вить	поу́жинать
я сде́лаю	я пригото́влю	я поу́жинаю
ты сде́лаешь	ты пригото́вишь	ты поу́жинаешь
они́ сде́лают	они́ пригото́вят	они́ поу́жинают
Сде́лай(те)!	Пригото́вь(те)!	Поу́жинай(те)!

14 듣기

대화를 들으세요. 대화 내용을 보기와 같이 고치고 동사의 미래시제를 익히세요.

보 기

– Ива́н, что ты бу́дешь де́лать сего́дня ве́чером?
– Прочита́ю текст, вы́учу но́вые слова́, а пото́м бу́ду отдыха́ть.

▼

Я узна́л(а), что бу́дет де́лать Ива́н сего́дня ве́чером. Снача́ла он бу́дет чита́ть текст, и, коне́чно, прочита́ет его́. Пото́м он бу́дет учи́ть но́вые слова́ и вы́учит их. Ива́н сде́лает дома́шнее зада́ние, а пото́м бу́дет отдыха́ть.

– Мари́я, что ты бу́дешь де́лать ве́чером?
– Снача́ла я бу́ду гото́вить у́жин, пото́м бу́ду чита́ть статью́, пото́м бу́ду учи́ть но́вые слова́, а пото́м бу́ду писа́ть письмо́.

– Ви́ктор, ты уже́ реши́л зада́чи?
– Ещё нет, но я бы́стро решу́ их. Э́то лёгкие зада́чи.

– И́ра, ты бу́дешь занима́ться в суббо́ту?
– Нет, я не бу́ду занима́ться, я хочу́ пойти́ на дискоте́ку. Я бу́ду слу́шать му́зыку и танцева́ть.

– Джон, ты зна́ешь, сего́дня ве́чером бу́дет интере́сный фильм. Ты бу́дешь смотре́ть его́?

– Коне́чно, я бы́стро сде́лаю дома́шнее зада́ние, прочита́ю расска́з, повторю́ но́вые слова́, а пото́м бу́ду смотре́ть фильм.

⑮ 대화 연습하기

다음 내용으로 대화 연습하세요.

1. *Скажи́те, что вы бу́дете де́лать сего́дня ве́чером?*

2. *Спроси́те об э́том друзе́й и скажи́те, что вы узна́ли.*

⑯ 듣기

대화를 듣고 질문에 대답하세요.

1. *Скажи́те, почему́ Нури́ не купи́л биле́т? Когда́ он ку́пит его́?*

   – Нури́, ты уже́ купи́л проездно́й биле́т?
   – Нет, ещё не купи́л. У меня́ сейча́с нет де́нег. Но за́втра я обяза́тельно куплю́.

2. *Скажи́те, почему́ Джон не позвони́л домо́й? Когда́ он позвони́т?*

   – Джон, ты уже́ позвони́л домо́й?
   – Нет, не позвони́л. Я ду́маю, что сейча́с мои́ роди́тели на рабо́те. Я позвоню́ домо́й ве́чером, в 7 часо́в.

⓱ 대화 연습하기

1. 아래의 어구들을 활용하여 ⓰의 대화처럼 서로 대화 연습하세요.

не купили билет, не прочитали роман, не решили задачи, не позвонили домой, не послушали музыку, не посмотрели фильм, не написали письмо, не сделали домашнее задание

2. Скажите, что вы обязательно это сделаете.

문법 Tip

реша́ть **реши́ть**	смотре́ть **посмотре́ть**	повторя́ть **повтори́ть**	покупа́ть **купи́ть**
я решу́	я посмотрю́	я повторю́	я куплю́
ты реши́шь	ты посмо́тришь	ты повтори́шь	ты ку́пишь
они́ реша́т	они́ посмо́трят	они́ повторя́т	они́ ку́пят
Реши́(те)!	Посмотри́(те)!	Повтори́(те)!	Ку́пи(те)!

звони́ть **позвони́ть**	слу́шать **послу́шать**	брать **взять**
я позвоню́	я послу́шаю	я возьму́
ты позвони́шь	ты послу́шаешь	ты возьмёшь
они́ позвоня́т	они́ послу́шают	они́ возьму́т
Позвони́(те)!	Послу́шай(те)!	взял(-а́, -и)
		Возьми́(те)!

⓲ 듣기

1. 대화를 듣고 질문에 대답하세요 : *Скажите, когда и где хотят встретиться друзья?*

Сего́дня хоро́шая пого́да, нет дождя́, о́чень тепло́. Ви́ктор, Анто́н, А́нна и Мари́я хотя́т пойти́ в парк. Там они́ бу́дут отдыха́ть, гуля́ть, игра́ть в мяч, слу́шать му́зыку. «Что мы возьмём в парк?» ду́мают друзья́.

Виктор:	—	Кто может взять мяч?
Антон:	—	Я могу. Недавно я купил отличный мяч и возьму его.
Виктор:	—	Хорошо! Антон возьмёт мяч. А я возьму магнитофон. У меня есть новые кассеты. Мы можем их послушать.
Анна:	—	А мы будем есть в парке?
Мария:	—	Конечно будем. Ведь мы будем в парке весь день. Я возьму хлеб, сыр и фрукты.
Антон:	—	А кто возьмёт воду?
Анна:	—	Я куплю воду. А что ещё взять?
Мария:	—	Я думаю, что больше ничего.
Виктор:	—	Давайте встретимся в 12 часов в метро.
Мария:	—	Хорошо, встретимся в метро!

2. 대화를 읽고 그림을 이용하여 다음 질문에 대답하세요 : *Что возьмёт Виктор? Антон? Анна? Мария? Что друзья будут делать в парке?*

🎧 대화 연습하기

다음 내용으로 대화 연습하여 동사의 미래시제를 익히세요.

1. *Вы и ваши друзья хотите пойти в парк. Обсудите с друзьями, что вы возьмёте?*

2. *Вы хотите поехать на экскурсию в Петербург. Что вы возьмёте? (план города, карту, билет, деньги, вещи)*

텍스트 >> Текст | **Нельзя опаздывать!**

문법 Tip

1. – Извини́те, мо́жно войти́ в класс?
   – Да, пожа́луйста.

2. Я никогда́ не опа́здываю, потому́ что я ра́но встаю́.(현재)
   Сего́дня я опозда́л, потому́ что по́здно встал.(과거)
   За́втра я не опозда́ю, буди́льник позвони́т в 7 часо́в, и я вста́ну.(미래)

войти́ I (СВ) куда? (4)
в класс
в ко́мнату

단어 Tip

встава́ть I (НСВ) -ва-/	встать I (СВ)	когда́?
я встаю́	я вста́ну	в 8 часо́в
ты встаёшь	ты вста́нешь	у́тром
они́ встаю́т	они́ вста́нут	по́здно
встава́л(-а, -и)	встал(-а, -и)	ра́но
Встава́й(те)!	Встань(те)!	
опа́здывать I (НСВ)	**опозда́ть I (СВ)**	**куда́? (4)**
опа́здывал(-а, -и)	опозда́л(-а, -и)	на уро́к
не бу́ду опа́здывать	я опозда́ю	в университе́т
не бу́дешь опа́здывать	ты опозда́ешь	на рабо́ту
не бу́дут опа́здывать	они опозда́ют	на заня́тия
Не опа́здывай(те)!	Не опозда́й(те)!	на по́езд

1. 텍스트를 읽고 질문에 대답하세요 : *Что случилось с Джоном и почему?*

НЕЛЬЗЯ́ ОПА́ЗДЫВАТЬ!

В кла́ссе был уро́к ру́сского языка́. Преподава́тель чита́л но́вый текст. Студе́нты внима́тельно слу́шали.

— Извини́те, мо́жно войти́? Я опозда́л,— сказа́л Джон.

— Что случи́лось, Джон? Вчера́ вы опозда́ли, сего́дня вы опозда́ли. Нельзя́ опа́здывать на уро́к.

Ве́чером Джон пришёл домо́й. До́ма он до́лго ду́мал: «Вчера́ я опозда́л, сего́дня я то́же опозда́л. Э́то о́чень пло́хо. Не бу́ду бо́льше опа́здывать на уро́к. За́втра я вста́ну ра́но, в 8 часо́в, бы́стро сде́лаю заря́дку, пригото́влю за́втрак, поза́втракаю, повторю́ дома́шнее зада́ние. За́втра я не опозда́ю!»

У́тром Джон встал в 8 часо́в. Он сде́лал заря́дку, пригото́вил за́втрак, поза́втракал, повтори́л дома́шнее зада́ние и пошёл в институ́т.

В 9 часо́в 30 мину́т Джон пришёл в институ́т.

— Что случи́лось, молодо́й челове́к? Куда́ вы идёте? — спроси́л дежу́рный.

— Я иду́ на уро́к. Сего́дня я не опозда́л, — отве́тил Джон.

— Иди́те домо́й, молодо́й челове́к! Сего́дня нет уро́ка. Сего́дня воскресе́нье.

2. 그림을 이용하여 텍스트 내용에 대해 이야기하세요.

3. *Скажи́те, а вы ча́сто опа́здываете? Что вы де́лаете, е́сли не хоти́те опа́здывать?*

문법 >> **Грамматика**	명사의 여격

— Вам помо́чь?
Я помогу́ Вам.

кто? (1)		кому? (3)	
Я	куплю́ кни́гу	бра́т у	Та́н е
Ива́н	дал слова́рь	преподава́тел ю	ма́м е
Де́ти	пода́рят цветы́	Андре́ ю	Мар и́и
Мы	позвони́м	ему́	ей
Друзья́	помо́гут	❗ отц у́	❗ ма́тер и
			до́чер и

☐	▶ -у
-ь / -й	▶ -ю

-а / -я	▶ -е
-ия	▶ -ии
-ь	▶ -и

кто (1) э́то?	кому́ (3) позвони́т Ира?
я	мне
ты	тебе́
он	ему́
она́	ей
мы	нам
вы	вам
они́	им

— Кому́ позвони́ть?
А́нне? Мари́не? Ната́ше?

А́нна   Ната́ша   Мари́на

읽기

1. 텍스트를 읽고 다음 질문에 대답하세요 : *Кому Иван хочет рассказать новости?*

   Сего́дня днём Ива́н прие́хал из Петербу́рга и позвони́л А́нне. Он сказа́л, что хо́чет уви́деть А́нну, Джо́на, Кла́ру, Мари́ю, Анто́на в суббо́ту в 5 часо́в в кафе́. Он хо́чет рассказа́ть им но́вости и показа́ть фотогра́фии Петербу́рга. А́нна сказа́ла, что она́ позвони́т Джо́ну и расска́жет, где и когда́ они́ бу́дут ждать Ива́на в суббо́ту.
   Джон позвони́т Кла́ре. Кла́ра позвони́т Мари́и. Мари́я позвони́т Анто́ну.

2. 텍스트를 읽고, 각 친구들에 대해 보기와 같은 글을 만들어 보세요.

   보기

   > А́нна позвони́т Джо́ну и ска́жет ему́, что Ива́н прие́хал из Петербу́рга и хо́чет уви́деть её, Джо́на, Кла́ру, Мари́ю и Анто́на. Ива́н бу́дет ждать их в суббо́ту в кафе́ в 5 часо́в. Он расска́жет им но́вости и пока́жет фотогра́фии Петербу́рга.

3. *Какие вопросы по тексту вы зададите? Посмотрите, кто больше написал вопросов.*

단어 Tip

расска́зывать I (НСВ) рассказа́ть I (СВ)	что? (4) кому? (3)	пока́зывать I (НСВ) показа́ть I (СВ)	что? (4) кому? (3)
я расскажу́ (-з-/-ж-) ты расска́жешь они́ расска́жут рассказа́л(-а, -и) Расскажи́(те)!		я покажу́ (-з-/-ж-) ты пока́жешь они́ пока́жут показа́л(-а, -и) Покажи́(те)!	

| ви́деть II (НСВ) | кого́? (4) | говори́ть II (НСВ) | что? (4) |
уви́деть II (СВ)	что? (4)	сказа́ть I (СВ)	кому́? (3)
я уви́жу (-д-/-ж-)		я скажу́ (-з-/-ж-)	
ты уви́дишь		ты ска́жешь	
они́ уви́дят		они́ ска́жут	
уви́дел(-а, -и)		сказа́л(-а, -и)	
		Скажи́(те)!	

❷ 문장 만들기

показывать — *показать* 동사를 인칭변화하여 다양한 문장을 만드세요.

Я пока́зываю дру́гу Москву́.	Я покажу́ подру́ге университе́т.
Ты	Ты... .
... .	... .

❷❷ 문장 만들기

купить, посмотреть, рассказать, увидеть, сказать 동사를 인칭마다 변화시켜 문장을 만드세요.

Я куплю́ биле́т, посмотрю́ фильм и расскажу́ подру́ге, како́й э́то фильм. Ты…

Я уви́жу Анто́на и скажу́ ему́, что за́втра бу́дет экску́рсия и приглашу́ его́ на экску́рсию. Ты…

단어 Tip

| приглаша́ть I (НСВ) | куда́? (4) |
пригласи́ть II (СВ)	кого́? (4)
я приглашу́ (-с-/-ш-)	
ты пригласи́шь	
они́ приглася́т	
пригласи́л(-а, -и)	
Пригласи́(те)!	

02 문장 만들기

다음 문장을 보기와 같이 고치세요.

보기

> Антон посмотрел фильм. ▶ Я тоже посмотрю фильм завтра.

1. Таня прочитала книгу «Москва и москвичи».
2. Мой брат купил маме цветы.
3. Анна позвонила Ивану и Наташе и пригласила их в гости.
4. Моя подруга взяла книги в библиотеке.
5. Мои друзья дали Антону кассету.
6. Том рассказал Тане новости.
7. Иван Петрович показал другу фотографии.

단어 Tip

давать I (НСВ) -ва-/	дать (СВ)	что? (4) кому? (3)
я даю	я дам	
ты даёшь	ты дашь	
он/она даёт	он/она даст	
мы даём	мы дадим	
вы даёте	вы дадите	
они дают	они дадут	
давал(-а, -и)	дал(-а, -и)	
Давай(те)!	Дай(те)!	

24 듣기

1. 아래 대화를 듣고 질문에 대답하세요 : *Как вы думаете, кто поможет Юре решить задачу?*

단어 Tip

помогáть I (НСВ) помóчь I (СВ)	кому? (3)	что дéлать? что сдéлать?

я помогý
ты помóжешь
они помóгут
помóг(-лá, -ли)
Помоги́(те)!

Ю р а : – Пáпа, пожáлуйста, помоги́ мне реши́ть задáчу. Онá óчень трýдная.

П á п а : – Потóм, потóм. Сейчáс я прочитáю статью́ в журнáле, а потóм обязáтельно помогý тебé.

Ю р а : – Мáма, пожáлуйста, помоги́ мне реши́ть задáчу. Ты хорошó знáешь математику.

М á м а : – Потóм, потóм. Посмотрю́ сериáл и обязáтельно помогý тебé реши́ть задáчу.

Ю р а : – И́ра, пожáлуйста, помоги́ мне реши́ть задáчу. Ты сейчáс ничегó не дéлаешь. У тебя́ есть врéмя.

И́ р а : – Я ничегó не дéлаю? Я занятá, я звоню́ Андрéю. Позвоню́ емý, потóм помогý тебé реши́ть задáчу.

Ю р а : – Никтó не хóчет помóчь мне. Я решý задáчу сам!

단어 Tip

сам
самá
сáми

다음 질문에 대답하여 ㉔의 내용을 익히세요.

2. *Скажите, почему папа, мама и старшая сестра не помогают Юре решить задачу?*
3. *Что сказали папа, мама, старшая сестра, Юра?*

> 보 기
>
> Папа сказа́л, что он прочита́ет статью́ и помо́жет Ю́ре.

㉕ 대화 연습하기

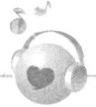

다음 어구들을 이용하여 보기와 같이 대화 연습하세요:

написа́ть расска́з по-ру́сски, купи́ть пода́рок, пригото́вить обе́д, реши́ть зада́чи, сде́лать дома́шнее зада́ние, перевести́ текст.

> 보 기
>
> — А́нна, я хочу́ посла́ть откры́тку дру́гу! Он живёт в Росси́и. Помоги́те мне, пожа́луйста, написа́ть а́дрес на откры́тке по-ру́сски.
> — Коне́чно, помогу́.

посыла́ть I (НСВ)	посла́ть I (СВ)	что? (4) кому́? (3)
я посыла́ю	я пошлю́(-с-/-ш-)	
ты посыла́ешь	ты пошлёшь	
они́ посыла́ют	они́ пошлю́т	
посыла́л (-а, -и)	посла́л (-а, -и)	
Посыла́й(те)	Пошли́(те)!	

단어 Tip

переводи́ть II (НСВ) (-д-/-ж-)	перевести́ I (СВ)	что? (4)
я перевожу́	я переведу́	статью́
ты перево́дишь	ты переведёшь	на ру́сский язы́к
они́ перево́дят	они́ переведу́т	
переводи́л (-а, -и)	перевёл (-а́, -и́)	
Переводи́(те)	Переведи́(те)!	

26 대화 연습하기

다음 단어를 이용하여 보기와 같이 대화 연습하세요 :

слова́рь, уче́бник, ру́чка, магнитофо́н, тетра́дь, биле́т

보기

— Анто́н, где твой магнитофо́н?
— У меня́ сейча́с нет магнитофо́на. Я дал его́ Кла́ре.

— Бо́ми, почему́ у тебя́ нет тетра́ди?
— Я дала́ её преподава́телю.

27 그림보며 대화 연습하기

그림을 이용하여 다음 질문에 대답하세요 :

단어 Tip

| дари́ть II (НСВ) | что? (4) |
| подари́ть II (СВ) | кому́? (3) |

я подарю́
ты пода́ришь
они́ пода́рят
подари́л (-а, -и)
Подари́(те)!

1. Скажите, что Виктор подарит членам семьи и почему?

2. Как вы думаете, что подарят Виктору мама, отец, брат, бабушка и друзья?

3. Что вы хотите подарить (купить) вашим друзьям и родным, почему?

문법 >> Грамматика | 여격 1 – Кому нравится

— Мне нравится московское мороженое.

кому? (3)		кто? (1)	что? (1)
Вам	нравится	этот человек?	эта музыка?
Им		эта артистка.	
Ему	нравятся	эти люди.	эти книги.

кому? (3)		что делать?
Мне		слушать музыку.
Тебе	нравится	читать романы.
Нам		заниматься спортом.

— Бабушке нравится готовить пельмени, а нам нравится их есть.

비교하세요

Мне нравится этот роман (1)	эта музыка (1).
Я люблю этот роман (4)	эту музыку (4).

㉘ 문장 만들기

다음 문장을 보기와 같이 만드세요.

보기

> А́нна чита́ет детекти́вы. Ей нра́вится чита́ть детекти́вы. Мне то́же нра́вится чита́ть детекти́вы.
> (А мне не нра́вится чита́ть детекти́вы, мне нра́вится чита́ть фанта́стику.)

1. Анто́н игра́ет в те́ннис.
2. Мари́я никогда́ не смо́трит футбо́л.
3. Ива́н мно́го фотографи́рует.
4. Пётр Никола́евич не слу́шает рок-му́зыку.
5. Мы ка́ждый день гуля́ем в па́рке.
6. Ви́ктор и Ю́ра не обе́дают в столо́вой.
7. Они́ занима́ются в библиоте́ке.
8. Кла́ра хорошо́ гото́вит коре́йские блю́да.
9. Еле́на Ива́новна не танцу́ет на дискоте́ке.

㉙ 대화 연습하기

다음 질문에 대답하여 보기와 같이 대화 연습하세요 : *Скажи́те, что вам бо́льше всего́ нра́вится де́лать в свобо́дное вре́мя?*

보기

- Ха́на, что ты лю́бишь де́лать в свобо́дное вре́мя?
- Бо́льше всего́ мне нра́вится игра́ть в те́ннис.
- Ива́н, что вы лю́бите де́лать в свобо́дное вре́мя?
- В свобо́дное вре́мя бо́льше всего́ я люблю́ чита́ть истори́ческие рома́ны.

문법 >> Грамматика | 여격 2 – Сколько кому лет?

– Скажи, сколько тебе лет?

– 200.

– Скажите, сколько Вам лет?

– Мне 20 лет.

кому? (3)		сколько лет?
Ивану	_____	21 год
Анне	будет	32 года
Мне	было	17 лет
ему		25 лет

1 (один) год
2, 3, 4 год**а**
5 - 20 **лет**
5..., 11, 12, 13, 14, 15 ... **лет**

읽기

대화를 읽고 질문에 대답하세요.

1. *Скажите, сколько лет бабушке и внучке?*

– Бабушка, скажи, сколько тебе лет?

– Я ещё молодая, Машенька. Мне только 82 года.

– А сколько мне лет?

– Тебе? Ты уже большая. Скоро тебе будет 4 года.

2. Скажите, сколько лет спортсменке?

— Кто это?
— Это известная русская спортсменка.
— Ты не знаешь, как её зовут?
— Анна Курникова.
— Интересно, сколько ей лет?
— Точно не знаю. Думаю, что ей 20 лет.

3 그림보며 이야기 연습하기

그림을 이용하여 다음 질문에 대답하세요: *Как вы думаете, сколько им лет?*

이야기 연습하기

아래 질문에 대답하여 친구에 대해 이야기하세요. 이야기를 이렇게 시작하세요 :
У меня есть друг (подруга)…

1. Как его́ (её) зову́т?
2. Ско́лько ему́ (ей) лет?
3. Где он (она́) живёт?
4. Где он (она́) рабо́тает и́ли у́чится?
5. Что ему́ (ей) нра́вится де́лать в свобо́дное вре́мя?

문법 >> Грамматика | 여격 3 – Кому надо, нужно

кому́? (3)		что де́лать? / что сде́лать?
мне	на́до	помо́чь дру́гу
тебе́	ну́жно	прочита́ть текст
нам		занима́ться спо́ртом

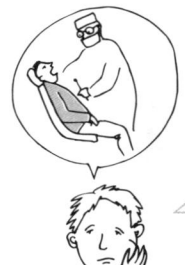

У меня́ боля́т зу́бы. Мне на́до пойти́ к врачу́.

У меня́ нет де́нег. Мне ну́жно позвони́ть домо́й.

읽기

텍스트를 읽고 질문에 대답하세요.

1. *Что надо сделать Юре и почему?*

У Ю́ры боли́т голова́. Ему́ на́до пойти́ в поликли́нику к врачу́, пото́м ему́ ну́жно купи́ть лека́рства. Сейча́с ему́ не на́до занима́ться. Ему́ на́до отдыха́ть.

2. *Что надо сделать Анне, Тане, Джону и Виктору?*

У А́нны день рожде́ния. Ей на́до позвони́ть Та́не, Джо́ну и Ви́ктору и пригласи́ть их в го́сти.

У́тром А́нне ну́жно пойти́ в магази́н и купи́ть проду́кты, а пото́м ей на́до пригото́вить пра́здничный у́жин.

㉞ 문장 만들기

다음 문장을 읽고 각 상황에서 어떻게 해야 하는지 보기와 같이 문장을 만드세요 :

보 기

Вы хоти́те позвони́ть дру́гу. ▶ Мне на́до узна́ть его́ телефо́н.

1. Вы хоти́те пригласи́ть дру́га и́ли подру́гу в го́сти.
2. Вы хоти́те пое́хать на ро́дину.
3. Вы больны́.
4. Вы хоти́те хорошо́ знать ру́сский язы́к.
5. Вы хоти́те купи́ть но́вый большо́й слова́рь.
6. Вы хоти́те встре́тить дру́га на вокза́ле.
7. Вы хоти́те перевести́ коре́йские стихи́ на ру́сский язы́к.

㉟ 대화 연습하기

다음 질문에 대하여 보기와 같이 대화 연습하세요 : *Как вы отве́тите на приглаше́ние дру́га, е́сли вы за́няты?*

보 기

— Анто́н, дава́й пойдём сего́дня на конце́рт. У меня́ есть биле́ты.
— К сожале́нию, сего́дня я не могу́. Я за́нят, мне на́до пое́хать на вокза́л встре́тить ба́бушку.

— И́ра, дава́й пойдём ве́чером в теа́тр.
— Нет, не могу́. Мне на́до прочита́ть статью́ и перевести́ её.

텍스트 >> Текст | Кни́жная вы́ставка

단어 Tip

1. энциклопе́дия
   литерату́рная энциклопе́дия
   музыка́льная энциклопе́дия

2. Вчера́ в общежи́тии был ве́чер. Мой друг выступа́л на ве́чере. Он чита́л стихи́.

   Смотри́те! По телеви́зору выступа́ет президе́нт.

3. Вчера́ Джон смотре́л ру́сский фильм и не по́нял его́. Он по́нял, что ещё пло́хо зна́ет ру́сский язы́к.

   Джон, прочита́й э́ти стихи́ по-ру́сски. Е́сли не поймёшь, я помогу́ тебе́ и переведу́ их на англи́йский язы́к.

   Повтори́те, пожа́луйста! Я не по́нял, что вы сказа́ли.

4. авто́граф
   дать авто́граф кому́? (3)
   Изве́стный поэ́т дал Анто́ну авто́граф.

5. …не то́лько, но и …
   В МГУ у́чатся не то́лько ру́сские студе́нты, но и студе́нты-иностра́нцы.

   А́нна была́ не то́лько в Петербу́рге, но и в Су́здале.

   Анто́н не то́лько прочита́л стихи́ Пу́шкина, но и вы́учил их наизу́сть.

выступа́ть I (НСВ) вы́ступить II (СВ)	где? (6)
-п-/-пл-	

я выступа́ю	я вы́ступлю	на ве́чере
ты выступа́ешь	ты вы́ступишь	на конце́рте
они́ выступа́ют	они́ вы́ступят	
выступа́л (-а, -и)	вы́ступил (-а, -и)	

понима́ть I (НСВ) поня́ть I (СВ)	кого́? что? (4)

я пойму́	ди́ктора
ты поймёшь	текст
они́ пойму́т	но́вые слова́
по́нял (-а́, -и)	
Пойми́(те)!	

1. 텍스트를 읽고 질문에 대답하세요 : *Скажите, кто будет выступать на вечере в институте?*

КНИ́ЖНАЯ ВЫ́СТАВКА

Неда́вно Анто́н прочита́л в газе́те, что в Москве́ в «До́ме кни́ги» на Арба́те бу́дет больша́я кни́жная вы́ставка. На вы́ставке москвичи́ мо́гут не то́лько посмотре́ть, но и купи́ть но́вые кни́ги, уче́бники, словари́, энциклопе́дии, детекти́вы. На вы́ставке бу́дут выступа́ть писа́тели, поэ́ты и журнали́сты.

Анто́н о́чень лю́бит кни́ги, мно́го чита́ет, поэ́тому в воскресе́нье он пошёл на Арба́т в «Дом кни́ги». Он посмотре́л вы́ставку, купи́л энциклопе́дию и, коне́чно, но́вый детекти́в.

На вы́ставке выступа́л изве́стный ру́сский поэ́т Евге́ний Евтуше́нко. Он чита́л ста́рые и но́вые стихи́. Анто́н слу́шал стихи́ с удово́льствием и по́нял, что тепе́рь он бу́дет чита́ть не то́лько детекти́вы, но и стихи́. Анто́н пригласи́л поэ́та Евтуше́нко на ве́чер в институ́т. А поэ́т подари́л Анто́ну кни́гу и дал авто́граф. Анто́н был о́чень рад. Он сказа́л, что обяза́тельно прочита́ет кни́гу и вы́учит стихи́ наизу́сть. Анто́н бы́стро вы́учил одно́ стихотворе́ние. Оно́ ему́ о́чень нра́вится. Послу́шайте:

Весе́нней но́чью ду́май обо мне́,

И ле́тней но́чью ду́май обо мне́,

Осе́нней но́чью ду́май обо мне́,

И зи́мней но́чью ду́май обо мне́.

В институ́те Анто́н показа́л кни́гу и авто́граф поэ́та Джо́ну, Кла́ре, Мари́и и А́нне. Анто́н рассказа́л им, что поэ́т бу́дет выступа́ть в институ́те на ве́чере. Он прочита́ет стихи́ и, коне́чно, даст авто́графы.

Друзья́ сказа́ли Анто́ну, что они́ с удово́льствием послу́шают но́вые стихи́ Евтуше́нко.

2. 질문에 대답하여 텍스트 내용을 익히세요.

1) Кака́я вы́ставка бу́дет в Москве́?

2) Кто бу́дет выступа́ть на вы́ставке?

3) Почему́ Анто́н хо́чет пойти́ на вы́ставку?

4) Что Анто́н купи́л на вы́ставке?

5) Кто тако́й Евге́ний Евтуше́нко?

6) Как вы ду́маете, Анто́н бу́дет чита́ть стихи́? Почему́?

7) Куда́ Анто́н пригласи́л поэ́та?

8) Что поэ́т подари́л Анто́ну?

9) Кому́ Анто́н показа́л кни́гу и авто́граф?

10) Что он рассказа́л им?

11) Друзья́ хотя́т пойти́ на ве́чер?

3. 다음 문장을 완성하세요.

1) Книжная выставка будет …

2) На выставке москвичи могут посмотреть и купить…

3) На выставке будут выступать…

4) Антон любит читать, поэтому в воскресенье он пошёл…

5) Антон купил на выставке…

6) Антон видел на выставке…

7) Евгений Евтушенко — это …

8) Антон пригласил … на вечер в институт.

9) Антон показал книгу и автограф Евтушенко …

10) Антон рассказал о выставке …

11) Друзья с удовольствием послушают стихи …

4. 다음 단어와 구문을 이용하여 *Антон, Евтушенко, выставка*에 대해 이야기하세요.

Антон:

прочитал …
любит книги
много читает
нравятся детективы
хочет пойти
пошёл в «Дом книги»

посмотрел выставку
купил энциклопедию
слушал стихи
пригласил поэта
выучил стихотворение
показал книгу и автограф

известный русский поэт:

выступал на выставке
читал стихи
подарил книгу
дал автограф
будет выступать в институте

книжная выставка:

в «Доме книги» на Арбате
можно посмотреть
можно купить
будут выступать писатели, поэты, журналисты

5. 다음 질문에 대답하세요 :

Что вы любите читать: стихи, романы, детективы, фантастику? Какие книги вы недавно прочитали?

대화 >> Диалог | Подарок

단어 Tip

о́коло	чего́? (2)	Вот метро́. О́коло метро́ по́чта.
о́коло	до́ма по́чты окна́ метро́	О́коло по́чты мой дом. О́коло до́ма парк. Ви́ктор бу́дет ждать меня́ о́коло до́ма.

Éсли хо́чешь, пойдём (пое́дем) вме́сте!

— Ви́ктор, ты зна́ешь, за́втра в клу́бе МГУ бу́дет конце́рт.
— Да, я хочу́ пойти́ туда́.
— Éсли хо́чешь, пойдём вме́сте!

1. 대화를 듣고 다음 질문에 대답하세요 : *Куда хотят поехать друзья? Какой подарок они хотят купить?*

Ири́на:	— Здра́вствуй, Джон!
Джон:	— Приве́т, Ири́на!
Ири́на:	— Джон, что ты бу́дешь де́лать за́втра?
Джон:	— Я хочу́ пойти́ к А́нне. Она́ пригласи́ла меня́ в го́сти. У неё за́втра бу́дет день рожде́ния.
Ири́на:	— Интере́сно, ско́лько ей лет?
Джон:	— Ей бу́дет 20 лет.

Ирина:	– Что ты хочешь ей подарить?
Джон:	– А что можно подарить девушке, как ты думаешь?
Ирина:	– Цветы, конечно.
Джон:	– Я обязательно подарю ей цветы. А что ещё? Что она любит?
Ирина:	– Я знаю, что ей нравятся собаки.
Джон:	– Да, да! Она говорила мне, что хочет собаку. Потому что собака хороший друг.
Ирина:	– Купи ей собаку!
Джон:	– Да, это отличная идея! Но где? Где можно купить собаку в Москве?
Ирина:	– В Москве есть Птичий рынок. Там есть собаки, кошки, птицы, рыбы и другие животные. Их можно посмотреть или купить.
Джон:	– А где он находится?
Ирина:	– Я не знаю, где он находится.
Джон:	– А когда он работает? Каждый день?
Ирина:	– Нет, рынок работает только в субботу и в воскресенье. А где он находится, можно узнать у Ивана.
Джон:	– Хорошо, я узнаю. Завтра суббота. Утром в 10 часов мне нужно поехать туда и купить Анне подарок. Если хочешь, поедем вместе!
Ирина:	– С удовольствием. Я давно там не была. Я буду ждать тебя завтра около метро в 10 часов.

> **!** Отличная идея!
> Если хочешь, поедем вместе.

2. 다음 질문에 대답하여 대화의 내용을 익히세요.

   1) К кому хочет пойти Джон и почему?
   2) Что Джон хочет подарить Анне?
   3) Что нравится Анне? Почему?
   4) Где находится Птичий рынок?
   5) Какие животные там есть?
   6) Когда Джон может поехать на рынок?
   7) Где и когда Ирина будет ждать Джона?

3. 다음 질문에 대답하여 대화 연습하세요 : *У вашего друга (отца, матери, сестры, брата) день рождения. Что вы ему (ей) подарите и почему? Если вы не знаете, что подарить, посоветуйтесь с другом.*

총정리 문제 >> Обобщение

1. 'он' 또는 'она' 인칭 대명사를 필요한 형태로 바꾸어 문장을 완성하세요.

   Познакомьтесь, это мой друзья. Это Джон. … 20 лет. … любит спорт. Больше всего … нравится теннис.

   А это моя подруга. … зовут Мария. … 19 лет. … любит театр. Особенно … нравится современный балет.

2. 1과 같이 자신의 친구를 소개하세요.

3. 아래의 어구와 단어를 이용하여 보기와 같은 문장을 만드세요 :

   > 보기
   >
   > – Я прочитаю статью, у меня есть газета.

прочита́ть расска́з	телефо́н
позвони́ть дру́гу	кни́га
перевести́ статью́	вре́мя
купи́ть биле́т	слова́рь
помо́чь подру́ге	де́ньги

4. 아래의 어구와 단어를 이용하여 보기와 같은 문장을 만드세요 :

> 보기
>
> — Я не прочита́ю статью́, потому́ что у меня́ нет газе́ты.

написа́ть письмо́	магнитофо́н
послу́шать му́зыку	уче́бник
реши́ть зада́чу	вре́мя
взять кни́гу	биле́т
пригото́вить плов	рис

단어사전 >> Словарь

- **автóграф** 사인, 자필
- **аэропóрт** 공항
- **брать(I, НСВ) – взять(I, СВ)(что?)** 잡다, 손에 쥐다
- **будúльник** 자명종
- **весéнний(-яя, -ее, -ие)** 봄의
- **вúдеть(II, НСВ) - увúдеть(II, СВ) (кого? что?)** 보이다
- **внимáтельно** 주의깊게, 유심히
- **входúть(I, НСВ) – войтú(I, СВ)** 들어가다
- **вопрóс** 질문
- **встовáть(I, НСВ) – встать(I, СВ)** 일어나다
- **встречáть(I, НСВ) – встрéтить(II, СВ)** 만나다
- **выступáть(I, НСВ) – вы́ступить(II, СВ)(где?)** 출연하다
- **давáть(I, НСВ) – дать(I, СВ)(что? кому?)** 주다
- **дарúть(II, НСВ) – подарúть(II, СВ)(что? кому?)** 선물하다
- **дежу́рный** 경비원
- **дúктор** 아나운서

- **éсли** 만약, …라면
- **живóтное** 동물
- **зарядка** 체조
- **игрóк** 경기를 하는 사람(선수)
- **информациóнный(-ая, -ое, -ые)** 정보의
- **кáжется** ~처럼 보이다, ~인 듯하다
- **кнúжный(-ая, -ое, -ые)** 책의
- **лёгкий(-ая, -ое, -ие)** 1. 가벼운, 2. 쉬운
- **литератýрный(-ая, -ое, -ые)** 문학의
- **музыкáльный(-ая, -ое, -ые)** 음악의
- **мяч** 공
- **нáдо(+инф)** ~ 해야 한다
- **напримéр** 예를 들어
- **нýжно(+инф)** 필요하다
- **обязáтельно** 반드시
- **óколо[전](около чего?)** ~근처에
- **опáздывать(I, НСВ) – опоздáть(I, СВ)(куда?)** 지각하다
- **осéнний(-яя, -ее, -ие)** 가을의

단어사전 >> Словарь

- отвеча́ть(I, НСВ) – отве́тить(II, СВ)(кому?) 대답하다
- отли́чный(-ая, -ое, -ые) 우수한, 훌륭한
- переводи́ть(II, НСВ) – перевести́(I, СВ)(что?) 번역하다, 통역하다
- плов 쁠로프(중앙 아시아 쌀요리 일종)
- за́втракать(I, НСВ) – поза́втракать(I, СВ) 아침식사하다
- по́здно 늦게, 늦다
- помога́ть(I, НСВ) – помо́чь(I, СВ)(кому?) 도와 주다
- посыла́ть(I, НСВ) – посла́ть(I, СВ)(что? кому?) 보내다
- пра́здничный(-ая, -ое, -ые) 명절의
- президе́нт 대통령, 회사의 대표이사
- прогно́з 예보
- пти́ца 새
- пти́чий(-ья, -ье, -ьи) 새의
- ра́но 일찍, 이르다
- расска́зывать(I, НСВ) – рассказа́ть(I, СВ)(что? кому?) 이야기하다

- реда́кция 1. 교정, 감수, 2. 편집국
- ра́зный(-ая, -ое, -ые) 다양한, 서로 다른
- сам(сама́, са́ми) 자신
- себя́ 자신을
- ско́ро 곧
- сле́дующий(-ая, -ее, -ие) 다음의
- спра́шивать(I, НСВ) – спроси́ть(II, СВ)(кого?) 질문하다
- статья́ 신문기사
- стихотворе́ние 시
- студе́нческий(-ая, -ое, -ие) 학생의
- телевизио́нный(-ая, -ое, -ые) 텔레비전의
- телезри́тель TV 시청자
- телеигра́ TV 게임
- то́чно 정확하게, 정확하다
- у́жинать(I, НСВ) – поу́жинать(I, СВ)(где)? 저녁식사하다
- у́мный(-ая, -ое, -ые) 지혜로운
- фанта́стика 1. 공상소설 2. 환상적인 것
- Евге́ний Евтуше́нко 예브게니 옙뚜셴꼬(러시아 시인)

урок тринадцатый | 437

단어사전 >> Словарь

- Пти́чий ры́нок 애완동물 시장
- бо́льше всего́ 무엇보다도
- бо́льше ничего́ 더 이상 아무것도
- во вре́мя кани́кул 방학 동안
- «Дог-шо́у» 《도그 쇼》 애완견 TV쇼
- дома́шняя апте́ка 상비약
- дома́шняя библиоте́ка 서재
- занима́ться спо́ртом 운동하다
- не то́лько А, но и В… А뿐만 아니라 B도…
- но́вости дня́ 오늘의 소식
- отвеча́ть на вопро́с 질문에 대답하다
- пого́да на за́втра 내일의 날씨
- информацио́нная програ́мма 정보 방송
- музыка́льная програ́мма 음악 방송
- програ́мма ТВ на за́втра 내일 TV방송일정
- спорти́вные но́вости 스포츠 뉴스
- ста́рший сын 큰 아들
- студе́нческий биле́т 학생증
- ТВ [тэ-вэ] TV
- бу́дущее просто́е(СВ) 단순 미래(완료상의 동사로 만드는 미래시제)
- бу́дущее сло́жное(НСВ) 복합 미래(불완료상의 동사로 만드는 미래시제)

Урок четырнадцатый 14

※ **핵심 포인트**

Когда я отдыхаю, я читаю.
Она пришла и приготовила ужин.

Вечером Иван с Анной были в театре.
Я читаю о Москве.
Жан посмотрел фильм о России.

— Какое мороженое ты любишь?
— Я люблю мороженое с шоколадом.

— Кем ты хочешь быть?
— Я хочу быть физиком.

• **회화 포인트**

Поздравляю Вас с днём рождения!
— Давай будем заниматься вместе!
— Договорились!

• **발음 포인트** 다음절 어구 발음, 억양 연습

• **문법 포인트** 불완료상의 용법 – 행위의 동시성
완료상의 용법 – 행위의 연속성
когда 접속사를 이용한 종속문
명사와 인칭 대명사의 조격의 의미:
1. 공동 행위(с другом)
2. 대상의 한정(чай с молоком)
3. 직업(работает врачом)
명사와 인칭 대명사의 전치격의 의미:
주제, 생각 또는 이야기의 대상, 대상에 대한 설명

발음 >> Фонетика

❶ 듣고 따라하기

듣고 따라하면서 지난 과에서 배운 내용을 복습하세요.

1. де́лаю - бу́ду де́лать - сде́лаю
   учу́ - бу́ду учи́ть - вы́учу
   реша́ю - бу́ду реша́ть - решу́

   говори́т - бу́дет говори́ть - ска́жет
   расска́зывает - бу́дет расска́зывать - расска́жет
   пока́зывает - бу́дет пока́зывать - пока́жет
   помога́ют - бу́дут помога́ть - помо́гут
   звоня́т - бу́дут звони́ть - позвоня́т
   перево́дят - бу́дут переводи́ть - переведу́т

2. Мне на́до узна́ть ...   Вам нра́вится?
   Тебе́ на́до перевести́ ...   Ему́ нра́вится?
   Ему́ ну́жно сказа́ть ...   Тебе́ нра́вится?
   Нам на́до пойти́ ...   Что вам здесь нра́вится?
   Вам ну́жно взять ...   Бо́льше всего́ мне нра́вится ...
   Им на́до сде́лать ...   Éсли хо́чешь, сде́лай ...
   Кому́ на́до помо́чь?   Éсли хо́чешь, возьми́ ...
                                   Éсли хо́чешь, скажи́ ...

3. он реши́л сам
   она́ позвони́т сама́
   мы сде́лаем са́ми

❷ 듣고 따라하기

문장 발음 연습하세요. 마지막 문장을 외우고 노트에 적으세요.

...подарю́ ➡

...я подарю́ ➡

Я подарю́ цветы́. ➡

Я подарю́ ма́тери цветы́. ➡

Я подарю́ ма́тери краси́вые цветы́. ➡

Я подарю́ ма́тери краси́вые цветы́, потому́ что ей нра́вятся цветы́. ➡

Я подарю́ ма́тери краси́вые цветы́, потому́ что ей бо́льше всего́ нра́вятся цветы́...

...мо́гут посмотре́ть ➡

...москвичи́ мо́гут посмотре́ть ➡

...москвичи́ мо́гут посмотре́ть и купи́ть ➡

Москвичи́ мо́гут посмотре́ть и купи́ть но́вые кни́ги. ➡

На вы́ставке москвичи́ мо́гут посмотре́ть и купи́ть но́вые кни́ги. ➡

На вы́ставке москвичи́ мо́гут не то́лько посмотре́ть, но и купи́ть но́вые кни́ги...

❸ 대화 연습하기

다음 대화를 읽고 유사한 대화를 만드세요.

– Кла́ра, ты уже́ пригото́вила у́жин?
– Нет, я ещё не гото́вила его́. Я реша́ла зада́чи. Я пригото́влю его́ пото́м.

– Извини́те, кака́я э́то ста́нция метро́?
– Э́то ста́нция метро́ «Парк культу́ры».
– Спаси́бо.

урок четырнадцатый | **441**

– Ви́ктор, кому́ ты взял кни́гу? А́нне?
– Нет, не ей.
– Анто́ну?
– Нет, не ему́.
– А кому́?
– Мари́и.

– Кто вам помога́ет переводи́ть те́ксты?
– Никто́. Я сама́ перевожу́.

– Скажи́те, э́то ваш брат?
– Нет, э́то мой оте́ц.
– Оте́ц?! Ско́лько ему́ лет?
– Ему́ 42 го́да.
– Како́й молодо́й!

– Скажи́те, пожа́луйста, где нахо́дится ста́рое зда́ние МГУ?
– В це́нтре Москвы́.
– Спаси́бо.

– Кому́ на́до купи́ть проездно́й биле́т?
– Джо́ну. У него́ ещё нет биле́та.

❹ 빈 칸 채우기

대답에 맞는 질문을 빈 칸에 넣으세요.

– …?
– Анто́н купи́л пода́рок ба́бушке.

– …?
– Юра́ пошёл к врачу́.

– …?
– Апте́ка нахо́дится о́коло метро́.

– …?
– Сего́дня мне на́до пое́хать на вокза́л и купи́ть биле́т.

– …?
– Спаси́бо, я сде́лаю сама́.

– …?
– Бо́льше всего́ мне нра́вится отдыха́ть на мо́ре.

– ...?
– Бра́ту 25 лет.

– ...?
– Я переведу́ текст, вы́учу но́вые слова́, а пото́м бу́ду отдыха́ть.

❺ 듣기

대화를 듣고 다음 질문에 대답하세요 : *Где нахо́дятся э́ти лю́ди?*

– Что вы хоти́те?
– Я хочу́ посла́ть телегра́мму.
– Куда́?
– В Коре́ю.
– Вот бланк. Напиши́те здесь, пожа́луйста, а́дрес и текст.

– Приве́т!
– Приве́т! Что ты здесь де́лаешь?
– Мне на́до купи́ть пода́рок сестре́.

– Здра́вствуйте! Мо́жно?
– Да, пожа́луйста. Здра́вствуйте! Что случи́лось?
– У меня́ температу́ра и боли́т голова́.

– Скажи́те, пожа́луйста, кака́я э́то у́лица?
– Э́то у́лица Пу́шкина.
– Спаси́бо.

6 문장 만들기

다음 질문에 대답하여 괄호에 있는 단어를 맞는 형태로 변형시키세요 : *Что будут делать люди в этих ситуациях?*

1) Скóро канúкулы. Я ... (отдыхáть, слýшать мýзыку, игрáть на компью́тере, смотрéть фúльмы, гуля́ть).

2) В суббóту в клýбе бýдет дискотéка. Антóн и А́нна хотя́т пойтú тудá. Они ... (петь, танцевáть, отдыхáть).

3) Джон хóчет позвонúть сестрé. Зáвтра он ... (позвонúть, сказáть, что сдал экзáмен).

4) Клáра хóчет поéхать в Санкт-Петербýрг. Зáвтра онá ... (позвонúть в Петербýрг, заказáть нóмер в гостúнице, купúть билéт на пóезд).

5) Послезáвтра подрýга Клáры ... (встречáть её, ждать на вокзáле, встрéтить, проводúть в гостúницу).

6) Зáвтра друзья́ хотя́т поéхать на экскýрсию. Они ... (взять фотоаппарáт, посмотрéть гóрод, фотографúровать).

7) Зáвтра у меня́ день рождéния. Я ... (купúть продýкты, приготóвить ýжин, позвонúть дрýгу, приглáсить егó в гóсти).

7 대화 연습하기

다음 내용으로 보기와 같이 대화 연습하세요 : *Предложите другу пойти (поехать) в театр (в кино, на экскурсию, в музей, в цирк, на дискотеку).*

> 보기
>
> – Жан, ты лю́бишь цирк?
> – Да, óчень. Но я ещё не был там.
> – У меня́ есть лúшний билéт. Éсли хóчешь, давáй пойдём.
> – Спасúбо. С удовóльствием.

문법 ≫ **Грамматика** | 동사의 상

НСВ →	СВ →|
1. Вчера́ ве́чером Ю́ра чита́л кни́гу «А.С. Пу́шкин в Москве́».	Ю́ра прочита́л кни́гу и узна́л, где жил А.С. Пу́шкин.
2. Ю́ра ка́ждый день чита́л газе́ты.	Сего́дня у́тром он то́же прочита́л газе́ту.
3. Ю́ра до́лго чита́л расска́з, 2 часа́.	_____
4. Когда́ Ю́ра чита́л кни́гу по-англи́йски, он смотре́л слова́ в словаре́.	Когда́ Ю́ра прочита́л кни́гу, он пошёл в кино́.

Когда́ Джон **отдыха́л**, он **чита́л** газе́ту.

Когда́ Джон **прочита́л** газе́ту, он **позвони́л** дру́гу.

→ НСВ
→ НСВ

Когда́ Анто́н отдыха́ет, он смо́трит телеви́зор.

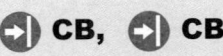

→ СВ, → СВ

Когда́ Мари́я пришла́ домо́й, она́ пригото́вила у́жин.

❽ 그림보며 이야기 연습하기

그림을 이용하여 다음 질문에 대답하세요.

1. *Скажите, что обычно делают Джон, Анна, Виктор, когда они отдыхают?*

2. *Что сделали Джон, Анна, Виктор, когда они пришли домой?*

❾ 문장 만들기

아래의 단어와 구문을 이용하여 보기와 같이 질문에 대답하세요.

1. *Скажите, что вы делаете, когда вы занимаетесь, отдыхаете?*

보기

> Когда я отдыха́ю, я чита́ю кни́гу.

занима́ться	писа́ть упражне́ния
	де́лать дома́шнее зада́ние
	реша́ть зада́чи
	учи́ть но́вые слова́
	смотре́ть но́вые слова́ в словаре́
	переводи́ть текст

отдыха́ть	смотре́ть телеви́зор слу́шать му́зыку игра́ть в ша́хматы игра́ть на компью́тере гуля́ть в па́рке ничего́ не де́лать

2. Скажи́те, что вы сде́лали, когда́ вы пришли́ домо́й?

> **보기**
> Когда́ я пришёл домо́й, я пригото́вил у́жин.

прийти́ домо́й	отдохну́ть полчаса́ прочита́ть статью́ перевести́ текст на ру́сский язы́к написа́ть письмо́ домо́й позвони́ть в Петербу́рг пригото́вить у́жин поу́жинать вме́сте с дру́гом пригласи́ть дру́га послу́шать магнитофо́н посмотре́ть фильм

문법 〉〉 Грамма́тика   조격 1 – **С кем?**

— С кем ты игра́л в пинг-понг?
— С Ви́ктором.

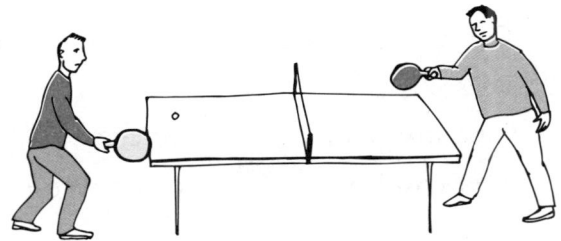

— С кем ты была́ на дискоте́ке?
— С Джо́ном и А́нной.

— Кем он бу́дет?
— Кло́уном.

кто? (1)	с кем? (5)	
Анто́н был в теа́тре	с дру́г|ом|	с подру́т|ой|
А́нна говори́т	с Ви́ктор|ом|	с И́э|ой|
Студе́нты занима́ются	с преподава́тел|ем|	с Мари́|ей|
Джон лю́бит гуля́ть	с Андре́|ем|	

с ма́тер|ью|
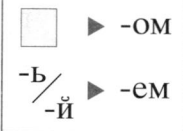 с отцо́м   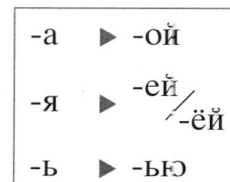 с до́чер|ью|

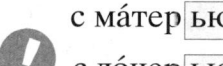

□ ▶ -ом	-а ▶ -ой
-ь/-й ▶ -ем	-я ▶ -ей/-ёй
	-ь ▶ -ью

🎧 듣고 따라하기

"С + 조격 명사"의 발음을 연습하세요.

| с врачо́м [óм] | | с сестро́й [óй] | | [с] Ви́ктором |
| с бра́том [ам] | -ом | с подру́гой [ай] | -ой | с [з] дру́гом |

		кто (1) это?	с кем (5) был Иван?
[с]	[з]	я	со мной
с Анной	с другом	ты	с тобой
с Антоном	с братом	он	с ним
с Марией	с Джоном	она	с ней
с подругой	с деканом	мы	с нами
[ы]		вы	с вами
с Иваном		они	с ними
с Ирой			

⑪ 문장 만들기

문장을 읽고, 진하게 표시된 단어에 대해 질문하세요.

1. Это **мой друг Антон**. Я был на экскурсии в Петербурге вместе **с Антоном**.
2. Это **Том и его брат**. Том живёт **в общежитии** вместе **с братом**.
3. Это **Анна и Мария**. Мы любим **гулять** вместе **с Анной и Марией**.
4. Это **наш преподаватель**. Недавно наша группа ходила в театр вместе **с преподавателем**.
5. Это **моя младшая сестра**. Она любит играть **с мамой и с папой**.

⑫ 읽기

텍스트를 읽고 질문에 대답하세요 : *С кем Джон познакомился в Москве? С кем он часто гуляет, играет в теннис, танцует на дискотеке, отдыхает?*

Это мои русские друзья: Антон, Анна, Виктор и Ира. Я познакомился с ними в Москве. Сейчас мы вместе учимся в университете. Мы часто гуляем в парке, играем в теннис, отдыхаем, танцуем на дискотеке.

знакóмиться II (НСВ) познакóмиться II (СВ) -м-/-мл-	с кем? (5)	танцевáть I (НСВ) с кем? (5) -ева- / -у-
я познакóмлюсь ты познакóмишься они познакóмятся познакóмился (-лась, -лись) Познакóмься! Познакóмьтесь!		я танцýю ты танцýешь они танцýют танцевáл (-а, -и)

##텍스트 >> Текст Суздаль

1. 텍스트를 읽고 다음 질문에 대답하세요: *Скажите, с кем познакомились друзья в Суздале? Что сфотографировали друзья?*

мы с другом = я и мой друг

Вчерá мы с дрýгом éздили на экскýрсию в гóрод Сýздаль. Мы éздили туда́ на автóбусе. Сýздаль — э́то стари́нный рýсский гóрод. Он нахóдится в цéнтре Росси́и. Емý ужé 1000 (ты́сяча) лет. В Сýздале есть большóй стари́нный Кремль, стари́нные собóры, монастыри́.

В Сýздале мы дóлго гуля́ли и разговáривали с экскурсовóдом. Э́то молодáя рýсская дéвушка. Её зовýт Нáстя. Онá óчень лю́бит и хорошó знáет истóрию Сýздаля. Онá расскáзывала нам, какóй э́то гóрод, какáя у негó

разговáривать I (НСВ) с кем? (5)
я разговáриваю ты разговáриваешь они разговáривают друг с дрýгом разговáривал(-а, -и)

интере́сная исто́рия. Она́ сказа́ла нам, что здесь мо́жно посмотре́ть и куда́ мо́жно пойти́. Когда́ мы гуля́ли, мы мно́го фотографи́ровали: су́здальский Кремль, стари́нные зда́ния, собо́ры, у́лицы, истори́ческие па́мятники. Пото́м мы с дру́гом пошли́ в кио́ск. Там мы купи́ли недороги́е сувени́ры.

2. 빈 칸에 대한 질문을 만들어 보세요. 빈 칸을 채워 질문에 대답해 보세요.

Вчера́ … е́здили на экску́рсию. Мы е́здили в … . Мы е́здили туда́ на … . Э́то … го́род. Су́здаль нахо́дится … . Ему́ уже́ … . В Су́здале мы гуля́ли и разгова́ривали с … . Э́то … де́вушка. Ее зову́т … . Экскурсово́д хорошо́ зна́ет … . Когда́ мы гуля́ли, мы … стари́нные зда́ния, у́лицы, па́мятники. … мы с дру́гом купи́ли недороги́е сувени́ры.

3. 다음 질문에 대답하여 텍스트 내용을 익히세요 : *Что вы узна́ли о го́роде Су́здале?*

⑬ 그림보며 이야기 연습하기

그림을 이용하여 보기와 같이 질문에 대답하세요 : *Что де́лают э́ти лю́ди?*

보 기

Ви́ктор с Анто́ном игра́ют в пинг-понг.
Анто́н с Ви́ктором игра́ют в пинг-понг.

⓮ 대화 연습하기

다음 내용에 대해 서로 질문하여 보기와 같이 대화 연습하세요.

1. *С кем ваш друг ходил (ездил), хочет пойти (поехать) на экскурсию (на почту, в парк, на стадион, в посольство, в университет, в магазин, в театр).*

보기

— Нури́, ты ходи́л сего́дня в спортза́л?
— Ходи́л.
— А с кем ты ходи́л туда́?
— С А́нной. Мы игра́ли с ней в те́ннис.

2. *С кем был ваш друг на вечере (на экскурсии, в театре, на выставке, в посольстве).*

보기

— Ви́ктор, с кем ты был на дискоте́ке? С А́нной?
— Нет, не с А́нной.
— С Тама́рой?
— Да, с ней.

⓯ 이야기 연습하기

다음 질문에 대답하여 보기와 같이 이야기하세요 : *С кем вам нравится играть в теннис (шахматы, футбол), делать домашнее задание, танцевать, готовить ужин, заниматься и почему?*

보 기

Мне нра́вится реша́ть зада́чи с Ви́ктором, потому́ что он хорошо́ зна́ет матема́тику и бы́стро реша́ет зада́чи.

문법 » Грамматика 조격 2 – С чем?

— Что Вы хоти́те?

— Да́йте, пожа́луйста, ко́фе с молоко́м и с са́харом.

⓰ 읽기

아래의 메뉴를 읽고 보기와 같이 대답하세요 : *Скажи́те, что вы лю́бите?*

보 기

Я люблю́ что? (4)	с чем? (5)
Я люблю́ пельме́ни	с мя́сом и с капу́стой.

урок четырнадцатый | 453

Меню

Сала́т с ры́бой   Ко́фе с молоко́м
Суп с мя́сом   Чай с лимо́ном
Суп с ку́рицей   Моро́женое с шокола́дом
О́вощи с ри́сом
Мя́со с карто́шкой

⑰ 그림보며 이야기 연습하기

그림을 이용하여 다음 상황에 맞게 대화 연습하세요:
Вы пришли в кафе. Скажите, что вы хотите.

문법 >> **Грамматика** | 조격 3 – **Кем вы будете?**

кто? (1)		кем? (5)	
Виктор	был	студент|ом|	-☐ ▶ -ом
	будет	преподавател|ем|	-ь ▶ -ем
Иван	работает	журналист|ом|	
Ира	была	студентк|ой|	-а ▶ -ой
	будет	переводчиц|ей|	-а/я ▶ -ей

비교하세요

(Кто ваш старший брат?) **(Кто ваша мама?)**

Мой старший брат экономист. Моя мама — учительница.

(Кем вы будете?) **(Кем хочет быть ваша сестра?)**

Я тоже буду экономистом. Она тоже хочет быть учительницей.

⑱ 대화 연습하기

진하게 표시된 단어에 대해 보기와 같이 묻고 답하세요.

> 보 기
>
> — Кто ваш **брат**?   — Экономи́ст.
> — Кем вы бу́дете?   — Экономи́стом.

Ли́дия Шукшина́ — **арти́стка**.
Её дочь Мари́я то́же хо́чет быть **арти́сткой**.
Мой оте́ц — **инжене́р**.
Я то́же хочу́ быть **инжене́ром**, как и мой оте́ц.
И́горь — **перево́дчик**.
Андре́й то́же рабо́тает **перево́дчиком**.
О́льга Петро́вна рабо́тала **журнали́сткой**.
Её дочь — то́же неплоха́я **журнали́стка**.

⑲ 문장 만들기

보기와 같이 질문에 대답하여 조격을 익히세요.

> 보 기
>
> — Ива́н журнали́ст?
> — Да, он рабо́тает журнали́стом.

Ваш оте́ц врач?   И́ра экономи́ст?
Ва́ша мать инжене́р?   О́льга Петро́вна медсестра́?
А́нна Ива́новна преподава́тель?   Оле́г ме́неджер?

20 문장 만들기

아래의 문장을 보기와 같이 바꾸세요.

Скажите, кем будут эти люди?

보기

Мой брат лю́бит фи́зику ⋮ фи́зик
▶ Мой брат бу́дет фи́зиком.

 단어 Tip

рисова́ть (НСВ)
нарисова́ть I (СВ) что? (4)

я нарису́ю
ты нарису́ешь
они́ нарису́ют
нарисова́л(-а, -и)
Нарису́й(те)!

Моя́ сестра́ лю́бит теа́тр.	программи́ст
Мой друг хорошо́ рису́ет.	худо́жник
Моя́ подру́га отли́чно зна́ет английский язы́к.	арти́стка
	перево́дчица
Анто́ну нра́вится исто́рия.	журнали́ст
Ива́н пи́шет интере́сные расска́зы.	исто́рик
Джо́ну нра́вится компью́тер.	

21 이야기 연습하기

보기와 같이 다음 질문에 대답하세요 : *Кем вы хоти́те быть и почему́?*

보기

Я хочу́ быть инжене́ром, потому́ что мой оте́ц — инжене́р.

Я бу́ду юри́стом, потому́ что э́то интере́сная и ва́жная профе́ссия.

22 대화 연습하기

1. 다음 내용에 대해 서로 질문하여 보기와 같이 대화 연습하세요 : *Кем хотят быть ваши друзья и почему?*

   보기
   - Кла́ра, кем ты хо́чешь быть?
   - Я хочу́ быть медсестро́й, как моя́ мать. Мне нра́вится э́та профе́ссия.

2. 다음 질문에 대답하여 이야기 연습하세요 : *Кем хотят быть ваши друзья?*

   보기
   - Кла́ра хо́чет быть медсестро́й, как её мать.
   - Кла́ре нра́вится э́та профе́ссия.

23 읽기

다음 문장을 읽고 조격을 익히세요.

Студе́нты занима́ются спо́ртом. Они́ ката́ются на конька́х.

Чанг Ёнг Джу занима́ется му́зыкой. Она́ музыка́нт. Она́ игра́ет на скри́пке.

듣기

대화를 듣고 질문에 대답하세요 : *Какой язык сейчас учит Нури?*

— Антóн, кем рабóтает Нурú?
— Перевóдчиком.
— А чем он занимáется в свобóдное врéмя?
— В свобóдное врéмя Нурú ýчит нóвые языкú. Он ужé хорошó знáет англúйский и францýзский языкú. А сейчáс он занимáется рýсским языкóм.

단어 Tip

занимáться I чем? (5)

спóртом
мýзыкой
рýсским языкóм
матемáтикой

##텍스트 >> Текст | Известные люди

단어 Tip

1. катáться на лы́жах
   Зимóй москвичú лю́бят катáться на лы́жах.

2. Мой друг занимáется мýзыкой. Кáждый день он игрáет на скрúпке.

игрáть на чём? (6)

на гитáре
на скрúпке
на пианúно

3. все
   все лю́ди
   все студéнты

   Вчерá все студéнты пришлú на урóк.
   А сегóдня не все. Сегóдня нет Джóна.

урок четырнадцатый | **459**

1. 텍스트를 읽고 질문에 대답하세요 : *Кем были эти известные люди: Пифагор, Эйнштейн, Резерфорд, Павлов и Бородин?*

   Вы, конечно, знаете теорему Пифагора? А кто такой Пифагор? Пифагор - это древнегреческий философ и математик. Он жил в пятом веке до нашей эры (V в. до н. э.). Пифагор занимался не только философией и математикой, но и спортом. Однажды друзья спросили его, почему он любит спорт? Пифагор ответил, что спорт помогает ему работать, думать, заниматься философией и математикой.

   Великий физик Альберт Эйнштейн в свободное время занимался музыкой. Он хорошо играл на скрипке.

   Другой известный физик Эрнест Резерфорд любил спорт. В свободное время он с удовольствием играл в теннис с другом.

   Русский учёный-физиолог Иван Петрович Павлов летом любил гулять, а зимой кататься на лыжах. Однажды он сказал: «Мне уже 75 лет, а я чувствую себя очень хорошо, не болею, потому что каждый день занимаюсь спортом».

   Все знают, что известный русский композитор Александр Порфирьевич Бородин - автор оперы «Князь Игорь». Но не все знают, что Бородин был не только композитором, но и химиком. Много лет он занимался и химией, и музыкой.

2. Скажите, чем занимались в свободное время Пифагор, Эйнштейн, Резерфорд, Павлов, Бородин?

3. Каких ещё интересных людей вы можете назвать?

4. Что вы любите делать в свободное время и почему?

5. Что любят делать в свободное время ваши друзья, члены вашей семьи?

문법 >> Грамматика | 명사의 전치격

— О ком э́та кни́га?
— О Пу́шкине.

— Е́сли хо́чешь, я расскажу́ тебе́ о Москве́.

	о ком? (6)	о чём (6)
Преподава́тель рассказа́л	о компози́тор|е|	о его́ му́зык|е|
Ива́н написа́л статью́	о худо́жник|е|	о его́ карти́н|е|
Поэ́т пи́шет стихи́		о го́род|е|, о Росси́|и|
А́нна посмотре́ла фильм	об арти́ст|е|	о его́ жи́зн|и| и рабо́т|е|

-▢	
-ь	▶ -е
-й	

-а	▶ -е	-ь	▶ -и
-я		-ия	▶ -ии

 о ма́тер\|и\|
о до́чер\|и\|

кто (1) э́то?	о ком (6) рассказа́л Ива́н?	
я	обо мне́	
ты	о тебе́	
он	о нём	
она́	о ней	о себе́
мы	о нас	
вы	о вас	
они́	о них	

уро́к четы́рнадцатый | 461

25 문장 만들기

문장을 읽고 진하게 표시된 단어에 대해 질문을 만드세요. 만든 질문에 다시 답변하여 원래의 내용에 대해 이야기하세요.

1. На Арба́те в **«До́ме кни́ги» выступа́л поэ́т Евтуше́нко**. Анто́н **познако́мился с ним** на вы́ставке и пото́м рассказа́л **о поэ́те в институ́те**.
2. Я зна́ю, что **Влади́мир — ста́рый ру́сский го́род**. Я был **во Влади́мире** на экску́рсии и прочита́л **кни́гу о Влади́мире**.

26 그림보며 이야기 연습하기

그림을 이용하여 질문에 대답하세요.

1. *Анто́н прочита́л эти кни́ги. Как вы ду́маете, о ком прочита́л Анто́н?*
2. *Вы зна́ете, кем бы́ли эти лю́ди (поэ́т, писа́тель, фи́зик, хи́мик, врач, компози́тор, космона́вт)? Вы чита́ли о них?*

27 이야기 연습하기

다음 신문과 잡지의 이름, 신문기사를 읽고 질문에 대답하세요.

1. *Скажи́те, о чём расска́зывают эти статьи́?*
2. *Как вы ду́маете, в како́м журна́ле (и́ли газе́те) их мо́жно прочита́ть?*

1) «Литерату́рная газе́та»
2) газе́та «Сего́дня»
3) газе́та «Спорт»
4) газе́та «Моско́вские но́вости»
5) журна́л «Мо́да»
6) журна́л «Театра́льная жизнь»
7) журна́л «Нау́ка и жи́знь»

... самый удобный вид транспорта в Москве — метро. Скоро в столице будет работать еще одна станция — «Парк Победы»...

...футбол в Москве. На стадионе «Лужники» встречаются команды «Спартак» и «Динамо»...

В Москву из Кореи приехала балерина Канг Суджин. Новый русско-корейский балет можно увидеть в театре оперы и балета...

...наука говорит, что скоро человек не будет болеть и будет жить 200 лет...

...Познакомьтесь! Новая книга о России — «Россия сегодня». Автор — молодой писатель из Калуги...

...сегодня в Москве в аэропорту «Шереметьево» российские журналисты встречали президента Франции...

...модные пальто, куртки, костюмы можно купить в магазине ГУМ в центре Москвы...

...завтра в Москве +10, дождь...

3. *Какие газеты и журналы вы читаете? О чем вы любите читать?*

текст 〉〉 Текст | Балет

Хáна лю́бит теáтр.
Онá интересу́ется балéтом.
Друзья́ посовéтовали ей посмотрéть ру́сский балéт.

сове́товать I (НСВ)	кому́? (3)
посове́товать I (СВ)	что (с)де́лать?
-ова-/-у-	
я сове́тую	посове́тую
ты сове́туешь	посове́туешь
они́ сове́туют	посове́туют
сове́товал (-а, -и)	посове́товал (-а, -и)
	Посове́туй(те)!

интересовáться I (НСВ)	чем? (5)
-ова-/-у-	
я интересу́юсь	теáтром
ты интересу́ешься	му́зыкой
они интересу́ются	
интересовáлся (-а, -и)	

1. 텍스트를 읽고 질문에 대답하세요 : *Какой балет посмотрела Хана:*

Расскáзывает Хáна

Я о́чень люблю́ теáтр. Когдá я приéхала в Москву́, я узнáла, что в Москвé есть о́чень хоро́шие теáтры. Я сказáла преподавáтелю, что мне нрáвится теáтр, но я ещё не о́чень хорошо́ понимáю по-ру́сски.

Преподавáтель посовéтовал мне посмотрéть балéт, потому́ что язы́к балéта понимáют все: и ру́сские, и корéйцы, и америкáнцы.

Недáвно мы вмéсте с подру́гой бы́ли в теáтре и посмотрéли балéт «Откýда и кудá?». Э́то но́вый филосо́фский балéт. Извéстная корéйская балери́на Канг Суджи́н прие́хала в Москву́ и помогла́ сде́лать э́тот бале́т. А совреме́нные коре́йские компози́торы написа́ли му́зыку. Э́то о́чень краси́вая му́зыка и о́чень краси́вый бале́т. Мы с подру́гой с удово́льствием посмотре́ли э́тот бале́т. Я сове́тую вам то́же посмотре́ть его́.

2. 다음 질문에 대답하여 하나에 대해 이야기하세요.

   1) Отку́да она́ прие́хала?
   2) Что она́ лю́бит?
   3) С кем она́ ходи́ла на бале́т?
   4) Кто посове́товал ей посмотре́ть бале́т?
   5) Что она́ сове́тует нам?

3. 다음 질문에 대답하여 텍스트 내용에 대해 이야기하세요.

   1) Како́й э́то бале́т?
   2) Кто написа́л му́зыку?
   3) Кто помо́г сде́лать э́тот бале́т?

Лу́чше оди́н раз уви́деть, чем сто раз услы́шать.

4. 다음 질문에 대답하여 자신을 소개하세요.

   1) Где вы уже́ бы́ли в Москве́? С кем?
   2) Что вы уже́ ви́дели?
   3) Что вам нра́вится (не нра́вится)?
   4) Куда́ вы хоти́те пойти́ (пое́хать)?

대화 >> Диалог | День рождения

В Москве́ Джон научи́лся ката́ться на лы́жах. Он давно́ хоте́л научи́ться ката́ться на лы́жах. А я хочу́ научи́ться игра́ть в те́ннис.

учи́ться II (НСВ) научи́ться II (СВ)	что де́лать?
я научу́сь	игра́ть на гита́ре
ты нау́чишься	рисова́ть
они́ нау́чатся	танцева́ть
научи́лся (-лась, -лись)	ката́ться на лы́жах

1. 대화를 듣고 다음 질문에 대답하세요 : *Чем хо́чет занима́ться А́нна?*

Ви́ктор: — До́брый ве́чер, А́нна! Поздравля́ю тебя́ с днём рожде́ния!

А́нна: — Большо́е спаси́бо! О́чень жаль, что ты не пришёл.

Ви́ктор: — Да, извини́, я не мог. У тебя́ сейча́с есть вре́мя?

А́нна: — Да, есть.

Ви́ктор: — Е́сли мо́жешь, расскажи́ мне, како́й был ве́чер, кто был?

А́нна: — Ко мне пришли́ Ива́н с И́рой, Мари́я с Джо́ном, Ха́на, Нури́ и Анто́н.

Ви́ктор: — А, ста́рые друзья́!

А́нна: — Ты зна́ешь, тепе́рь у меня́ есть но́вый друг — ма́ленькая соба́ка.

Ви́ктор: — Да?! А кака́я она́?

А́нна: — Она́ о́чень симпати́чная и весёлая. Ей то́лько 3 ме́сяца.

Ви́ктор: — То́лько 3 ме́сяца! А что она́ ест?

А́нна: — Она́ ест хлеб с молоко́м и, коне́чно, лю́бит мя́со.

Ви́ктор: — Кто подари́л тебе́ соба́ку?

А́нна:	– Джон. Я говори́ла ему́, что мне нра́вятся соба́ки. Когда́ он узна́л, он подари́л мне соба́ку.
Ви́ктор:	– А что вы де́лали? Танцева́ли?
А́нна:	– Коне́чно, танцева́ли, пе́ли пе́сни, Ива́н игра́л на гита́ре. Я то́же игра́ла, чуть-чуть.
Ви́ктор:	– Ты уме́ешь игра́ть на гита́ре?
А́нна:	– О́чень пло́хо, но я хочу́ научи́ться.
Ви́ктор:	– Дава́й бу́дем занима́ться вме́сте.
А́нна:	– Договори́лись!

2. 다음 질문에 대답하여 대화의 내용을 익히세요.

1) Кто пришёл к А́нне на день рожде́ния?
2) Почему́ Ви́ктор не пришёл на день рожде́ния?
3) Почему́ Джон подари́л А́нне соба́ку?
4) Расскажи́те, кака́я э́то соба́ка?
5) Что де́лали друзья́ на ве́чере?
6) Кла́ра игра́ет на гита́ре?

урок четырнадцатый | 467

총정리 문제 〉〉 **Обобщение**

1. 아래의 문장을 읽고 질문에 대답하세요 :

    • Куда утром идут эти люди?
    • Откуда они пришли вечером?

    Áнна Ивáновна рабóтает врачóм.
    Ивáн Петрóвич рабóтает инженéром.
    Антóн и Áнна ýчатся в университéте.
    Юра ýчится в шкóле.
    Вúктор занимáется спóртом.

2. 다음 질문에 대답하여 이야기 연습하세요 :

    Завтра у вас день рождения. Вы пригласили гостей. Вам надо приготовить праздничный ужин. Что вы хотите приготовить? Составьте меню.

단어사전 >> Словарь

- а́втор 작가
- балери́на 발레리나
- бланк 서식
- бутербро́д 샌드위치
- ва́жный(-ая, -ое, -ые) 중요한
- век 세기
- гита́ра 기타
- до [전] (чего́?) …까지
- догова́риваться(I, НСВ) - договори́ться(II, СВ) 약속하다, 합의하다
- древнегре́ческий(-ая, -ое, -ие) 고대 그리스의
- друго́й (-ая, -ое, -ие) 다른
- знако́миться(II, НСВ) - познако́миться(II, СВ)(с кем?) 인사를 나누다
- интересова́ться(I, НСВ)(чем?) 흥미를 가지다
- исто́рик 역사학자
- капу́ста 배추
- ката́ться (스키, 스케이트 등) 타다
- колбаса́ 소시지
- компози́тор 작곡가
- космона́вт 우주비행사
- ку́рица 닭
- лимо́н 레몬
- лы́жи 스키
- матема́тика 수학
- медсестра́ 간호사
- ме́неджер 매니져
- монасты́рь [남] 수도원
- музыка́нт 음악가
- нау́ка 과학
- учи́ться (II, НСВ) - научи́ться(II, СВ)(что (с)делать?) 배우다, 습득하다
- петь(I, НСВ) - спеть(I, СВ)(что?) 노래하다
- пиани́но 피아노
- перево́дчик 통번역사(남)
- перево́дчица 통번역사(여)
- поздравля́ть(I, НСВ) - поздра́вить(II, СВ)(кого? с чем?) 축하하다
- посло́вица 속담

урок четырнадцатый | 469

단어사전 >> Словарь

- проводи́ть(II, СВ)(кого? куда?) 배웅하다
- программи́ст 프로그래머
- профе́ссия 직업
- пя́тый 5번째의
- разгова́ривать(I, НСВ) 대화하다
- рисова́ть(I, НСВ) - нарисова́ть(I, СВ)(что?) 그리다
- с [전] (чего?) …부터
- скри́пка 바이올린
- собо́р 성당, 사원
- сове́товать(I, НСВ) - посове́товать(I, СВ)(кому? что (с)делать?) 충고하다
- стари́нный (-ая, -ое, -ые) 오래된
- су́здальский(-ая, -ое, -ие) 수즈달의
- телегра́мма 전보
- теоре́ма 정리(수학, 논리에서의)
- ты́сяча 1000
- уме́ть(I, НСВ)(что делать?) …할 줄 안다
- слы́шать(I, НСВ) – услы́шать(I, СВ) 들리다

- учёный 학자
- физио́лог 생리학자
- фи́зик 물리학
- фило́соф 철학자
- филосо́фия 철학
- филосо́фский 철학의
- хи́мия 화학
- член 일원
- шокола́д 초콜릿
- экскурсово́д 가이드
- э́ра 시대
- юри́ст 법률가

단어사전 >> Словарь

- Альбе́рт Эйнште́йн
  알베르트 아인슈타인
- А.П. Бороди́н 보로딘(러시아의 음악가)
- Ли́дия Шукшина́ 슉쉬나(러시아의 여배우)
- М.В. Ломоно́сов
  로모노소프(러시아의 과학자)
- Пифаго́р 피타고라스(고대 그리스의 과학자)
- Ива́н Петро́вич Па́влов
  빠블로프(러시아의 과학자)
- Эрне́ст Резерфо́рд
  에르네스트 러더퍼드(과학자)

- Калу́га 칼루가(러시아의 도시)

- газе́та «Моско́вские но́вости»
  신문 《모스크바 소식》
- газе́та «Сего́дня» 신문 《오늘》
- газе́та «Спорт» 신문 《스포츠》
- журна́л «Мо́да» 잡지 《유행》
- журна́л «Нау́ка и жизнь»
  잡지 《과학과 삶》
- журна́л «Театра́льная жизнь»
  잡지 《연극의 삶》

- «Литерату́рная газе́та» 《문학 신문》
- о́пера «Князь Игорь»
  오페라 《이고리 대공》

- в пя́том ве́ке до на́шей э́ры
  기원전 5세기에
- ката́ться на лы́жах 스키를 타다
- ката́ться на конька́х
  스케이트를 타다

- Лу́чше оди́н раз уви́деть, чем сто раз услы́шать. 백문이 불여일견
  (직역 : 백번 듣는 것보다 한번 보는 것이 더 낫다)

- Поздравля́ю вас(тебя́) с днём рожде́ния! 생일 축하합니다!!

урок четырнадцатый

Урок пятнадцатый повторение 15

발음 >> Фонетика

❶ 듣기

텍스트를 들으세요. 맞는 억양으로 텍스트를 읽으세요:

Како́е краси́вое зда́ние! Что́ э́то? Э́то са́мая больша́я библиоте́ка в Росси́и. Вы зна́ете, где нахо́дится э́то зда́ние? Оно́ нахо́дится в це́нтре Москвы́. Там занима́ются ру́сские и иностра́нные студе́нты. А вы́? Вы уже́ бы́ли там?

❷ 읽기

텍스트를 읽고 억양 구조를 정하세요.

Ле́том и зимо́й тури́сты е́дут в Петербу́рг. Что они́ хотя́т узна́ть? Что они́ хотя́т уви́деть там? Почему́ иностра́нные тури́сты так лю́бят Петербу́рг? Потому́ что Петербу́рг — э́то го́род-музе́й. Каки́е здесь краси́вые стари́нные зда́ния! Каки́е интере́сные музе́и! Каки́е здесь прекра́сные фонта́ны! Вы уже́ бы́ли в Петербу́рге? Вы уже́ ви́дели па́мятник Петру́ I (Пе́рвому)? А Эрмита́ж? А Ру́сский музе́й? А Ле́тний сад? Петербу́рг — э́то исто́рия и культу́ра Росси́и.

❸ 단어 찾기

각 테마에 맞는 단어를 찾으세요.

семья́: мать…   профе́ссия: врач…

го́род: у́лица…   о́тдых: мо́ре…

❹ 유형별로 나누기

다음 단어를 테마별로 나누세요. 테마를 의미하는 단어를 찾으세요.

сыр, по́езд, ме́бель, метро́, ма́сло, стол, руба́шка, сала́т, кани́кулы, авто́бус, ры́ба, тра́нспорт, пальто́, стул, трамва́й, оде́жда, боти́нки, дискоте́ка, шкаф, фру́кты, маши́на, крова́ть, проду́кты, такси́, костю́м, пельме́ни, ша́пка, мя́со, шарф, кре́сло, хлеб, перча́тки, гита́ра, молоко́, дива́н, брю́ки, му́зыка, те́ннис

❺ 단어 찾기

의미가 맞지 않는 단어를 찾으세요.
- теа́тр, биле́т, спекта́кль, арти́ст, инжене́р
- кни́га, экза́мен, журна́л, газе́ты, библиоте́ка, словари́
- спорт, стадио́н, те́ннис, дискоте́ка, футбо́л, кома́нда, мяч, игра́.

❻ 단어 찾기

같은 어근을 가진 단어를 찾으세요. 보기와 같이 각 단어에 대해 질문하세요.

> **보 기**
>
> **спорт** (что?), **спорт**сме́н (кто?), **спорт**и́вный (како́й?)
> дру́жба, любо́вь, друг, помога́ть, игра́, люби́ть, дру́жный, письмо́, люби́мый, по́мощь, игра́ть, писа́тель, подру́га, дружи́ть, писа́ть, помо́щник

❼ 단어 찾기

반의어를 찾으세요. 보기와 같이 그림 내용에 대해 말하세요.

совреме́нный, тру́дный, ста́рый, дорого́й, но́вый, лёгкий, дешёвый, большо́й, краси́вый, холо́дный, ма́ленький, стари́нный, тёплый, некраси́вый, молодо́й, со́лнечный, дождли́вый

урок пятнадцатый | **473**

> 보 기

плоха́я оце́нка   хоро́шая оце́нка   плохо́й ≠ хоро́ший

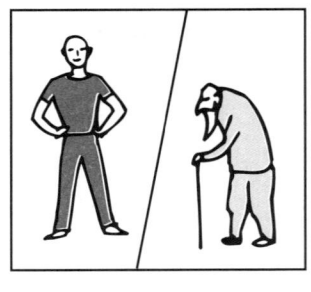

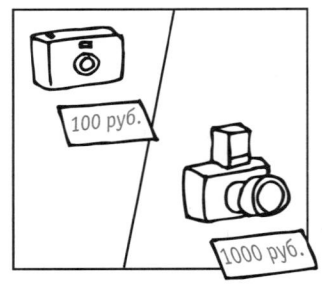

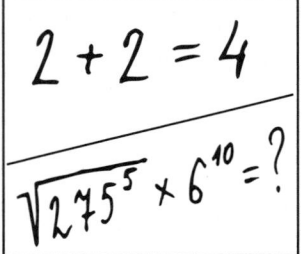

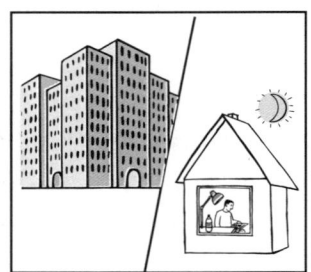

❺ 빈 칸 채우기

오른쪽에 있는 단어를 이용하여 문장을 보완하세요. 빈 칸에 넣은 단어에 대해 질문을 만드세요.

1. А.С. Пу́шкин - … поэ́т.
   Нури́ купи́л стихи́ А.С. Пу́шкина, потому́ что он уже́ хорошо́ говори́т и чита́ет …

   ру́сский
   по-ру́сски

2. На экску́рсии преподава́тель … расска́зывал о Москве́. Это была́ о́чень … экску́рсия.

интере́сный
интере́сно

3. Ива́н - … журнали́ст. Он пи́шет интере́сные статьи́ и … фотографи́рует. Неда́вно друзья́ подари́ли ему́ … фотоаппара́т.

хоро́ший
хорошо́

4. В фи́льме «Тита́ник» о́чень … му́зыка. Э́ти молоды́е лю́ди … танцу́ют.

краси́вый
краси́во

5. Магнитофо́н игра́ет о́чень … . Мне не нра́вится … му́зыка.

гро́мкий
гро́мко

문법 〉〉 **Грамматика** 　명사의 격

표의 내용을 읽고
명사의 격변화를 복습하세요.

1
Кто?
Что?
-☐
-а/-я
-о/-е

2
У кого?
Нет кого/чего?
Откуда?
Сколько?
-а/-я
-ы/-и

6
Где?
О ком?
О чём?
На чём?
Когда?
-е/-и
-ии

СЛОВО

3
-у/-ю
-е/-и
-ии
Кому?
К кому?

-ом/-ем
-ой/-ей

-а/-я
-у/-ю
-☐
-у/-ю

5
Кем?
Чем?
С кем?
С чем?

4
Кого?
Что?
Куда?

1. **Именительный падеж** (주격)

кто?	Это мой брат Антон.	-
	Анна — моя подруга.	-а/-я
	Мне нравится этот человек.	
что?	Это город. Там есть парк.	
	У меня есть книга.	
	Мне нравится эта книга.	
	Это общежитие.	-о/-е
	Там моя комната.	

2. **Родительный падеж** (생격)

у кого?	У брата есть подруга.	-а/-я
	У Анны есть машина.	-ы/-и
нет кого?	У меня нет брата.	
	У Виктора нет сестры.	
нет чего?	У меня нет велосипеда.	
	На столе нет яблока.	
	У Виктора нет машины.	
откуда?	Джон приехал из Америки, из Нью-Йорка	
сколько?	Антон гулял 2 часа.	
где?	Около дома, около реки.	

3. **Дательный падеж** (여격)

кому?	Я купил подарки брату и сестре.	-у/-ю
	Мне нравится Москва.	-е/-и
	Вам нужно написать тест.	
к кому?	Мы ходили в гости к Антону и Анне.	
сколько лет?	Антону 20 лет.	

4. **Винительный падеж** (대격)

кого?	Мы ждали в кафе Антона и Анну.	-а/-я/-
что?	Я люблю сыр, рыбу и молоко.	-у/-ю
куда?	Вечером мы ходили в музей на выставку.	-о/-е
когда?	В субботу будет интересная экскурсия.	

5. Творительный падеж (조격)	с кем?	Я был в теа́тре с Анто́ном и А́нной.	-ом/-ем
	кем?	Мой брат бу́дет инжене́ром, а моя́ сестра́ - арти́сткой.	-ой/-ей
	с чем?	Я люблю́ бутербро́ды с сы́ром и с колбасо́й.	

6. Предло́жный падеж (전치격)	о ком?	Мне нра́вится кни́га о Пу́шкине.	-е/-и
	о чём?	На экску́рсии я мно́го узна́л о Москве́.	-ии
	где?	Ве́чером мы бы́ли в музе́е на вы́ставке.	
	на чём?	Анто́н пое́хал в Петербу́рг на маши́не.	
	когда?	В январе́ у нас бы́ли кани́кулы.	

9 문장 만들기

다음 명사와 아래의 동사들을 이용하여 다양한 문장을 만들어 보세요 : *друг, подру́га, брат, сестра́, ба́бушка*.

위와 같은 표를 만들어 보세요.

купи́ть подари́ть дать рассказа́ть звони́ть сове́товать	кому́? (3)	люби́ть ви́деть знать понима́ть пригласи́ть ждать	кого́? (4)
пойти́ пое́хать е́здить	куда́? (4) к кому́? (3)	гуля́ть разгова́ривать танцева́ть отдыха́ть рабо́тать учи́ться встреча́ться	с кем? (5) где? (6)
ду́мать чита́ть говори́ть расска́зывать	о ком? (6) о чём?		

урок пятнадцатый

⑩ 문장 만들기

다음 동사와 의문사를 이용하여 보기와 같이 문장을 만드세요.

> **보기**
>
> **кто?** (1) **приéхал** ▶
>
> Ивáн **приéхал** ▶ **когдá?** (4)
>
> В суббóту Ивáн **приéхал** ▶ **с кем?** (5)
>
> В суббóту Ивáн **приéхал** с сестрóй ▶ **на чём?** (6)
>
> В суббóту Ивáн **приéхал** с сестрóй на пóезде ▶ **откýда?** (2)
>
> В суббóту Ивáн **приéхал** с сестрóй на пóезде из Петербýрга ▶ **к комý?** (3)
>
> В суббóту Ивáн **приéхал** с сестрóй на пóезде из Петербýрга ко мне ▶ **кудá?** (4)
>
> В суббóту Ивáн **приéхал** с сестрóй на пóезде из Петербýрга ко мне в Москвý.

1. **Ждать** ▶ кто? ▶ с кем? ▶ когда? ▶ кого? ▶ где? ▶ сколько врéмени?

2. **Занимáться** ▶ кто? ▶ с кем? ▶ когда? ▶ чем? ▶ где? ▶ сколько врéмени?

3. **Поéхать** ▶ кто? ▶ с кем? ▶ когда? ▶ на чём? ▶ куда? ▶ сколько?

4. **Купи́ть** ▶ кто? ▶ что? ▶ с кем? ▶ когда? ▶ где?

5. **Танцевать** ▶ кто? ▶ с кем? ▶ когда? ▶ где? ▶ сколько врéмени?

⑪ 읽기

1. 괄호에 있는 단어를 맞는 형태로 변형하여 텍스트를 읽으세요.

　Ле́том у (я) бы́ли кани́кулы. Я е́здил в (Я́лта) на (мо́ре). Там я жил в (гости́ница) и познако́мился с (Оле́г) и (Ната́ша). Оле́г прие́хал из (Ки́ев), а Ната́ша — из (Во́логда).

　Мы вме́сте ходи́ли на (мо́ре), игра́ли в (те́ннис). Я люби́л игра́ть с (Ната́ша), потому́ что она́ хорошо́ игра́ла. Ве́чером мы танцева́ли на (дискоте́ка). Ната́ша танцева́ла со (я) и с (Оле́г). (Мы) о́чень нра́вилась (Ната́ша). Ка́ждый день мы дари́ли (она́) цветы́.

　Одна́жды мы подари́ли (Ната́ша) краси́вые ро́зы и спроси́ли, кто (она́) нра́вится — я и́ли Оле́г? Ната́ша отве́тила, что ска́жет (мы) за́втра у́тром. Но́чью мы не спа́ли, ду́мали о (Ната́ша). У́тром мы пошли́ на (мо́ре) и уви́дели там (Ната́ша). С (она́) был краси́вый молодо́й челове́к.

　— Познако́мьтесь, э́то мой муж, — сказа́ла (мы) Ната́ша. — Он прие́хал сего́дня у́тром. Он (я) о́чень нра́вится.

2. 위의 내용을 이용하여 Оле́г이 동생에게 쓴 편지를 완성하세요 :
«Дорого́й Андре́й, я хочу́ рассказа́ть тебе́, как я отдыха́ю в Я́лте ...»

⑫ 맞는 단어 찾기

올바른 형태의 명사를 선택하여 문장을 보완하세요.

1) Моя́ сестра́ хо́чет быть …
арти́стка
арти́сти
арти́сткой
арти́стку

2) Ива́н прочита́л статью́ …
на футбо́л
о футбо́ле
в футбо́л
с футбо́лом

урок пятнадцатый | 479

3) В суббо́ту студе́нты ходи́ли в го́сти …
- к преподава́телю
- с преподава́телем
- о преподава́теле
- у преподава́теля

4) На дискоте́ке Джон танцева́л с…
- подру́ге
- подру́гой
- подру́ги
- подру́гу

5) … уже́ 20 лет.
- А́нна
- А́нну
- А́нне
- А́нны

6) Еле́не о́чень нра́вится …
- Москва́
- Москву́
- Москве́
- Москвы́

7) У А́нны нет …
- брат
- бра́та
- бра́ту
- бра́том

문법 >> Грамма́тика | 형용사

남성, 여성, 중성, 복수 형용사 어미를 복습하세요.

 како́й?
-о́й
-ый
-ий

 кака́я?
-ая
-яя

 како́е?
-ое
-ее

 каки́е?
-ые
-ие

краси́в|ый| го́род
краси́в|ая| у́лица
краси́в|ое| зда́ние

краси́в|ые| города́
у́лицы
зда́ния

⓭ 그림보며 이야기 연습하기

아래의 그림과 형용사를 이용하여 보기와 같이 다양한 문장을 만드세요.

> **보기**
>
> 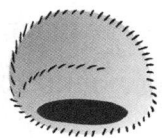 Это тёплая, дорогáя зи́мняя шáпка.

краси́вый, но́вый, ста́рый, дорого́й, дешёвый, вку́сный, шокола́дный, хоро́ший, интере́сный, плохо́й, совреме́нный, большо́й, ма́ленький, кра́сный, жёлтый, си́ний, зелёный, моло́чный, фрукто́вый

⓮ 빈 칸 채우기

지시대명사를 이용하여 문장을 완성하세요. 빈 칸에 대한 질문을 만드세요.

1) … ста́рый моско́вский парк. Мне нра́вится … ста́рый парк.

2) Мне ну́жно купи́ть … календа́рь. … но́вый, краси́вый календа́рь.

3) … матрёшка сто́ит 100 рубле́й. … о́чень дорога́я краси́вая матрёшка.

4) Я зна́ю, что … интере́сный фильм. Я смотре́ла … фильм.

5) … студе́нты МГУ. … студе́нты прие́хали из Коре́и.

6) Бале́т «Отку́да и куда́»? — … совреме́нный филосо́фский бале́т. … бале́т мо́жно посмотре́ть в теа́тре.

7) Мы купи́ли … кни́ги на вы́ставке. … о́чень интере́сные кни́ги.

8) Пельме́ни . … моё люби́мое блю́до. Я ча́сто гото́влю … блю́до.

⓯ 빈 칸 채우기

맞는 단어를 선택하여 문장을 보완하세요.

1) В це́нтре го́рода есть о́чень ста́рое …	музе́й пло́щадь зда́ние	2) Э́то мой родно́й …	страна́ дом семья́
3) Мне о́чень нра́вится э́та краси́вая …	сло́во откры́тка календа́рь	4) Я купи́ла тёплое …	пальто́ ша́пка шарф
5) Э́то о́чень интере́сный …	кино́ стихи́ расска́з	6) Э́то но́вые …	бале́т слова́ кре́сло

문법 〉〉 Грамматика | 동사

동사의 I, II식 변화를 복습하세요.

I спряжение

зна|ть|

я зна́ю	-у/-ю
ты зна́ешь	-ешь
он зна́ет	-ет
мы зна́ем	-ем
вы зна́ете	-ете
они́ зна́ют	-ут/-ют

II спряжение

говор|и́ть|

я говорю́	-у/-ю
ты говори́шь	-ишь
он говори́т	-ит
мы говори́м	-им
вы говори́те	-ите
они́ говоря́т	-ат/-ят

I спряжение I식 변화

1) чита́ть
чита́ю - чита́ют

2) гуля́ть
гуля́ю - гуля́ют

3) рисова́ть (-ова-/-у-)
рису́ю - рису́ют

дава́ть	писа́ть (-с-/-ш-)	жда́ть (-г-/-ж-)	мочь	жить
я даю́	я пишу́	я жду́	я могу́	я живу́
ты даёшь	ты пи́шешь	ты ждёшь	ты мо́жешь	ты живёшь
он даёт	он пи́шет	он ждёт	он мо́жет	он живёт
мы даём	мы пи́шем	мы ждём	мы мо́жем	мы живём
вы даёте	вы пи́шете	вы ждёте	вы мо́жете	вы живёте
они́ даю́т	они́ пи́шут	они́ жду́т	они́ мо́гут	они́ живу́т
дава́л (-а,-и)	писа́л (-а,-и)	ждал (-а́,-и)	мог, могла́, могли́	жил (-а́,-и)

II спряжение II식 변화

1) звони́ть
звоню́ - звоня́т

2) смотре́ть
смотрю́ - смо́трят

люби́ть (-б-/-бл-)	гото́вить (-в-/-вл-)	купи́ть (-п-/-пл-)
я люблю́	я гото́влю	я куплю́
ты лю́бишь	ты гото́вишь	ты ку́пишь
он лю́бит	он гото́вит	он ку́пит
мы лю́бим	мы гото́вим	мы ку́пим
вы лю́бите	вы гото́вите	вы ку́пите
они́ лю́бят	они́ гото́вят	они́ ку́пят
люби́л (-а, -и)	гото́вил (-а, и)	купи́л (-а, и)

Запо́мните! 암기하세요!

хоте́ть	дать	есть
я хочу́	я дам	я ем
ты хо́чешь	ты дашь	ты ешь
он хо́чет	он даст	он ест
мы хоти́м	мы дади́м	мы еди́м
вы хоти́те	вы дади́те	вы еди́те
они́ хотя́т	оне даду́т	оне едя́т
хоте́л (-а, -и)	дал (-а́, -и)	ел (-а, -и)

⓰ 종류별로 나누기

다음 동사를 변화 종류로 구분하세요.

ду́мать, кури́ть, люби́ть, расска́зывать, отдыха́ть, учи́ть, жить, учи́ться, пригласи́ть, звони́ть, ждать, писа́ть, фотографи́ровать, рабо́тать, смотре́ть, слу́шать, сове́товать, мочь, переводи́ть, опа́здывать, меня́ть, игра́ть, занима́ться, гото́вить, реши́ть, купи́ть

⓱ 대화 연습하기

⓰의 동사를 이용하여 보기와 같이 서로 묻고 답하세요.

보 기

О чём ты ду́маешь? Что ты ку́ришь?

⓲ 그림보며 이야기 연습하기

그림을 이용하여 질문에 대답하세요 : *Что де́лают э́ти лю́ди?*

⑲ 대화 연습하기

⓲의 내용을 바탕으로 보기와 같이 전화상의 대화를 연습하세요.

보기

— Антóн, привéт, где ты сейчáс?
— Я в пáрке.
— Что ты там дéлаешь?
— Рисýю.

— Ви́ктор, ты не знáешь, где Антóн?
— Он в пáрке.
— А что он там дéлает?
— Рисýет.

문법 » Грамматика 동사의 시제와 상

	ВРЕМЯ (시제)	**НСВ** (불완료상)	**СВ** (완료상)
미래시제	бýдущее врéмя	бýдет читáть	прочитáю
현재시제	настоя́щее врéмя	читáю	—
과거시제	прошéдшее врéмя	читáл	прочитáл

Значения видов 상의 의미

НСВ ⇢	**СВ** →|
1. Вчерá вéчером Юра читáл кни́гу «А.С. Пýшкин в Москвé».	Юра прочитáл кни́гу и узнáл, где жил А.С. Пýшкин.
2. Юра кáждый день читáл газéты.	Сегóдня ýтром он тóже прочитáл газéту.
3. Юра дóлго читáл расскáз, 2 часá.	———

⑳ 그림보며 대화 연습하기

1. 각 그림의 질문에 대한 Анна의 대답을 찾으세요.

   1) – Я была́ о́чень занята́. У́тром я слу́шала ле́кцию в университе́те. Пото́м я встреча́ла подру́гу на вокза́ле. Ве́чером она́ прие́хала из Петербу́рга. Мы с ней гуля́ли, ходи́ли в кино́, смотре́ли интере́сный фильм. Я прие́хала домо́й о́чень по́здно.

   2) – Ничего́ не де́лаю, отдыха́ю. Пью ко́фе, смотрю́ но́вые журна́лы, слу́шаю му́зыку, говорю́ по телефо́ну.

   3) – Я бу́ду занима́ться в библиоте́ке. Возьму́ коре́йско-ру́сские словари́ и бу́ду переводи́ть коре́йские стихи́. А ве́чером я хочу́ пойти́ на дискоте́ку, бу́ду танцева́ть.

2. 질문에 대답하세요 : *С кем Анна говорит по телефону?*
   Что спрашивают ее друзья?

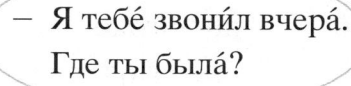
– Я тебе́ звони́л вчера́. Где ты была́?

– Каки́е пла́ны на за́втра?

– Ты до́ма? Что ты сейча́с де́лаешь?

㉑ 맞는 단어 찾기

맞는 형태의 동사를 고르세요.

1) Мой друг ча́сто … мне о семье́.
   - расска́зывать
   - расска́жет
   - расска́зывает

2) Вчера́ на вы́ставке мои́ друзья́ … интере́сные кни́ги.
   - купи́ли
   - ку́пят
   - купи́ть

3) Моя́ подру́га … домо́й за́втра.
   - звони́т
   - звони́ла
   - бу́дет звони́ть

4) Я о́чень хочу́ … но́вый ру́сский детекти́в.
   - прочита́ть
   - прочита́ю
   - прочита́л

5) Мне нра́вится … на мо́ре.
   - отдыха́ю
   - отдыха́ла
   - отдыха́ть

6) За́втра Джон … студе́нческий биле́т в декана́те.
   - получи́л
   - полу́чит
   - получи́ть

맞는 단어 찾기

올바른 동사의 상을 선택하고 문법에 맞게 변화시켜 문장을 완성하세요.

1) Ка́ждый день я … в 8 часо́в.   встава́ть / встать

2) Я хочу́ … но́вый фотоаппара́т.   покупа́ть / купи́ть

3) А́нна до́лго … по телефо́ну.   говори́ть / сказа́ть

4) Сейча́с мне на́до пойти́ в библиоте́ку и … кни́ги.   брать / взять

5) Я не люблю́ … , когда́ на у́лице хо́лодно.   гуля́ть / погуля́ть

6) Ви́ктор … дома́шнее зада́ние и пошёл гуля́ть.   де́лать / сде́лать

7) Том … стихи́ и прочита́л их на ве́чере.   учи́ть / вы́учить

8) Мой друг ча́сто … на заня́тия.   опа́здывать / опозда́ть

9) Ка́ждый день Оле́г … цветы́ Ната́ше.   дари́ть / подари́ть

10) Анто́н … текст 2 часа́, потому́ что текст был тру́дный.   переводи́ть / перевести́

урок пятнадцатый

문법 >> Грамматика | 운동동사

미래

хо́чет пойти́

куда́? (4)   к кому́? (3)

хо́чет пое́хать   на чём? (6)

За́втра Анто́н хо́чет пойти́ в поликли́нику к врачу́.

За́втра А́нна хо́чет пое́хать на экску́рсию в Су́здаль на маши́не.

현재

идти́

куда́? (4)   к кому́? (3)

е́хать на чём? (6)

Сейча́с Анто́н идёт в поликли́нику к врачу́.

Сейча́с А́нна е́дет на экску́рсию в Су́здаль на маши́не.

과거

куда́? (4)   к кому́? (3)

ходи́ть (ходи́л = был)

е́здить (е́здил = был) на чём? (6)

Вчера́ Анто́н ходи́л в поликли́нику к врачу́.

Вчера́ А́нна е́здила на экску́рсию в Су́здаль на маши́не.

откуда? (2)

куда? (4)

к кому? (3)

пойти
прийти

поехать
приехать
на чём? (6)

대화 연습하기

보기와 같이 다음 상황에 맞게 대화 연습하세요.

1. *Узнайте, когда ваш друг хочет пойти (поехать): в кино, на факультет, в цирк, на почту, в посольство, в общежитие, на родину.*

보기

— Мари́я, когда́ ты хо́чешь пойти́ в спортза́л?
— В суббо́ту у́тром, в 10 часо́в.
— Я то́же хочу́ пойти́ туда́.
— Пойдём вме́сте.

2. *Вы встретили друга. Узнайте, куда он сейчас идёт (едет).*

보기

— Приве́т, Нури́!
— Приве́т, А́нна!
— Куда́ ты идёшь?
— Домо́й. А ты?
— А я иду́ на по́чту, хочу́ позвони́ть домо́й.

урок пятнадцатый | **491**

3. Узнайте, куда (к кому) ваш друг ходил (ездил).

> 보 기
>
> — Клара, куда ты ездила летом?
> — Я ездила в Америку к сестре. Она уже 5 лет живёт там. Я давно не видела её.

읽기

텍스트를 읽고 질문에 대답하세요 : *Почему Том устал? Где он был? Куда он ходил или ездил?*

В каникулы Том ездил в Петербург. Когда он приехал из Петербурга, друзья спросили его, как он отдохнул. Том ответил, что он отлично отдохнул, только очень устал.

ОДИН ДЕНЬ В ПЕТЕРБУРГЕ

Утро. В 8:00 из гостиницы поехал в Эрмитаж. Приехал в Эрмитаж в 9:30. Посмотрел картины, монеты, костюмы и другие памятники истории и культуры.

Из Эрмитажа пошёл в музей Пушкина. В 12:00 пришёл в музей, посмотрел квартиру Пушкина, его кабинет, его книги, портреты, вещи.

Из музея пошёл на Невский проспект. В 14:30 пришёл на Невский проспект. Очень хотел есть. Пошёл в ресторан. Быстро пообедал.

Из ресторана пошёл в Исаакиевский собор. Посмотрел собор, русские иконы.

Из собора пошёл в Русский музей. В 16:00 пришёл в музей, посмотрел картины.

Из музея поехал в гостиницу. В 20:00 приехал в гостиницу, поужинал и написал план на завтра.

㉕ 이야기 연습하기

1. ㉔의 이야기를 아래의 도식으로 그려보세요.

пошёл　　**пришёл**

ходи́л

2. 자신의 일과를 글로 써보고, 위의 도식으로 그려보세요.

㉖ 그림보며 이야기 연습하기

그림을 이용하여 다음 질문에 대답하세요:

Когда́ он пошёл в магази́н?
Когда́ он пришёл из магази́на?
Как до́лго он ходи́л в магази́н? Почему́?

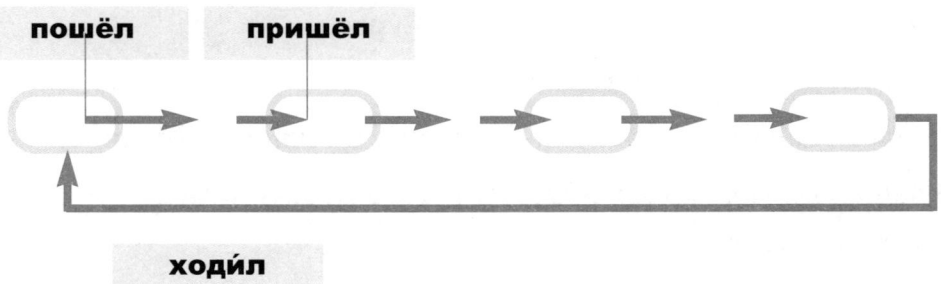

— Где ты был так до́лго?
— Я ходи́л в магази́н!

㉗ 문장 만들기

진하게 표시된 부분을 의미에 맞는 다른 표현으로 바꾸세요.

1. Ле́том Анто́н и А́нна **бы́ли в Петербу́рге**.
2. В суббо́ту Анто́н **ходи́л на вы́ставку**.
3. Ра́ньше Ханы́ль жил в Буса́не, а сейча́с он **живёт в Москве́**.
4. В кани́кулы мои́ друзья́ **бу́дут гуля́ть, слу́шать му́зыку, смотре́ть телеви́зор.**
5. **Мне о́чень нра́вится** танцева́ть.
6. Ха́на **написа́ла** дома́шнее зада́ние.
7. Джон и Мари́я **мно́го занима́ются.**
8. Мой друг хорошо́ **понима́ет и говори́т по-ру́сски.**
9. Мой оте́ц **рабо́тает инжене́ром.**
10. У Ви́ктора **нет вре́мени.**
11. И́ра **пло́хо себя́ чу́вствует, у неё температу́ра.**

㉘ 유사한 문장 만들기

문장을 읽고 이미 배운 구문들을 복습하세요. 유사한 문장을 만드세요.

- У меня́ есть велосипе́д.
- У тебя́ нет маши́ны.
- В го́роде есть больши́е краси́вые па́рки.
- В гости́нице нет бассе́йна.
- Бра́ту 15 лет.
- Мне нра́вится ру́сская му́зыка.
- Мне ну́жно перевести́ статью́.
- В ка́ссе мо́жно купи́ть биле́ты в теа́тр.
- Нури́ — студе́нт.
- Он прие́хал из Коре́и.
- Он хо́чет занима́ться ру́сским языко́м.

맞는 문장 찾기

의미에 맞는 문장을 서로 연결하세요.

1)

1. В Москве́ зимо́й хо́лодно … .
2. Вчера́ А́нна ходи́ла в посо́льство, … .
3. Мари́я лю́бит спорт, … .
4. Анто́н не пришёл на уро́к, … .

- потому́ что пло́хо себя́ чу́вствовал
- поэ́тому Джон купи́л ша́пку
- потому́ что она́ хоте́ла получи́ть ви́зу
- поэ́тому она́ занима́ется те́ннисом

2)

1. Когда́ Ива́н прие́хал из Петербу́рга, … .
2. Когда́ А́нна де́лает дома́шнее зада́ние, … .
3. Когда́ Ха́на прие́хала в Москву́, … .
4. Когда́ моя́ сестра́ звони́т подру́ге, … .

- она́ написа́ла ма́тери письмо́
- он позвони́л дру́гу
- она́ до́лго говори́т с ней
- она́ не смо́трит телеви́зор

3)

1. Я хочу́ послу́шать о́перу «Князь И́горь».
2. Я хочу́ есть.
3. Я хочу́ отдохну́ть.

- Е́сли хо́чешь, пойдём в парк.
- Е́сли хо́чешь, пойдём в Большо́й теа́тр.
- Е́сли хо́чешь, пойдём в рестора́н.

урок пятнадцатый | 495

텍스트 >> **Текст** | **Интервью**

1.
кто?	что?
архитектор	- архитектура
модельер	- мода
бизнесмен	- бизнес
музыкант	- музыка

2. **рядом с чем? (5)**

с домом
с театром
с аудиторией

3.
организовать I   что? (4)

организовал (-а, -и) концерт
 выставку
 встречу
 рок-группу

путешествовать I   где? (6)

путешествовал (-а, -и) в Корее
 в Италии

4. **если не секрет**

— Сколько вам лет, если не секрет?

— Расскажите мне, где вы вчера были, если не секрет?

5. ходить — ходить пешком

6. культура — культура России
культура Кореи

1. 텍스트를 읽으세요. *Илья Лагутенко*는 유명한 락 음악가 입니다. *«Столица»*지 기자의 인터뷰입니다.

— Илья, вы очень молодой человек, но уже известный музыкант. Если не секрет, сколько вам лет?

— Ну, я не о́чень молодо́й! Мне уже́ 30 лет.

— Давно́ вы занима́етесь му́зыкой?

— О́чень давно́. Когда́ я учи́лся в шко́ле, я уже́ хорошо́ игра́л на гита́ре. Вме́сте с дру́гом я организова́л в шко́ле рок-гру́ппу.

— Э́то бы́ло в Москве́?

— Нет, э́то бы́ло во Владивосто́ке.

— А что вы де́лали во Владивосто́ке? Я зна́ю, что вы москви́ч!

— Я прие́хал во Владивосто́к вме́сте с ма́мой и па́пой. Мой оте́ц рабо́тал там архите́ктором, ма́ма рабо́тала худо́жником-модельером. Я учи́лся в шко́ле, а в свобо́дное вре́мя занима́лся му́зыкой. Уже́ тогда́ я хоте́л быть музыка́нтом.

— Ско́лько вре́мени вы жи́ли во Владивосто́ке?

— О́чень до́лго. Я учи́лся там в университе́те, изуча́л кита́йский язы́к. Владивосто́к нахо́дится ря́дом с Кита́ем, поэ́тому я о́чень интересова́лся исто́рией и культу́рой Кита́я.

— Вы бы́ли в Кита́е?

— Да, я е́здил в Кита́й. Э́то о́чень интере́сная страна́. Я мно́го путеше́ствовал там на по́езде, на велосипе́де и да́же пешко́м. Мне о́чень нра́вится Кита́й.

— А где вы бы́ли ещё?

— 3 го́да я жил в Ло́ндоне. Рабо́тал там в фи́рме и занима́лся би́знесом.

— А чем вы занима́етесь сейча́с?

— Сейча́с я пишу́ но́вые пе́сни.

— Кака́я ва́ша пе́сня осо́бенно нра́вится молодёжи?

— «Владивосто́к — 2000».

— Илья́, скажи́те, где мо́жно купи́ть ва́ши но́вые ди́ски?

— В Москве́ в магази́не «Мир му́зыки».

2. 텍스트를 읽고 다음 질문에 대답하세요.

   1) Кто такóй Илья́ Лагутéнко?
   2) Скóлько емý лет?
   3) Где он жил?
   4) Кто егó родители?
   5) Чем он занимáлся в свобóдное врéмя?
   6) Кем он хотéл быть?
   7) Где он учи́лся?
   8) Что он изучáл?
   9) Чем он интересовáлся?
   10) Где он путешéствовал?
   11) Что он дéлал в А́нглии?
   12) Чем он занимáется сейчáс?

3. «Извéстный музыкáнт Илья́ Лагутéнко»라는 제목으로 신문 기사를 써 보세요.

4. 다음 직업을 가진 유명 인물과의 인터뷰를 준비해 보세요 : артист, спортсмен, президент, космонавт, писатель
   인터뷰때 사용할 질문을 쓰세요.

30 맞는 문장 찾기

의미에 맞도록 연결하세요.

1. Извините, я не понял, что вы сказали. ...
2. Какие красивые открытки! ...
3. Я плохо себя чувствую. ...
4. Какая интересная экскурсия! ...
5. На улице холодно. ...
6. Вечером я дома. ...

- Давайте пойдём!
- Позвони мне, пожалуйста!
- У меня температура.
- Повторите, пожалуйста!
- А у меня нет шапки и шарфа.
- Покажите, пожалуйста!

31 맞는 문장 찾기

각 질문에 맞는 대답을 찾으세요.

1. Вы говорите по-русски?
2. Сколько стоят эти цветы?
3. Кто знает французский язык?
4. Здесь можно курить?
5. Какая сегодня погода?
6. Почему ты не был на экскурсии?

- Извините, нельзя!
- Плохо себя чувствовал.
- По-моему, хорошая.
- Да, это мой родной язык.
- Думаю, недорого.
- Думаю, никто не знает.

32 빈 칸 채우기

질문에 맞는 대답을 넣으세요.

— Как дела?
— ……….

— Можно?
— ……….

— Большое спасибо!
— ……….

— Здесь нельзя курить!
— ……….

— Пойдём в кино!
— ……….

— Что случилось?
— ……….

33 빈 칸 채우기

대답에 맞는 질문을 넣으세요.

— ………. ?
— Сейчас 2 часа 30 минут.

— ………. ?
— Меня зовут Виктор.

— ………. ?
— 5 рублей 10 копеек.

— ………. ?
— Это журнал «Москва».

— ………. ?
— Мне 25 лет.

— ………. ?
— Всё в порядке.

34 빈 칸 채우기

1. 아래는 인터뷰입니다. 대답에 맞는 질문을 만드세요.

— Я журналист. Меня зовут Иван.
— Очень приятно, меня зовут Джон.

И. — Джон, ... ?
Д. — Да, я студент.
И. — ... ?
Д. — Я учусь в университете.
И. — ... ?
Д. — Я приехал в Москву в сентябре.
И. — ... ?
Д. — Я учу русский язык.
И. — ... ?
Д. — Да, я уже хорошо говорю, читаю и понимаю по-русски.
И. — ... ?
Д. — Уже год.
И. — ... ?
Д. — В общежитии.
И. — ... ?
Д. — Да, это хорошее общежитие. Там живут все мои друзья.
И. — ... ?
Д. — Мои родители в Америке. Но они часто звонят мне по телефону.
И. — ... ?
Д. — В свободное время я занимаюсь спортом.
И. — ... ?
Д. — Нет, я не умею играть в футбол, я играю в теннис.
И. — И последний вопрос: ... ?
Д. — Да, мне очень нравится Москва.

2. 존에 대한 기사를 써 보세요.

대화 연습하기

다음 내용을 읽고 각 상황에 맞는 대화를 만드세요.

1. **В магазине**

    Спроси́те, где мо́жно купи́ть ну́жную вам вещь, есть ли в магази́не интересу́ющая вас вещь. Попроси́те показа́ть э́ту вещь. Спроси́те о цене́. Скажи́те, нра́вится вам и́ли не нра́вится э́та вещь, хоти́те её купи́ть и́ли нет?

2. **В библиоте́ке**

    Скажи́те, кто вы, покажи́те ваш студе́нческий биле́т. Скажи́те, заче́м вы пришли́, что вы хоти́те. Попроси́те ну́жную вам кни́гу.

3. **В декана́те**

    Скажи́те, заче́м вы пришли́. Узна́йте, в како́й вы гру́ппе, когда́ и где бу́дут заня́тия, где мо́жно получи́ть студе́нческий биле́т, где мо́жно взять или купи́ть кни́ги.

4. **В кла́ссе**

    Вы опозда́ли на уро́к. Что вы ска́жете? Объясни́те, почему́ вы опозда́ли.

5. **В поликли́нике (у врача́)**

    Скажи́те, заче́м вы пришли́. Как вы себя́ чу́вствуете, что у вас боли́т. Спроси́те, что вам ну́жно де́лать. Где мо́жно купи́ть лека́рства? Когда́ ну́жно прийти́ в сле́дующий раз?

6. **В рестора́не**

    Вы хоти́те пообе́дать. Попроси́те дать вам меню́. Скажи́те, что вы хоти́те заказа́ть. Спроси́те, ско́лько сто́ит ваш обе́д (у́жин)?

7. **На у́лице, в тра́нспорте**

    Скажи́те, куда́ вы хоти́те пое́хать. Узна́йте, где нахо́дится интересу́ющий вас тра́нспорт (остано́вка, ста́нция метро́). Спроси́те, когда́ бу́дет ва́ша остано́вка, ста́нция.

8. Приглашение

Вы купи́ли биле́ты в теа́тр (в кино́, на стадио́н). Пригласи́те дру́га (подру́гу). Договори́тесь, где и когда́ вы встре́титесь, где вы бу́дете ждать его́ (её).

9. Ответ на приглашение

Вас пригласи́ли в го́сти (в теа́тр, на вы́ставку…).

Что вы отве́тите, е́сли вы мо́жете пойти́ (не мо́жете пойти́)?

---

36 이야기 연습하기

다음 주제로 이야기 연습하세요. 이야기를 준비할 때 아래의 각 주제에 대한 질문을 사용하세요.

1) о себе́
2) о дру́ге / подру́ге
3) о семье́
4) об учёбе
5) о свобо́дном вре́мени
6) о го́роде

1) **Вопросы к теме «Рассказ о себе».** (*«Мой друг», «Моя подруга».*)

Как вас зову́т?
Ско́лько вам лет?
Отку́да вы (прие́хали)?
Ско́лько вре́мени вы живёте в Москве́?
Где вы у́читесь?
Что вы у́чите? Почему́?
Как вы зна́ете ру́сский язы́к?
Кем вы хоти́те быть? Почему́?
Где живу́т ва́ши роди́тели?
Кто они́? Кем они́ рабо́тают?
Вы пи́шете им пи́сьма и́ли звони́те?
Что вы лю́бите де́лать в свобо́дное вре́мя? Чем занима́етесь?
Како́й язы́к вы учи́ли ра́ньше?
Где вы уже́ бы́ли в Москве́?
Куда́ вы хоти́те пойти́ (пое́хать)? Почему́?
Вам нра́вится жить и учи́ться в Москве́? Почему́?

урок пятнадцатый | **503**

2) Вопросы к теме «Моя семья»

Какая у вас семья?

Где живёт ваша семья?

Кто ваши родители?

Кем они работают? Где?

У вас есть брат, сестра?

Как их зовут? Сколько им лет?

Они работают или учатся? Где?

Что любит делать в свободное время ваша семья?

Куда вы любите ходить (ездить) в свободное время? Почему?

Что вы обычно делаете в субботу и в воскресенье?

3) Вопросы к теме «Моя учёба»

Как вас зовут?

Где вы учились раньше? Что вы изучали?

Какой язык вы учили раньше?

Где вы сейчас учитесь?

Какой язык вы учите? Сколько времени?

Вам нравится этот язык? Почему?

Какие ещё предметы у вас есть?

Какие предметы вам нравятся?

Сколько времени вы занимаетесь каждый день в университете?

Сколько времени вы делаете домашнее задание? Что вы делаете?

Где вы хотите учиться потом?

Кем вы хотите быть? Почему?

Где вы хотите работать?

4) Вопросы к теме «Свободное время»

Что вы любите делать в свободное время?

Какие фильмы, передачи, книги вам нравятся?

Какая музыка вам нравится? Где и когда вы слушаете музыку?

Где вы обычно гуляете, отдыхаете в свободное время?

Чем вы занима́етесь в суббо́ту, в воскресе́нье?

С кем вы хо́дите на вы́ставки, в теа́тр, в цирк, на дискоте́ку?

Где вы уже́ бы́ли и что́ уже́ ви́дели в Москве́?

Куда́ вы хоти́те пое́хать в кани́кулы?

5) **Вопро́сы к те́ме «Го́род»**

Отку́да вы прие́хали?

Ваш родно́й го́род большо́й и́ли ма́ленький? Ста́рый и́ли но́вый?

Како́й тра́нспорт есть в ва́шем го́роде?

Что мо́жно посмотре́ть в ва́шем го́роде?

Каки́е па́мятники есть в ва́шем го́роде?

Как и где отдыха́ют лю́ди в ва́шем го́роде?

Когда́ вы прие́хали в Москву́?

Вам нра́вится Москва́?

Где вы уже́ бы́ли в Москве́, что ви́дели?

Что вы узна́ли о Москве́?

Куда́ вы хоти́те пойти́ (пое́хать)? Что вы хоти́те уви́деть?

37 듣기

문장을 듣고 다음 중 의미가 같은 문장을 고르세요.

문장 1

а) Анто́н и его́ друг живу́т в Петербу́рге.

б) Ле́том Анто́н был в Петербу́рге, потому́ что там живёт его́ друг.

в) Ле́том Анто́н обы́чно отдыха́ет в Петербу́рге.

문장 2

а) Сейча́с я живу́ во Влади́мире.

б) Мне о́чень нра́вится Влади́мир.

в) Я роди́лся и вы́рос во Влади́мире.

38 듣기

대화를 듣고 질문에 대답하세요.

1. 대화 1

   Где встретятся Иван и Хана?

   а) в метро́

   б) в рестора́не

   в) на у́лице

2. 대화 2

   1) *С кем Анто́н будет смотреть новый американский фильм?*

      а) с А́нной

      б) с Ива́ном

      в) с ма́мой

   2) *Почему Анна не может пойти завтра в кино?*

      а) Она́ не лю́бит америка́нские фи́льмы.

      б) У неё нет свобо́дного вре́мени.

      в) Она́ уже́ смотре́ла э́тот фильм.

39 듣기

공지를 듣고 다음 중 내용에 맞는 것을 고르세요.

1. 공지 1

   1) 다음 중 공지 1의 내용과 일치하는 것을 고르세요.

      а) В пя́тницу в университе́те бу́дет ве́чер ру́сского языка́.

      б) На ве́чере бу́дут выступа́ть арти́сты.

      в) На ве́чере студе́нты бу́дут говори́ть по-англи́йски.

   2) Вечер русского языка будет:

      а) у́тром

б) днём

в) вечером

2. 공지 2

1) 다음 중 공지 2의 내용과 일치하는 것을 고르세요.

а) Дом-музей Пушкина находится на улице Тверская.

б) Экскурсовод будет ждать вас в музее.

в) Экскурсовод будет ждать вас в 10^{00} около университета.

듣기 자료

37번 듣기 자료 내용을 확인하세요.

1) В летние каникулы Антон ездил в Петербург к другу.

2) Владимир – мой родной город.

38번 듣기 자료 내용을 확인하세요.

대화 1

– Привет, Иван! Это Хана говорит. Как хорошо, что ты дома. Я хочу пригласить тебя в корейский ресторан.

– С удовольствием! Где мы встретимся?

– Давай встретимся около метро «Парк культуры».

– Отлично! До встречи!

대화 2

– Анна, завтра в кинотеатре новый американский фильм. Пойдём посмотрим?

– Извини, Антон, не могу. У меня скоро будут экзамены. Мне надо заниматься. Пригласи Ивана.

– Нет. Иван не любит американские фильмы.

– Тогда пригласи маму. Я думаю, твоя мама будет очень рада.

– Да, конечно! Это очень хорошая идея!

❸⓽번 듣기 자료 내용을 확인하세요.

공지 1

Внима́ние! Говори́т студе́нческое ра́дио.
Прослу́шайте объявле́ние.
Уважа́емые студе́нты и преподава́тели университе́та!
Приглаша́ем вас в пя́тницу в 13^{00} на ве́чер ру́сского языка́.
На ве́чере мы бу́дем чита́ть стихи́, петь и говори́ть то́лько по-ру́сски. Мы хоти́м рассказа́ть вам об университе́те.

공지 2

Внима́ние! Говори́т студе́нческое ра́дио.
Прослу́шайте объявле́ние.
В воскресе́нье мы приглаша́ем вас на экску́рсию в дом-музе́й Пу́шкина на Арба́те. Экскурсово́д бу́дет ждать вас в 10^{00} о́коло университе́та. Возьми́те студе́нческие биле́ты.

단어사전 〉〉 Словарь

- архите́ктор 건축가
- архитекту́ра 건축
- би́знес 비즈니스
- болта́ть(I, НСВ) 수다떨다
- встре́ча 만남
- гро́мкий(-ая, -ое, -ие) 시끄러운
- двухты́сячный(-ая, -ое, -ые)
  2천의
- дру́жба 우정
- дружи́ть(II, НСВ)(с кем?)
  친하게 지내다
- заче́м 무슨 목적으로
- изуча́ть(I, НСВ) - изучи́ть(II, СВ)
  (что)? 배우다, 습득하다
- интервью́ [중] 인터뷰
- корреспонде́нт 통신원
- ма́сло 버터
- ме́бель [여] 가구
- модельє́р 디자이너
- молодёжь [여] 젊은이
- моло́чный(-ая, -ое, -ые)
  우유의, 유제품의
- моне́та 동전, 주화
- некраси́вый 예쁘지 않은
- но́чью 밤에
- объявле́ние 공고, 공지
- организова́ть(I, СВ)(что?)
  조직하다
- о́тдых 휴식
- оце́нка 평가, 점수
- пешко́м 걸어서
- по-мо́ему 내 생각에는
- после́дний(-яя, -ее, -ие)
  최후의, 마지막의
- прекра́сный(-ая, -ое, -ые) 훌륭한
- путеше́ствовать(I, НСВ)(где?)
  여행하다
- рок-гру́ппа 록그룹
- рок-музыка́нт 록음악가
- ря́дом 근처에, 곁에
- секре́т 비밀
- тогда́ 그 때
- тра́нспорт 교통
- фонта́н 분수대

단어사전 >> Словарь

- фрукто́вый(-ая, -ое, -ые) 과일의
- холо́дный 추운

- Илья́ Лагуте́нко
  일리야 라구쩬꼬(록 가수)
- Пётр I 뾰뜨르 1세

- Владивосто́к 블라디보스똑
- Я́лта 얄타(지명)
- Ле́тний сад 여름 정원
- Магази́н «Мир му́зыки»
  상점 《음악 세상》

- брать у кого́ интервью́
  누구를 취재하다
- е́сли не секре́т…
  비밀이 아니라면
- интересу́ющая вас вещь
  당신이 원하는 물건
- интересу́ющий вас объе́кт
  당신의 관심사
- контро́льные упражне́ния
  시험 문제들

- уче́бные предме́ты 수업 과목
- ходи́ть пешко́м 걸어다니다

- Внима́ние! 주의하세요! 주목하세요!
- Попроси́те дать вам меню́.
  메뉴를 부탁해 보세요
- Спроси́те о цене́! 가격을 물어보세요!
- Что вы хоти́те заказа́ть?
  당신은 무엇을 주문하시겠습니까?

교육센터 / 문화센터 / 출판센터
Tel. 02)2237-9387 Fax. 02)2238-9388
http://www.pushkinhouse.co.kr